“十四五”高等职业教育公共课程系列教材

新编高职学生就业创业技能培养理论与实践

郭明维◎主编

中国铁道出版社有限公司
CHINA RAILWAY PUBLISHING HOUSE CO., LTD.

内 容 简 介

本书遵循职业教育的特点，围绕高职学生的就业形势与就业政策，系统地介绍了高职学生就业的相关知识，旨在帮助大学生正确、科学地面对就业，掌握求职技巧，提升就业能力。全书共11章，主要包括职业基础知识，职业规划与职业定位，就业形势、就业政策及就业指导，高职生毕业后的走向及准备工作，求职心理的调适，就业信息与就业途径，简历制作，面试技巧及相关礼仪，就业与创业，职场角色与职业素养，维护就业权益，等。

本书适合作为高等职业院校公共课程的教材，也可作为相关教育工作者的参考书。

图书在版编目（CIP）数据

新编高职学生就业创业技能培养理论与实践 / 郭明维主编. -- 北京 : 中国铁道出版社有限公司, 2024. 8. (“十四五”高等职业教育公共课程系列教材). -- ISBN 978-7-113-31407-1

Ⅰ. G717.38

中国国家版本馆CIP数据核字第2024XG6722号

书　　名：新编高职学生就业创业技能培养理论与实践
作　　者：郭明维

策　　划：汪　敏　　　　编辑部电话：（010）51873135
责任编辑：汪　敏　许　璐
封面设计：刘　颖
责任校对：安海燕
责任印制：樊启鹏

出版发行：中国铁道出版社有限公司（100054，北京市西城区右安门西街8号）
网　　址：https://www.tdpress.com/51eds/
印　　刷：河北燕山印务有限公司
版　　次：2024年8月第1版　2024年8月第1次印刷
开　　本：787 mm×1 092 mm　1/16　印张：10　字数：269千
书　　号：ISBN 978-7-113-31407-1
定　　价：46.00元

前 言

就业是民生之本。党的十八大以来，以习近平同志为核心的党中央把促进就业放在经济社会发展的优先位置，坚持就业优先战略和积极就业政策，推动实现更加充分、更高质量的就业。党的二十大报告要求："强化就业优先政策，健全就业促进机制，促进高质量充分就业。"抓好就业工作，就是保障和改善民生的重要内容。

在当今竞争激烈的社会环境中，高职生面临着日益严峻的就业挑战。为了更好地适应社会发展，提升自身竞争力，我们编写了这本《新编高职学生就业创业技能培养理论与实践》教材。内容紧密围绕大学毕业生的求职就业需求。同时，本书注重理论知识与实践活动的紧密结合，既注重保持课程理论学习的深度，又强调课程的理论性、实践性和操作性的结合，有效提升了全书内容的职业属性，增强了实用性和针对性，能真正地让学生做到学以致用。

本书围绕高职学生就业创业形势，结合高职学生的成长过程和择业需求，将主要内容分为职业基础知识、职业规划与职业定位、就业形势、就业政策及就业指导、高职生毕业后的走向及准备工作、求职心理调适、就业信息与就业途径、简历制作、面试技巧及相关礼仪、就业与创业、职场角色与职业素养、维护就业权益等。中间穿插了丰富的案例内容，对广大青年学生提升自我素质、明确职业规划、培养创业素养、提高就业适应性具有良好的指导作用，对从事大学生就业指导的教师和相关就业工作人员也具有较高的参考价值。

本书在编写过程中，针对大学生这一群体的特点和求职择业的需要，总结多年从事毕业生就业工作的经验和大学生创业的情况，主要体现了以下特点：

（1）系统性、实用性。本书既有理论概括，又有案例分析，融理论、知识和思维创新于一体。

（2）前瞻性、指导性。首先，引导学生从就业创业环境分析到政策解读，充分关注就业创业形势的发展变化。另外，通过引导学生学习择业、创业过程中的各类问题，达到理论分析和技术指导相结合，为高职院校毕业生顺利就业、创业及适应社会发展提供必要的指导。

通过本教材的学习，我们期望高职生能够掌握职业发展与就业的核心知识和技能，为未来的职业生涯奠定坚实的基础。同时，我们也希望高职生能够保持积极向上的心态和不断探索的精神，在职业发展道路上不断前行。

本书由郭明维担任主编，兰富才、黄少华、何复勋参与编写。在本书编写过程中，编者借鉴和参考了一些专家的理论和观点，以及教育同行的经验和案例，在此向各位专家及教育同行致以衷心的感谢。

由于编者水平和经验有限，书中存在的疏漏及不妥之处，敬请广大读者批评指正，真诚欢迎广大读者提出宝贵意见和建议，以便进一步修订和完善。

编 者

2024 年 7 月

目 录

第一章 职业基础知识

第一节 什么是职业

一、职业和职位的概念及其分类

（一）职业、职位的概念

1. 职业

职业就是人们长期从事的工作。确切地讲，职业是指人们为了谋生和发展而长期从事相对稳定的、有经济收入的、分门别类的社会劳动。从职业的定义可看出，它包括以下几层含义：

（1）并不是任何工作都能称为职业。某项工作只有足够丰富、足够重要，以至能够吸引劳动者长期稳定地投入其中，才能称为职业；

（2）职业的经济性。即人们从事某项工作，必须取得一定的报酬，以维护本人和家庭生存、发展的需要，也是社会发展的需要；

（3）职业种类的多样性。社会是由各种各样、成千上万种职业组成的，正因为如此，我们的社会才丰富多彩、绚丽多姿；

（4）职业是一种社会劳动。职业需要人们付出一定的体力和脑力，如果不付出一定的劳动，职业也就不称为职业。

2. 职位

职位是指行政领导者在行政组织中所处的法律地位和工作职务，是权力和责任的统一体，是履行领导职权和责任的基础。从职位的概念可看出，它包括如下几层含义：职位就是工作岗位，是因工作需要而设立的；职位是责任、权力、利益三者的有机统一体，这是职位的本质内容，既没有无责任的职位，也没有无利益的职位；职位有高低之分，从社会需要角度来看，职业无层次、贵贱之别，但职位有高低之分。

（二）职业分类与职位构成

对于职业类院校学生而言，要作出正确的择业决策，必须了解职业的种类及其分类依据，以及不同职业对劳动者素质的不同要求。唯有如此，才能做到胸有成竹。

1. 职业的具体分类

（1）依据所花时间多少和常规性与否分类，社会职业分为第一职业和第二职业。所谓第一职业，又称为首要或主要职业，它是劳动者必须无条件按具体规定首先完成的工作；所谓第二职业，也可称为辅助职业或次要职业，是劳动者在完成第一职业的基础上，利用业余时间所从事的非常规性、季节性的工作。

（2）依据对专门知识及技术所需要的程度分类，社会职业分为专门职业和非专门职业。所谓专门职业，是指这种职业需要较多、较广、较深的知识和技能。例如，从事电视机修理，这一职业必然要求从业者掌握电视机的制造原理、零部件的用途和功能、修理的技巧等。所谓非专门性职业，又可称为一般性职业，它对劳动者的知识和技能要求程度较低，或者说它不需要较多、较广、较深的专业知识，这种职业，绝大多数人均能胜任。

（3）依据就业者主要付出的劳动的性质分类，社会职业分为体力劳动职业和脑力劳动职业。脑力劳动和体力劳动属同一劳动的两个方面，即任何一种劳动都需要劳动者既付出一定的体力，又要付出一部分的脑力。世界上既没有纯粹的脑力劳动职业，也没有纯粹的体力劳动职业。因此，所谓体力劳动职业是指以付出体力劳动为主的职业，脑力劳动职业是指以付出脑力劳动为主的职业。

（4）依据经费来源分类，职业分为行政事业单位和企业单位。经费来源主要靠国家财政、地方财政拨款的是行政事业单位，比如各级政府机关、党群组织、文化教育、科学研究、医疗卫生等事业单位。因为这些部门从事的是非生产性活动，在它们业务活动中不会创造出可供人们消费的物质财富，也不会向社会提供生产性劳动。经费来源主要靠自主经营、自负盈亏、银行借贷的是企业单位，比如商业、工业、铁路等单位就属于企业单位，它们主要从事生产性活动，可为人们提供消费的物质财富。

（5）依照职业横向分类，在《中华人民共和国职业分类大典》中，将社会职业分成八个大类，包括国家机关、党群组织、企业、事业单位负责人；专业技术人员；办事人员和有关人员；商业、服务业人员；农、林、牧、渔、水利业生产人员；生产、运输设备操作人员及有关人员；军人；不便分类的其他从业人员。

（6）从行业分类，职业可分为第一产业、第二产业和第三产业。第一产业是指农业、林业、渔业、畜牧业等国民经济发展的基础行业；第二产业是指工业、交通业、建筑业等国民经济发展的主导行业；第三产业是指商业、服务业、旅游业、信息业等行业。

（7）从工作特点分类，社会职业可分为实务、社会服务、文教、科学研究、艺术及创造、计算及数学、自然界、户外、管理、一般服务性职业等十多种类型的职业。实务性职业主要指工作任务很实际的职业，包括使用机器、工具和其他种类设备的工种，也包括使用各种书写仪器的职业，如打字员等；社会服务性职业主要指帮助别人解决困难或问题的职业，如医疗卫生保健、民事调解、婚姻介绍、心理咨询、职业介绍等；文教性职业主要是指使用文字或其他媒介，把信息和知识传授给别人的职业，如教师、记者、作家、档案工作人员等；科学研究性职业是指从事科学研究实验方面的职业，如技术人员、化验员、药剂师等；艺术及创造性职业，是指用语言、动作、声音、色彩等来创造艺术作品的职业，如摄影师、作家、画家、音乐家、设计师、舞蹈家等；计算及数学性的职业，是指财务管理、资料统计、分类等，如银行职员、会计、统计员等；自然界性职业是指户外料理牲畜、植物的职业，如农、林、牧、渔业等；户外性职业是指大部分工作时间在户外，且有一定艰苦性的职业，如交通警察、铁路施工、地质、勘测及其他野外作业人员等；管理性职业是凭说服力和影响力进行工作的职业，包括管理、指派他人做事，运用说服力和影响力达到目的，如国家公务员、厂长、经理、律师、政工人员等；一般服务性职业是指向别人提供所需各项服务的职业，如招待员、导游员等。

2. 职业的宏观分类

职业的宏观分类，即指社会职业构成，它包括以下几个方面：

（1）各类专业技术职业。它包括：① 社会科学研究职业；② 自然科学研究职业；③ 工程技术职业；④ 轻工、纺织和农林技术职业；⑤ 科学技术管理和辅助工作职业；⑥ 飞机和船舶技术职业；⑦ 卫生技术职业；⑧ 经济业务职业；⑨ 文艺和体育职业；⑩ 文化教育职业；⑪ 宗教职业。

（2）产业、制造业工人职业。它包括：① 采掘、冶金工人职业；② 化工、橡胶、塑料、油漆工人职业；③ 纺织、皮革、裁剪、缝纫工人职业；④ 造纸、制纸品、印刷工人职业；⑤ 木材、原料加工职业；⑥ 食品、饮料、制烟工人职业；⑦ 机械、电器、电子、电力工人职业；⑧ 玻璃、陶瓷工人职业；⑨ 建筑、装卸、运输工人职业；⑩ 综合技术工人职业；⑪ 其他生产工人职业。

（3）农、林、牧、渔商业及服务人员职业。它包括：① 农林牧渔民职业；② 商业工作人员职业；③ 服务性职业工作人员。

（4）国家公职人员职业。它包括：① 国家机关、党群组织和企事业单位负责人职业；② 公务人员职业；③ 法律工作人员职业。

（三）各类职业的职位构成

（1）科学研究职业，可分为研究员、副研究员、助理研究员、研究实习员职位。

（2）工程技术职业，可分为高级工程师、工程师、助理工程师、技术员职位。

（3）农艺技术职业，可分为高级农艺师、助理农艺师、农业技术人员职位。

（4）兽医技术职业，可分为高级、中级、助理兽医和兽医技术人员职位。

（5）卫生技术职业，可分为主任、副主任、主治医师、医师和医生职位。

（6）护理卫生技术职业，可分为主任、副主任、主管、护师和护士职位。

（7）经济业务职业，可分为高级、中级、助理经济师和助理经济员职位。

（8）会计职业，可分为高级、中级、助理会计师和会计职位。

（9）统计职业，可分为高级、中级、助理统计师和助理统计员职位。

（10）高校教师职业，可分为教授、副教授、讲师、助教与普通教师职位。

（11）中等专业学校教师职业，可分为高级讲师、讲师、助理讲师、教员职位。

（12）中学教师职业，可分为中学高级教师、一级、二级、三级教师职位。

（13）政工人员职业，可分为高级政工师、政工师、助理政工师、政工人员等。

二、职业的发展与职业类院校学生的关系

（一）现代职业的发展趋势

职业是人类社会发展到一定阶段的产物，是人类社会生产和社会生活发展的必然结果。随着社会的发展和进步，特别是现代科学技术的迅猛发展、新产品的运用、新工艺的推广、经济的增长和社会综合与协调发展，社会职业的发展变迁也出现了不断加快的趋势，主要表现在以下几个方面：

（1）社会分工的发展在加速，使社会职业的种类大量增加，新兴行业不断涌现。

当人类历史上出现了第一次社会大分工，即农业从畜牧业中分离出来以后，才出现了最初的职业划分。产生一种新职业要经历相当长的时间，职业的发展十分缓慢。随着生产力的发展，社会出现了第二次分工，职业种类才逐渐增加。到了近现代，科学技术的突飞猛进，生产工具的大量运用和改进，以及生产过程的高度社会化，使社会分工越来越细，形成了庞大的社会职业体系。新职业种类的产生显得十分频繁，新的行业，如宇航工业、微电子工业、机器人工业等不断涌现，远远地超过了人们常说的“三百六十行”。据有关资料介绍，大约在 20 世纪 70 年代，全世界职业的种类已超过 42 000 种，目前则更多。

（2）经济发展的加快，使社会职业结构变迁的速度愈来愈快。

经济领域是集中职业种类和职位数量最多的社会生活领域。经济活动对职业的变迁、发展有着十分直接而又特别重要的作用。在传统社会里，由于分工不发达，自然经济占主要地位，因而社会职业结构很简单，变迁也十分缓慢。工业革命后，人类开始重视经济增长和发展的速度。特别是当代社会，世界上大多数国家都把经济增长和发展放到优先的位置，从而促使产业结构变迁的速度加快。特别是进入20世纪后，职业结构或行业变迁更是十分惊人，如电子行业从产生到发展成为一个主要行业，只用了几十年时间。

（3）产业结构的变化使第三产业的职位数大幅度增加。

所谓第三产业是指所有非物质生产部门的总称，包括公用事业、商业、运输业、金融保险和服务性行业等。现代社会职业或职位的变化受产业结构的影响，从世界各国，特别是发达国家来看，农业与工业部门就业人数的比重在不断下降，而农业与工业以外的就业人数的比重在不断上升。第三产业就业人数的比重越来越大，是现代社会不同制度的国家发展的共同趋势。

（4）脑力劳动职位在社会职位总额中所占比重越来越大。

从历史上看，脑力劳动者远比体力劳动者少。随着教育、文化、科学技术的发展，脑力劳动者逐渐多了起来。进入20世纪后，脑力劳动职位在社会职位总额中所占比重愈来愈大的趋势就更明显了。

（5）职业或职位的流动性增大。

职业流动包括社会职业流动和个人职业流动。社会职业流动即职业结构的变动。个人职业流动是指劳动者从一个工作岗位转移到另一个工作岗位的过程。从历史上看，由于生产力水平低，职业或职位种类少，可供选择的职业或职位不多，因而职业或职位相对稳定。而现代社会职业或职位的流动性逐渐增大。其原因主要有以下三点：

一是科技的进步，生产力的提高，旧的职业或职位不断地消失，新的职业或职位不断地产生。

二是新技术的运用、新工艺的推广，同一职业或职位对就业者的要求发生了变化，迫使就业者不断地参加培训，以提高适应能力和竞争能力，或放弃已有的却不能胜任的职位。据资料介绍，现在很多就业者，一般在一个岗位很少超过5年，随后不是去进修，就是找其他仍需要他们的专业知识的职位，很少像传统产业工人那样长期固定一个工厂或一个岗位，甚至退休后由子女接替其工作。

三是就业者个人或因人际关系紧张，或因劳动内容不适合、劳动强度大，或因经济收入少、福利待遇低、社会声望不高等原因而放弃已有的就业岗位，主动提出职业流动。

因此，职业结构的变化，新旧职业此消彼长，职业或职位随社会发展而对就业者的要求发生变化，以及就业者个人的种种原因，使职业或职位的流动大大增加。

（6）同一职业或职位对就业者的要求也不断发生变化。

人们在就业岗位上，或因新技术的运用、新工艺的推广，或因设备更新，或因其任务、职责有一定变故，同一职业或职位对就业者的要求也会发生一定的变化。如建筑设计师职位，不但要求能用传统的方法手工绘图，还必须要求用计算机设计；高级文秘人员不但要求讲一口流利的普通话，还要求懂外语、会做公关工作等。

（7）新出现的职业或职位对就业者的要求以“知识型”为主。

现代社会是科学技术迅速发展的社会。科技进步的重要标志是新技术、新工艺在生产中的广泛应用和推广。这些新技术、新工艺在应用中产生的就业职位多是以知识为基础的行业。这就要求就业者必须是“知识型”劳动者。所谓知识型劳动者，是指掌握一定科技、专业知识，又能实际动手操作的劳动者。他们受过相当程度的正规教育或同等教育，拥有一定的理论知识、分析能力和创造能力，不仅会动手，而且会动脑，是体力、脑力集合的劳动者。在当代社会中，真正的而且数量越来越多的失业者是只有或者低于中学学历者。无论在工厂，还是在办公室，用人单位比以往更注重知识层次较高的人才。

（二）现代职业的发展对职业类院校学生择业的影响

现代社会职业的迅速发展，无疑对职业类院校毕业生就业产生多方面的影响。职业类院校毕业生在求职择业和进行就业准备时，要充分考虑职业发展的趋势。

（1）现代职业种类的大量出现，扩大了毕业生择业范围，增加了就业的机会。众所周知，科学技术的进步和社会经济的发展，加速了职业的分化，职业种类也日益增多。因此，职业类院校毕业生择业时，一方面要放宽眼界，无须拘泥于以往传统的职业种类的狭小范围；另一方面要找准自己的位置，也就是说，面对复杂而种类繁多的职业和职位，在择业时，既要考虑与自己所学的专业“对口”，又要考虑自己的学历层次和实际能力。要对自己进行客观正确的分析，对自己适合于哪种职业作出正确的判断。

（2）职业的流动性要求职业类院校毕业生要转变就业观念。根据现代社会飞速发展的要求和我国社会主义市场经济进一步完善的实际，就业岗位的设定不可能像计划经济体制那样具有相当大的稳固性，而是要求根据市场经济的发展需要，及时对有关岗位进行调整。这决定了就业者不太可能“一次就业就定终身”。因此，在择业时，要及时转变观念，不能期望值过高。在现代社会，实际上职业类院校毕业生的就业属初次就业，不是所有人初次就业就可定终身。随着社会主义市场经济体制的进一步深化，特别是人事劳动制度的改革，人才流动和再就业是一种普遍现象，即使初次就业不理想，以后还可能有第二次乃至多次择业、就业机会。因此，职业类院校毕业生应以发展的眼光看待自己的初次就业。

（3）同一职业或职位对就业者的要求不时发生变化，要求职业类院校毕业生必须练好“内功”。过去一些传统的职业或职位只注重学历文凭，择业者的知识结构也很单一。当今社会则不同了，同一职业或职位随着社会的发展和经济的增长，对择业者的要求有显著的提高。职业类院校双证制度的改革就是一例。双证是指学历文凭证书和职业资格证书。职业资格证书是反映了劳动者具备某种职业所需要的专门知识和技能的证明，反映了特定职业的实际工作标准和规范，以及劳动者从事这种职业所达到的实际能力水平，是市场经济条件下劳动力质量的标志。对职业类院校学生来说，仅有学历文凭还不具备就业的资格，还必须要有职业资格证书。因此，毕业生除具备扎实的专业知识和较强的综合素质外，还必须获得有关的职业资格证书，练好“内功”。

第二节　职业理想与职业道德

一、职业理想

职业理想是指个体在一定世界观、人生观、价值观的指导下，对自己未来所从事的职业和发展目标作出想象和设计。也就是人们对于未来工作部门、工作种类和工作成就的向往和追求。职业理想与人生理想紧密相连，树立正确的职业理想，不仅有助于自己正确地求职择业，迈好人生道路上的重要一步，而且有利于参加工作后，在职业岗位上施展才华，最大限度地实现自己的人生价值。

（一）职业理想的确立

青年学生在未进入职业活动之前，就已经开始形成并发展着自己的职业理想。职业类院校学生进入学校以后，应该说就已经有了初步的职业意识和职业理想，到毕业前后，就逐步调整和确立下来了。

在青年学生职业理想形成、确立的过程中，其职业理想的发展一般具有以下几种特征；

（1）由具体到抽象。青年学生的职业理想最初往往表现在对于各种具体职业形象的倾向，随着知识的增多和对各种社会职业了解的深入，逐渐形成为某项事业、某个目标而奋斗的职业理想，即由倾向于具体的职业形象发展为倾向于抽象的职业成就。

（2）由不稳定到稳定。青年学生的职业理想在一定时期是处于不稳定状态的，这是由他们在这一阶段自身认识水平的限制和心理成熟程度等原因造成的。随着认识的深入和心理成熟程度的提高，其职业理想会逐渐趋于稳定。

（3）由单纯的主观动机到主观与现实的统一。青年学生在形成职业理想的过程中，最初个人的兴趣、爱好、愿望对于职业倾向往往起着很重要的作用，他们对客观条件的认识主要是主观的估计和设想，其职业理想仍然属于单纯的个人主观动机，而这种主观确定的职业理想，到了一定阶段往往会受到各种现实条件的限制，这促使他们逐渐考虑到更多的现实条件和社会因素，不断调整自己的职业理想，直至达到个人动机与客观现实的统一。

（二）职业理想的功能

职业理想是一个人所特有的一种主观意识，它具有如下基本功能：

（1）对求职择业及就业准备有直接影响。青年学生由学校走向社会时，根据自身的特点及社会发展变化的客观现实，确立正确的职业理想后，可为理想的职业和具体的目标而努力，为获得自己认为理想的职业而做好有关的各种准备。因此职业理想对于人们求职和进行就业准备，绝不仅仅是一般性的影响，完全可以认为是一种推动人们想方设法去获得理想职业的动力，即推动人们求职和进行就业准备的动力。

（2）是实现个人事业理想和生活理想的必要条件。个人的职业理想体现在个人自我价值在其工作业绩、成就方面的实现。个人生活理想则体现在个人自我价值在其衣食住行及婚姻家庭等方面的实现。在当今社会里，一个人要想在事业上取得成就，作出成绩，实现自己的抱负，几乎都与其从事的职业有关。个人取得的成就和成绩多数是在职业理想推动下取得的职业性的业绩，如职业运动员打破了体育方面的世界纪录、科学家有了重大发现等。职业影响个人和家庭的经济收入及社会声望，影响其生活方式等。因此，职业理想也是个人实现自己生活理想的前提条件。

（3）是实现社会理想的重要桥梁。社会理想主要指一定社会集团（群体）或社会中一定成员对所向往和追求的未来社会的一种美好的想法，如我们常说的社会主义理想、共产主义理想等。社会理想所向往、追求和设想的是社会的经济制度、政治制度以至整个社会的形态；职业理想所向往、追求和设想的是职业岗位及就业要求。职业理想是在社会理想指导下，对社会理想的落实和具体化。人们通过从事一定的职业，并以此为依托去实现自己的社会理想。实现共产主义是人类历史上空前伟大的事业，要靠千百万人的长期艰苦奋斗，离开了社会的每一个成员在各自岗位上的努力和点点滴滴的积累，共产主义的社会理想是不可能实现的。

（三）职业类院校学生应树立崇高的职业理想

马克思在《青年在选择职业时的考虑》中指出：“历史承认那些为共同目标劳动因而自己变得高尚的人是伟大人物，经常赞美那些为大多数人带来幸福的人。”而他自己，早在求学期间就树立了“为人类服务”的职业理想，立志为人类的解放事业而奋斗终生。马克思用自己一生的行动实现了自己的理想，其论述和实践，对我们有深刻的启迪。

建设社会主义市场经济的今天已经为广大职业类院校学生开辟了施展才华的广阔天地，职业类院校学生要以马克思主义为指导，用毛泽东思想和习近平新时代中国特色社会主义思想武装头脑，树立崇高的职业理想，在走上工作岗位后，把理想根植于现实的土壤中，艰苦奋斗，开拓进取，勇于献身，就一定能大有作为。为人类服务，造福人类，既是历史上一切品德高尚、功勋卓著的人们的根本目标，同样应该是职业类院校学生所应树立的崇高的职业理想。只有树立了崇高的职业理想，才能够使我们更深刻地认识到：任何一种职业都是社会机器运转所必需的，职业只体现社会分工的不同，而无高低贵贱之分。

我们说的职业理想不是抽象的，而是具体的。一个人在岗位上艰苦奋斗、无私奉献，就是崇高职业理想实现中的具体表现和直接展示。职业类院校学生树立崇高的职业理想后，应该消除负面影响，转变思想观念、大胆选择理想的职业。不能只把进大城市、大单位、大企业视为唯一的就业途径，而应该面向基层，大胆地到自己大有可为的地方去，到祖国最需要的地方去，立志为中国特色社会主义事业献身。

二、职业道德

道德产生于人类社会历史的最初级阶段——原始社会，它是由经济关系决定的，依靠社会舆论、传统习俗和人们的内心信念来调节人与人之间以及个人与社会之间关系的行为规范的总和。它广泛地渗透在我们的实际生活中。职业类院校毕业生走向社会，开始职业生涯，理应对职业道德有所了解和掌握，并以良好的职业道德素质奉献社会，实现人生价值。

（一）职业道德的概念

职业道德是人们在特定的职业活动中所应遵循的行为规范，以及与之相适应的道德观念、道德意识、道德活动的总和。它是社会对从事一定职业的人所提出的道德要求，是社会道德在职业活动中的具体表现，它既是本行业的从业人员在职业活动中应该遵循的行为准则和规范，同时，又是行业对社会所负的道德责任和义务。

（二）职业道德的特征

由于职业道德是同人们的职业生活相联系的，因而它具有不同于道德的特点，这些特点主要是：

1. 专业性和多样性

人们的具体职业活动实践是各种职业道德产生的基础，人们在某一领域里所从事的职业活动，用特殊的、专门的方式为他人和社会服务，承担着不同责任和义务，经受着不同职业活动训练，形成着不同的职业信念、情感和习惯，从而产生了一般只适用于本职业的职业道德规范，因而显现出鲜明的专业性，它的适用对象和范围是特定的、有限的，对于不属于本行业的人员或本行业人员在不涉及职业活动的条件下的活动往往就不适用。不同的职业有不同的职业道德，社会上的职业千差万别，职业道德因而各具特色，多种多样，呈现了多样性，社会上有多少种职业就有多少种职业道德。

2. 继承性和时代性

职业是因社会分工和社会需要而产生的，它必然随社会分工的存在和社会的需要而世代连续。由于同一职业在不同的时代，其社会责任、服务对象等都有大体一致的共同性，因而具有相同的职业道德要求。同时，人们由于长期从事某一种特定职业，适应特殊的职业活动要求，受特殊的职业道德规范约束，便形成了特殊的职业观念、职业习惯，并对下一代从事这一职业的人员产生深刻的影响，从而稳定并连续世代相传，被在不同时代从事同一职业的人员所继承和发展。同时，职业道德又是受社会经济关系和政治关系所制约的，它必然会随着社会政治，经济关系的变化，随着人们职业活动内容、手段的变化而发生相应变化，从而打上鲜明的时代烙印，显示出时代的要求和特征。

3. 适用性和实践性

各行各业为了更好地调整职业活动中人们的道德关系，为社会提供优良的服务，总是根据本行业活动的内容、方式等具体情况出发，适应本职业从业者的接受能力，制定出一些具体、简明扼要、行之有效的行为规范，诸如行业公约、规章制度等。这些具体、明确、易于接受的形式，既便于从业者理解、掌握、遵照执行，又便于社会舆论监督、检查、评价从业者职业道德水平的高低。同时，职业道德在实践上要切实可行、行之有效，它不是一种空洞的、夸夸其谈的说教，而是指导人们进行实践的行为规范。

由于职业道德的这些特点，必然会对各行各业的从业者的思想和行为产生经常的、具体的、深刻的影响，并且通过社会舆论和从业者的内心信念来发挥作用，促使他们把自己的行为约束于职业道德要求的范围内。

（三）职业道德的基本规范

职业道德的基本规范是指各行各业的从业者在职业活动中必须遵循的行为准则。职业道德针对不同的行业、职业有一些不同的特殊要求。但是，职业道德又具有鲜明的共性，就是用道德原则和规范统一起来，形成各种职业道德的共同原则和基本要求，它概括起来主要有以下几条：

1. 忠于职守，热爱本职

忠于职守，就是忠实地履行职业责任，就是要求从业人员安心于本职工作，对本职工作恪尽职守，诚实劳动。热爱本职，是一种生活态度，一种价值追求。它让人在忙碌中找到乐趣，在挑战中收获成长，在平凡中见证伟大。正是无数个热爱本职的人，用他们的热情与汗水，构筑了社会的基石，推动着文明的进步。

2. 热忱服务，文明生产（服务）

当今世界经济已开始进入“服务经济”时代，优质服务已成为企业在市场竞争中取胜的法宝。树立服务意识是职业道德的重要内容。热忱服务主要指对服务对象主动、热情、耐心的服务态度。学习雷锋“对同志像春天般的温暖”，使每个被服务者从服务中感受到社会的温暖。文明生产（服务）是指在遵章守纪的基础上去创造整洁、安全、舒适、优美而又有秩序的生产工作环境。

3. 讲究质量，注重信誉

质量，通常指产品或工作的优劣程度。每一种职业活动都存在质量问题。社会主义职业道德把工作质量作为自己的重要对象，它要求、鼓励人们努力提高工作的质量，反对并谴责不讲质量、对消费者不负责任的作风和行为。信誉，是信用和名誉两者在职业活动中的统一。职业信誉是在多次商品交换中所形成的消费者对商品生产者和销售者的一种依赖关系，是职业荣誉的集中体现。职业信誉是一个经营道德问题，不讲职业信誉，不仅失掉用户和利润，而且从根本上违背社会主义宗旨。一切从业人员都要树立“质量第一”“信誉第一”的观念。

4. 钻研业务，提高技能

职业技能，也可称为职业能力，是人们进行职业活动、完成职业责任的能力和手段。它包括实际操作能力、处理业务的能力、技术能力以及有关的理论知识等。钻研业务，提高技能，是职业道德规范的一个重要方面。它要求一切从业人员努力钻研所从事的专业，孜孜不倦，锲而不舍，不断提高职业技能，精通业务，以实现自己的专业志向，最大限度地实现自己的人生价值。

5. 遵纪守法，廉洁奉公

遵纪守法指的是每个职业劳动者都要遵守职业纪律和与职业相关的法律、法规。廉洁奉公是高尚道德情操在职业活动中的重要体现，是每个职业工作者应有的思想道德品质和行为准则，它要求每个从业人员在职业活动中要坚持原则，不利用职务之便谋私利，这是职业活动能够正常进行的基本保证。

6. 积极进取，勇于竞争

竞争作为一种社会现象，在许多领域和各种层面都是存在的。社会生活中的竞争，一般泛指人们为了满足自己的需要而相互争胜，是人们为了发挥自己的长处、优势、才能和智慧以获得自己的利益的过程。在经济领域里的竞争，是商品生产者、经营者为了有利的产销条件而进行的经济利益的争夺。竞争在我们日常生活中是随处可见的。这一基本规范要求从业人员在职业活动中要树立竞争意识，具有在工作中努力向上、永不自满、敢于冒尖、敢为人先的精神。

课后练习

1. 简述职业和职位的概念及区别。

____

____

____

____

2. 你比较喜欢的职业有哪些？

____

____

____

____

第二章 职业规划与职业定位

第一节 职业规划概述

一、职业生涯规划定义

（一）职业生涯

广义的职业生涯是指从职业能力的获得、职业兴趣的培养、选择职业、就职，直至最后完全退出职业劳动这样一个完整的职业发展过程。狭义的职业生涯是指从踏入社会、从事工作之前职业训练或职业学习开始直至职业劳动最终结束、离开工作岗位为止。广义的或狭义的职业生涯因考虑的角度不同，自然有各自的道理。但是，职业生涯有其基本的含义。

职业生涯阶段划分如下：

（1）成长期（0~16 岁），这是认识阶段。这个年龄段的人会从外界感知到许多职业，并从自己兴趣爱好的角度出发，带着某些崇拜和幻想选择一些职业进行模仿；随着年龄的增长，在 12~16 岁时，开始考虑自身条件与喜爱的职业是否相符，带着某种现实的观点进行思考，并有意识地开展相关能力的培养。

（2）探索期（17~24 岁），这一时期基本是从高中到大学的学习阶段，属于知识储备阶段。这一阶段个人将认真探索各种可能的职业选择，他们试图把自己的职业选择和对职业的了解、个人的兴趣与能力进一步协调起来。在这一阶段结束时，一个看上去比较恰当的职业就已经被选定，个人也已做好开始工作的准备。

（3）尝试期（25~34 岁），这一时期是大学生迈出校门谋求发展的第一步，也是多数人职业生涯中的关键部分。在这一阶段，人们仍然尝试把最初的职业选择与自身能力及社会现实条件相匹配，同时也对最初就业选定的职业和目标进行重新审定，必要时还会重新选择职业。

（4）稳定期（35~44 岁），这一时期是个人职业生涯的黄金阶段。人们往往已经定下了较为稳定的职业目标，并充分利用已有的经验和财富，制订较为明确的职业计划来确定自己晋升的潜力、工作调换的必要性和为实现这些目标需要开展哪些学习活动等。

（5）守业期（45~65 岁），这一时期的多数人很自然地进入职业生涯的维护阶段。由于长期在某一职业工作，在此领域已具有比较丰富的经验，得到了他人广泛的认同，一般达到了常言说的“功成名就”境地，基本上不再考虑变换职业；特别是后期，人们一般都把主要精力放在维持和巩固已有地位、选拔接班人上了。

（6）衰退期（65 岁以后），这一阶段属于退休阶段。处于这一阶段的人，健康和工作能力逐步衰退，不得不面对退休，最终结束职业生涯。

（二）个人职业生涯规划

职业生涯规划也称职业生涯设计，是指针对个人职业选择的主观和客观因素进行分析和测定，确定个人奋斗目标并努力实现这一目标的过程。换句话说，职业生涯规划要求根据自身的兴趣、特点，将自己定位在一个最能发挥自己长处的位置，选择最适合自己能力的职业。职业定位是决定职业生涯成败的最关键的一步，同时也是职业生涯规划的起点。

职业生涯规划，在社会未迈入工业化以前，职业的种类较少，工作内涵也极为简单，通常的职业都是父母传授给子女，或由学徒直接向师傅学习，因此并不会产生择业的种种问题。自产业革命之后，工业科技日渐发达，机器日新月异，而生产过程也日渐复杂，产品的种类及生产量也大量增加。因此，工作世界里的行业种类与职业，更趋复杂与专业。如此众多的职业数目及复杂的职业内涵，年轻人凭自己很难洞悉各种职业的内容及分类，而父母、亲友们也难具有专业化的知识来协助年轻人选择适当的职业。因此，辅导年轻人择业的责任，就由家庭转移到学校及社会就业辅导机构。对年轻人而言，职业选择是否适当，将影响其将来事业的成败以及一生的幸福。对社会而言，个人择业是否适当，能决定社会人力供需是否平衡。如果每个人都有准确的定位，那么，不仅每个人都有发展的前途，而且社会亦会欣欣向荣；相反，则个人贫困、社会问题丛生。由于职业选择，对一个人及社会都有极重大的关系。因此，政府及教育单位，应重视青年人对未来职业生涯的认识、规划、准备和发展，并实施职业生涯教育。

二、职业生涯规划的重要性

人生需要精心的策划和设计。如果你想获得事业的成功，成为某个行业中的佼佼者，就应该善于计划自己的生活，设计好自己的职业生涯。在职业生涯规划中，有这样一句发人深省的话：你今天站在哪里并不重要，但是你下一步迈向哪里却很关键。职业生涯规划的目的，绝不只是帮助个人按照自己的资历条件找到一份工作，达到和实现个人目标，更重要的是帮助个人真正了解自己，为自己定下事业大计，筹划未来，进一步详细估量主客观条件和内外环境的优势和限制，在“衡外情、量己力”的情形下，设计出符合自己特点的、合理而又可行的职业生涯发展方向。其重要性可以归纳为以下几点：

（1）职业生涯规划可以帮助人们正确地认识自己并定位个人的职业方向。

正确认识自己，准确定位发展方向，这是职业成功的起点。职业生涯规划的首要环节就是对自己的性格、兴趣、特长等因素进行科学系统的测评。这一阶段的任务，就是在充分了解自身特点的基础上评估目标和现状的差距，结合实际情况选择适合自己的职业目标，定位职业方向。

（2）增强个人发展的目的性和计划性，提高就业的成功率。

“凡事预则立，不预则废。”好的计划是成功的开始。职业生涯规划发展要有计划、有目的，不可盲目地“撞大运”。很多时候我们的职业生涯受挫，就是由于职业生涯规划没有做好。一份行之有效的职业生涯规划，将会赋予你一双慧眼，拨开求职的迷雾，正确认识自身的个性特质、现有的和潜在的资源优势，从而树立奋斗目标，激发你产生进取心、想象力以及热忱自律和全力以赴的精神，促使你制订周密的计划，积极开展相关培训、学习和知识储备等工作，这样，“知己知彼”，就能从众多竞争对手中脱颖而出、独占鳌头。反过来说，机会总是眷顾那些有准备的人，面对目标明确、准备充分、设计周密的求职对手，那些靠“撞大运”的同学又怎么可能不铩羽而归？

（3）引导高职学生发掘个人潜能，增强职业竞争能力，决胜未来职场。

职业生涯是一个漫长的过程，覆盖了人生的绝大部分，因此它的意义绝不局限于帮助你找到一份满意的工作。在成功进入职场后，你将面临更为激烈的挑战竞争。如何增强自身的职业竞争力、决胜未来职场？职业生涯规划是解决这一难题的金钥匙，因为它为你树立了明确的目标，在实际工作中你自然会不断地向既定目标努力，不断地发现自身能力与实际工作要求的差距，并按照计划的安排通过学习、培训等充实自己；同时你还会发挥自己的优势，特别是挖掘自己的潜能，以赢得先人一步的突破。

三、职业生涯规划的特征

一般说来，职业生涯规划具有以下基本特征：

（1）独特性。每个人都有自己的职业条件、职业理想和职业选择，有为实现自己的职业理想所作的种种努力，从而有着与他人相区别的、独特的生涯历程。

（2）可行性。职业生涯规划必须依据个人及其所处环境的现实来制订，才能成为能够实现和落实的计划方案，而不是没有依据或不着边际地幻想。例如，高职生进行职业生涯规划，要考虑所学的专业或今后从事的职业需要的知识和能力。如果所学非所用，或者不具备理想职业所要求的能力，职业生涯规划就不可行。

（3）适时性。职业生涯规划是对未来的职业生涯目标和未来职业行动的预测。因此，各项活动的实施及完成时间，都应该有时间和顺序上的安排，以便作为检查行动的依据。

（4）灵活性。规划未来的职业生涯目标与行动涉及很多不确定因素，因此，规划应有弹性。随着外界环境和自身条件的变化，个人应及时调整自己的职业生涯规划方案，以增加其适应性。

（5）持续性。职业生涯目标是人生追求的重要目标，职业生涯规划应贯穿人生发展的每个阶段，通过不断调整和持续的职业活动安排，最终实现职业生涯目标。

四、职业生涯规划的原则

人们在思考自己的职业生涯规划时，应该把个体和社会结合起来，把个体发展与组织发展结合起来，把现在与未来结合起来进行思考。正确的职业生涯规划能使一个人走向成功，不正确的职业生涯规划可能使一个人误入歧途。为了正确制订职业生涯规划，人们必须遵循一些原则，职业生涯规划应遵循的主要原则有以下几点：

（1）社会需要的原则。社会需要的原则是指一个人在确定职业目标时，要把社会需要作为出发点和归宿，以社会对自己的要求为准绳去观察和认识问题，进而确定自己的职业岗位。职业岗位是随着社会历史的发展而产生的,社会上每一个职业岗位的出现,也都是社会发展的需要。目前，社会的需要不断地变化着，旧的需要不断消失，新的需要不断产生，人们在进行职业生涯规划时，一定要分析社会需求，择世之所需。如果漠视社会需求，强调主观的想象，闭门造车，那一定会自食苦果，不能实现职业发展的目标。如果个人利益与国家利益发生矛盾时，个人要自觉地服从社会需要，到祖国最需要的地方去建功立业。

（2）发挥个人优势的原则。发挥个人优势的原则是指一个人在选择职业岗位时，综合自身素质情况，根据自身的特长和优势选择职业岗位，以利于今后在职业岗位上顺利地、出色地完成本职工作。人与人之间是存在差异的，每一个人和其他人相比，在能力、性格、专业等方面肯定是不完全相同的。根据自己能力及特长来选择职业岗位，既是胜任工作的需要，又是发挥个人的最大潜力和进行创造性劳动的需要。适当考虑自己的性格特点，充分发挥性格特长也十分必要，从所学专业特点出发，做到专业基本对口，能够在职业岗位上大显身手。如果不坚持发挥个人优势的原则去择业，那只会事与愿违，功不成、业不就，贻误自己的前程。不同职业对从业者素质还有其特殊的行业要求，人们在发挥自己特长的同时，还要充分认识、主动去适应职业岗位的需要，若是身体原因受限，则不能勉强。

（3）择己所利的原则。职业对每个人而言，是一种谋生的手段，是谋取人生幸福的途径。谁都期望职业生涯能带给自己幸福，利益倾向支配着职业选择。每个人通过职业劳动，在谋取个人利益的同时，也为社会作出了贡献，创造了社会财富。每个人在规划职业生涯时必将考虑自己的预期收益，也就是使收益最大化。个人预期收益在于使这些由低到高的需求得到最大的满足，而衡量其满足程度的指标表现在收入、社会地位、职业生涯稳定性与挑战性等方面。不同的人会有不同的想法，每个人都会尽可能满足其所有的需求，从一个社会人的角度出发，在一个由收入、社会地位等变量组成的函数中找到一个最大值。不考虑个人利益的职业生涯规划是不合理和不现实的。择己所利必须建立在履行个人对社会的义务、遵守国家法律法规的前提下。

（4）独立性原则。独立性原则是指规划职业生涯时有自己的主见，能根据自己的志向和判断独立作出选择。每个人在规划职业生涯时，他人及一些社会现象和信息会对自己产生一定的影响，有些人的建议会有重要的参考价值，也有些人尽管他们的出发点是好的，但由于思考角度不同，有时还会产生误导作用。独立性原则就是要求人们头脑清醒，在了解社会现状及发展趋势的情况下，多看书，多浏览网页，多向父母、老师、同学请教，最后自己作出正确的决策。毕竟自己对自己的情况最为了解，未来职业生涯规划的实现与否影响最大的也是自己。一般情况下，了解信息越多，请教的人范围越广，作出的规划就越客观。但坚持独立性原则不是要求人们作规划时固执己见、不虚心听取别人的意见。

（5）主动性原则。主动性原则就是指人们在职业生涯规划实施过程中，要主动出击，积极参与。主动性表现在主动地完善自我，提高自己的素质，在就业前掌握一定的职业技能，为此后在职业竞争中获得成功打下基础。主动性具体表现在主动参与职业岗位竞争，主动与用人单位进行联系，主动寻求父母兄长、同学老师、同事朋友的各种帮助，主动开拓就业岗位、自谋职业、自主创业。主动性还具体表现为主动地了解人才供求信息和规格要求，主动搜集各种职业知识和用人信息，主动到职业介绍机构进行咨询，主动参加各种职业技能培训，主动准备好求职信，主动做好面试与形象等方面的准备。凡是有主动性的人，都是具有积极生活态度的人，比起那些被动、消极的人来说会赢得更多的机会，从而易于取得一定的成就，尽快地实现自己的职业发展目标。

（6）分清主次原则。在现实生活中，摆在人们面前的职业或用人单位是多样的，其工作性质、工作条件、生活待遇、发展方向等不尽相同，且各有各的优劣之处。人们在选择时，不可能有十全十美的职业或用人单位，只能权衡利弊、分清主次，在职业选择决策的过程中，抓住主要的、现实的、合理的条件，抛弃次要的、幻想的、过分要求的因素。分清主次的原则就是要求人们规划职业生涯不要面面俱到，过于追求完美，那样只会丧失很多机会而难于就业。同时，分清主次的原则要求人们规划职业生涯时，一定要想明白哪是主、哪是次，不能本末倒置，抓住了本该忽视的、与自己关系不大的方面而忘记本应该重视的、与自己紧密相关的方面，错过了真正的好职业，没有达到应该达到的发展高度。

（7）长期性原则。职业生涯规划一定要从长远来考虑，只有这样才能给人生设定一个大方向，使你集中力量紧紧围绕这个方向努力。规划一定要明确，一个个可以实行的行动，各项主要活动何时实施、何时完成，都要有时间和时序上的妥善安排。人生各阶段的线路划分与安排都应具体可行，能够根据个人特点、用人单位发展需要和社会发展需要确定将来的目标。人生每个发展阶段的规划应保持连贯性，各具体规划与人生总体规划保持一致，若摇摆不定，前后矛盾，则会浪费各发展阶段的人力资本积累。规划是预测未来的行动，牵涉许多可变因素，因此规划要有弹性，到了一定的时间要视具体情况予以修正。有了长期性原则，职业生涯规划就会变得清晰起来，从而是可行的、有效的，最终帮助人们走向成功。

第二节　自我认知与分析

自我认知实际上就是“知己”的过程，它是职业生涯规划的基础。只有对自己有了充分的认识了解，规划中的“定向”“定位”“定点”才能比较准确。

一、自我认知的内容

自我认知包括对生理自我、心理自我、社会自我几个部分的认知。对生理自我的认知主要指对自我的相貌、身体、智力等方面的认知；对心理自我的认知主要指对自我的性格、兴趣、气质、意志、能力等方面的评估与判断；对社会自我的认知主要指对自己在社会上所扮演的角色，在社会中的责任、权利、义务、名誉、他人对自己的态度以及自己对他人的态度等方面的评价。

二、自我认知的方法

自我认知不是一件容易的事情，大学生可用橱窗分析法和测试法等进行自我认知。

（一）橱窗分析法

心理学家把对个人的了解比成一个橱窗。为了便于理解，可以把橱窗放在一个直角坐标中加以分析，如图 2-1 所示。横轴的正向表示别人知道，负向表示别人不知道；纵轴的正向表示自己知道，负向表示自己不知道。

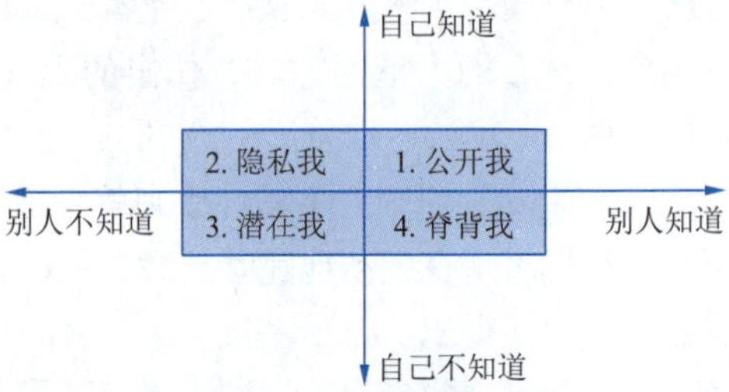

图2-1　坐标橱窗图

图 2-1 中，橱窗 1 为自己知道、别人也知道的部分，称为“公开我”，属于个人展现在外、无所隐藏的部分；橱窗 2 为自己知道、别人不知道的部分，称为“隐私我”，属于个人内在的私有秘密部分；橱窗 3 为自己不知道、别人也不知道的部分，称为“潜在我”，是有待开发的部分；橱窗 4 为自己不知道、别人知道的部分，称为“脊背我”，就如一个人的背部，自己看不到，别人却看得很清楚。

通过四个橱窗的含义可知，在进行自我认知的时候，重点是了解橱窗 3 和橱窗 4 这两个部分。橱窗 3 是“潜在我”。根据科学家研究发现，每个人都有巨大的潜能，人类平常只发挥了极小部分的大脑功能。著名心理学家奥托指出，一个人一生所发挥的能力只占他全部能力的 4%，也就是说一个人 96% 的能力还未开发。由此可见，认识、了解“潜在我”是自我认知的重点之一，把个人的潜能开发出来，也是职场新人的头等大事。橱窗 4 是“脊背我”。如果诚恳地征询他人对自己的意见和看法，就不难了解“脊背我”。我们可以通过自己的家人、朋友交流，或者借助录音、录像设备来了解自己。

（二）测试法

测试法包括自我测试法和计算机测试法两种。

1. 自我测试法

自我测试法是通过回答有关问题来认识自己、了解自己，是一种比较简单、易操作的自我认知法。测试题目由心理学家经过精心研究设定，只要如实回答，就能了解自己的有关情况。在回答问题时，切忌寻找标准答案，而应该是自己怎么想、怎么认识就怎么回答，这样的测试才有实际意义。

2. 计算机测试法

计算机测试法是一种了解自己，认识自己的现代测试方法，科学性、准确性相对比较高。目前国内外比较常用的有以下几种测试方法：

（1）人格测试：人格是个人带有一定倾向性的、比较稳定的、本质的心理特征的综合，包括气质、能力、性格、兴趣等心理特征。目前，常用的人格测试量表有明尼苏达人格测试、卡特尔十六种个性测试、艾森克人格问卷等。

（2）智力测试：智力具有抽象性与隐蔽性的特点，难以把握，大学生有必要了解一些智力测试的方法，以便提高自我剖析的水平。常用的智力测试量表有韦克斯勒智力量表和瑞文推理测验量表等。

（3）能力测试：这里的能力包括文职人员能力与机械能力两种。文职人员是指工作地点在办公室而主要从事创造力要求较低工作的脑力劳动者，如会计员、出纳员、秘书、干事等，其测验方法有明尼苏达办事员测验、一般办事员测验等；机械能力包括感觉和动作能力、空间知觉、学习机械事物的能力，以及理解机械关系的能力等，测验量表有明尼苏达拼版测验、贝内特理解测验等。

（4）职业倾向测试：职业能力的大小与任职者对职业的倾向与兴趣有很大关系。职业兴趣测试量表有爱丁堡职业倾向问卷、霍兰德职业兴趣问卷表、明尼苏达职业兴趣问卷表等。

三、培养正确的自我认知

正确的自我认知有利于我们的心理健康，有利于我们对自身行为进行适宜的调控，实现自己的义务和责任，走向全面发展与成功。那么，怎样培养正确的自我认知呢？

（一）正确地认识自我

认识自我是人类从古到今一个永恒的话题，正确地认识自我是培养形成健全的自我意识的基础。古人云："人贵有自知之明"。如果一个人能对自我有一个较全面、客观的认识和评价，就能扬长避短、取长补短、发展自己、完善自己。建议可从以下三个方面做起。

（1）全面深刻地了解自我，找准自己在现实环境中的位置。要正确地认识自我，首先要从生理的自我、心理的自我、社会的自我三个方面来全面深刻地了解自己。为此，要努力拓宽自己的知识面，增强信息来源，提高文化水平和修养；多与朋友交流思想，多征询他们对自己的看法，以适当的参照物来了解自己。既能把自己放在大的社会现实环境和历史条件下认识自身的条件、能力、地位、作用、责任等，也能把自己放在小环境中认识自己的条件、能力、地位、作用和责任，给自己在社会大环境和小环境中恰当的定位，这样对理想自我的构建、自我的发展以及人际关系的处理大有裨益。

（2）客观准确地认识自我，建立自信。注意从多个角度、多个侧面来客观评价自我。一方面，既要进行纵向比较，将现实的自我和理想的自我作比较，看到自己的差距；同时，也要将现实的自我与过去的自我作对照，看到自己的进步。另一方面，又要进行横向比较，与超过自己的、与自己相似的、比自己稍差的人作比较。要将上述各个方面获得的信息综合分析，以获得较为客观的评价。既不妄自菲薄，也不夜郎自大。

（3）独立、稳定地认识自我。在评价自我时，避免盲目地接受他人的暗示和对权威、群体性心理的完全依赖。要有自己独立的意志，同时还要避免以一时、一事作为衡量评价自我的尺度，要对自己有一个稳定的、概括的评价。

（二）积极地悦纳自我

罗曼•罗兰说过："先相信自己，然后别人才会相信你。"悦纳自我是发展形成正确自我意识的核心和关键。一个人首先应自我接纳，建立自信，才能为他人所接纳。悦纳自我就是要无条件地接受自己的一切，无论是好的或坏的，成功的或失败的。要平静而理智地对待自己的长短优劣，要乐观开朗，以发展的眼光来看待自己；既不消极回避自身的现状，自欺欺人，更不以哀怨、自责甚至厌恶来否定自己。在自我悦纳的基础上，培养自信、自立、自强、自主的心理品质，从而发展自我、更新自我。

（三）有效控制自我

自我控制是人主动、定向地改变自我的心理品质特征和行为的心理过程。有效地控制自我是健全自我意识、完善自我的根本途径。缺乏自我控制意识的人将是一个情绪化的、缺乏承受力的、一事无成的人。对自我的有效监督和控制，离不开意志的力量。只有意志健全的个体才会做到对自我的有效控制，从而最终实现理想的自我。因此，每个人都应从培养健全的意志品质做起，增强对挫折的承受力，提高自控能力，从而达到自我实现，使理想的自我和现实的自我统一。

总而言之，正确自我意识的形成与健全需要付出艰辛的努力和沉重的代价，它是每个追求卓越、追求自我实现的人的终身课题。

教学案例

案例一：

不能认识自己，盲目就业，最苦恼的是你自己

香香，女，25岁，师范类中文专业毕业生，性格文静，文笔优美，文字能力强，但不善于口头表达，不善于和人沟通。在一中学从事语文教学工作一年后，发现自己并不适合做老师，但因为教师工作能给自己带来稳定的收入和不错的福利，香香即使工作得不开心，但也始终没有勇气打破这个"铁饭碗"，仍然在教师这个岗位上工作了三年。三年之后，学校发现她所带的几个班级成绩都不理想，学校对其工作表现非常不满意。此时，香香陷进了无尽的苦恼中。

通过咨询专家得知，香香的性格特点决定了她并不适合教师行业。文静、不善表达的香香虽然具备专业的学历资质，但显然不具备教师应有的教学和管理技巧。从香香的职业兴趣分析，她希望能够发挥自己的文字特长，而中学语文教师不是香香兴趣所在。专家建议她最好重新择业，尝试广告公司的文案、多媒体行业文字编辑、传统媒体等行业文字工作。

（资料来源：根据网络资料整理）

理想的职业应该是一个人真正喜欢、适合并能通过努力而胜任的工作。简言之，喜欢、适合、胜任这三个要素对于理想的职业缺一不可！对于工作经验在2~3年的毕业生，往往会发现自己当初刚走出校门时懵懵懂懂选择的工作并不适合自己，于是重新择业便成了一个重要紧迫的问题。此时，重新择业已经不再是简单地再找一份工作的事了，必须按照自身的价值观、性格特征、能力等因素，结合职场实际情况，准确定位适合自己长远发展的出发点。

案例二：

不能认识自己，盲目跳槽，最大的受害者却是自己

小张最近有些郁闷。他和女朋友从大学三年级开始交往，现在到了该结婚的年龄，可他却没有勇气去见女方家长。因为女朋友的父母十有八九会问道"你是做什么工作？""在哪一家公司？"

等问题，可他根本没有信心坦白自己的实际情况。

他毕业于某大学经济系，毕业之后进了一家银行。10个月后，因性格、兴趣爱好等原因无法适应工作而辞职。因为有名牌大学的招牌以及在银行的工作经历，他很容易跳槽到了互助储蓄金融公司。但是这里的工作也一样单调，不仅自己不喜欢做而且看起来没什么前途。结果6个月后，他又辞职了。

后来，经朋友介绍进了一家在韩外资借贷公司，但这次也因为跟领导吵架，没干多久就离开了。在短短三年时间里，他已经换了六次工作！

现在他终于认识到了在自己求职和离职过程中存在的问题，并决心找一个合适的公司站住脚。但是已经没有一家公司愿意收他了，被他的学历所吸引的企业人事主管，一旦了解了他的工作经历便纷纷摇头。

（资料来源：根据网络资料整理）

目前像小张频繁换工作的情况不少，他们尽管毕业于名牌大学，却没有充分认识自我和职业，毕业之际在仓促中选择了一个并不适合自己的职业，如果没有及时发现，一错再错，日后等待他的只能是更多的挫折和麻烦。

案例三：

正确认识了自己，你就成功了一半

小李是某职业技术学院应用化工专业学生，性格开朗、积极乐观、自信心强、喜欢与人沟通，在校期间曾担任过班长、学生会主席、具备一定的组织管理能力、语言表达能力、交流沟通能力，喜欢从事管理领导工作，喜欢被老师、领导赞许和肯定。他喜欢从事推销工作，但他的专业是应用化工，缺乏营销专业的相关知识。不过通过对自己所学的化工行业进行市场分析和了解，他发现化工行业有良好的发展前景，结合家庭等其他情况分析后，他确定自己毕业后首选从事化工生产一线技术员，长期目标为部门主管，并把化工产品营销员作为自己的备选职业。毕业工作不到三年，小李由于在一线工作踏实有激情，再加上人际关系处理较好，顺利被公司破格提拔为生产主管助理，发展空间从此打开。

小李同学在校期间就能根据自己的性格特点、专业知识以及行业特点等，最终合理定位了自己，确定了职业目标，这样的职业选择有科学依据，切合实际，当然比较容易取得成功。

（资料来源：根据网络资料整理）

对于已经毕业参加工作的大学毕业生来说，并不是要你放弃现在刚刚得到的或者是目前可能并不喜欢或不适合的工作，而是希望你能掌握正确认识自我（如喜欢做什么、适合做什么、能够做什么等）的途径和方法，为正确就业和规划职业打好基础。

一个人最大的敌人是自己。不管是即将毕业的大学生或是已经毕业而参加工作的企业员工，能否充分认识自己，将是以后职业发展高度的重要决定因素。只有认识自己，方能认识和创造人生。

第三节 职业定位与发展

“人各有所好”，不同的人有不同的兴趣，不同的职业也适合具有不同的兴趣特征的人，由于人们兴趣各有不同，自然就构成了人们选择不同职业的重要原因，兴趣在职业活动中的作用越来越引起了人们的重视。从事符合自己兴趣的工作，不仅能帮助人们把注意力集中到特定对象上，还能够使人们产生愉快的情绪，使从事的工作不再成为负担而是享受，从而验证了孔子所说“知之者不如好之者，好之者不如乐之者”的结果。

一、什么是兴趣

兴趣是指一个人力求认识、掌握某种事物并经常参与这种活动的心理倾向，它是人学习和生活的最好老师。有关资料表明：如果一个人对某种工作有兴趣，就能发挥他全部才能的80%~90%，并能较长时间地保持高效率而不感到疲劳；而对工作缺乏兴趣的人，只能发挥其全部才能的20%~30%，而且容易感到疲劳。所以，了解自己的兴趣爱好，有针对性地选择自己感兴趣的工作是人生的一大幸事。

兴趣是成功的重要推动力。它能将人的潜能最大限度地调动起来，使其长期专注于某一方向，作出不懈努力，有助于取得令人瞩目的成绩。有研究曾对2 000多位著名的科学家进行调查，发现很少有人是由于谋生的目的而工作，他们大多是出于个人对某一领域问题的强烈兴趣而孜孜以求、忘我工作的，他们的成功与他们的兴趣紧密联系。

兴趣可以为职业选择提供有效的信息，是职业选择的重要依据；兴趣可以增强对职业的适应性；兴趣影响着工作满意感和稳定性。但是兴趣不代表能力，对某一特定职业。有兴趣并不意味着能干好这个职业；反之亦然，如果具有从事某项工作的能力但缺乏兴趣，那么在该职业上成功的可能性也是非常小的。只有对某一种职业感兴趣，并具有该职业所要求的能力才能胜任这项工作。

二、职业兴趣的含义及作用

职业兴趣是指人们对某类专业或工作所抱有的积极态度，也是人们对某种职业活动所具有的比较稳定而持久的心理倾向。一个人对某种职业感兴趣，他在学习和工作中就能全神贯注，积极热情、富有创造性地努力完成所从事的工作。一个人对自己的专业或工作毫无兴趣，即使他聪明能干，也不可能在本专业或行业中有所建树。在择业过程中，职业兴趣一旦产生，就成为择业的定向因素。

职业兴趣会影响人们对职业的选择。在求职择业的过程中，人们除了考虑待遇等问题外，常常以是否对某种工作有兴趣作为考虑的重要因素。一旦发现自己对某种职业有浓厚的兴趣，他们就会努力地去谋取或追求这一职业。

职业兴趣能开发个体的潜力，促进个体的进步。在职业活动中，职业兴趣能够促使一个人发挥自己的主动性和创造性，以一种积极的态度来面对工作。当遇到困难时，在职业兴趣的引导下，人们会积极地去思考，想方设法解决这一难题，而不轻易放弃。在这一思考过程中，人们的潜力会得到充分开发，自我能力也在不知不觉中得到增强，从而更容易在职业活动中取得新成果，促进个体的进步。

职业兴趣可以使人更快地熟悉并适应职业环境和职业角色。在职业兴趣的引导下，人们会以一种乐观向上的态度对自己所处的职业环境，尽自己一切努力适应它，以求得到更大的发展。他们会尽快地适应本职工作，进入自己的职业角色，使自己在职业活动中尽早摆脱新人的地位。

三、职业兴趣的培养

任何人的职业兴趣都不是与生俱来的，而是以一定的职业素质为前提，在生活实践过程中逐渐发生和发展起来的。如果一个人缺乏某种职业知识，或者根本不了解这种职业，那么他就不可能对这种职业产生兴趣。因此，一个人只有广泛了解职业知识，参加相关的职业活动，才可能真正显示和发现自己的职业兴趣所在。

职业兴趣是可以通过多种途径，加上自己的努力去改变、发展和培养的，在培养职业兴趣时，可从以下几个方面努力：

（1）培养广泛的兴趣。具有广泛兴趣的人，不仅对自己职业领域的东西有浓厚的兴趣，而且对其他方面也有一定的兴趣。这种人眼界比较开阔，解决问题时也可以从多方面得到启发，在职业选择上有较大的余地。

（2）要有中心兴趣。人的兴趣应广泛，但不能浮泛，要有一定的集中爱好。一个人只有兴趣广且有重点，才能学有所长，获得深邃的知识。如无中心兴趣，往往会知识肤浅，没有确定的职业方向，心猿意马，难有成就。

（3）重视培养间接兴趣。人在最初接触某种职业时，往往对职业本身缺乏强烈的兴趣，因此，必须从间接兴趣入手培养职业兴趣。如了解该职业在社会中的意义，对人类的贡献，职业的发展机会等以引起兴趣。

（4）积极参加职业实践。只有通过职业实践，才能对职业本身有深刻的认识和了解，才能激发自己的职业兴趣。职业实践包括生产实习、社会调查、参观访问以及组织兴趣小组等。

（5）客观评价自己的能力以确定职业兴趣。兴趣是成功的前提，但事业成功也必须具备该职业所要求的能力。因此，在培养职业兴趣的同时要客观评价自己的能力，看自己是否适合某种职业，在此基础上形成的职业兴趣才是长久的。

（6）保持稳定、切实的职业兴趣。应在某一方面有持久稳定的兴趣，不能朝三暮四，见异思迁，这样才能投入更多的热情和精力，深入钻研相关内容，在事业上有所发展和成就。

四、霍兰德的职业兴趣类型理论

美国著名心理学家、职业指导专家约翰·霍兰德提出了“个性工作适应性理论”，也提出了一系列的研究假设。他认为：人的人格类型、兴趣与职业密切相关，兴趣是人们活动的巨大动力，凡是具有职业兴趣的职业，都可以提高人们的积极性，促使人们积极地、愉快地从事该职业，且职业兴趣与人格之间存在很高的相关性。霍兰德认为人格可分为现实型、研究型、艺术型、社会型、企业型和常规型六种类型，如图 2-2 所示。现经过多年的发展，职业兴趣测验已在教育、培训、企业管理等领域有了越来越多的应用。

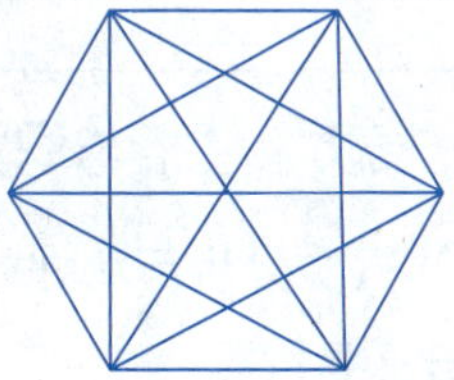

图2-2　霍兰德理论下的六种类型

个人的职业兴趣往往是多方面的，很少只是集中在某一种类型上。为了比较全面、客观地描述个人的职业兴趣，通常用六种兴趣的字母代码表示一个人的兴趣，该代码就是“霍兰德代码”。这六个字母代码间的顺序表示了兴趣强弱程度的不同，排在首位的被认为是占主导地位的类型。表 2-1 所示为六种类型的劳动者及与其相适应的职业对照。

表2-1　霍兰德职业兴趣类型表

类　型	特　点	职　业
现实型（R）	①愿意使用工具，从事操作性工作，喜欢独立做事。 ②动手能力强，做事手脚灵活，动作协调。 ③不善言辞，不善交际，谦虚	主要是指各种工程技术工作、农业工作；要求具备机械方面才能、体力或从事与物件、机器、工具、运动器材、植物、动物相关的职业。 具体职业：工程师、技术员、机械操作工人、维修工人、安装工人、矿工、木工、电工、鞋匠、司机、测绘员、描图员、农民、牧民、渔民等

续表

类　型	特　点	职　业
研究型（I）	①抽象思维能力强，求知欲强，肯动脑，善思考，不愿动手。 ②喜欢独立的和富有创造性的工作，考虑问题理性，做事喜欢精确，喜欢逻辑分析和推理。 ③知识渊博，有学识才能，不善于领导他人	主要是指科学研究和科学实验工作。 具体职业：自然科学和社会科学方面的研究人员、专家；化学、冶金、电子、无线电、电视、飞机等方面的工程师或技术人员；计算机编程人员、医生、系统分析员等
艺术型（A）	①有创造力，乐于创造新颖，与众不同的成果，渴望表现自己的个性。 ②做事理想化，追求完美，不切实际。 ③有一定的艺术才能和个性，善于表达、怀旧、心态较为复杂	主要是指各类艺术创作工作。 具体职业：演员、导演、艺术设计师、雕刻家、建筑师、摄影家、广告制作人、歌唱家、作曲家、乐队指挥、小说家、诗人、剧作家等
社会型（S）	①喜欢与人交往、不断结交新的朋友、善言谈、愿意教导别人。 ②喜欢参与解决人们共同关心的社会问题，渴望发挥自己的社会作用。 ③比较看重社会义务和社会道德	主要是指各种直接为他人服务的工作，如医疗服务、教育服务、生活服务等。 具体职业：教师、保育员、行政人员；医护人员；衣/食/住/行服务行业的经理、管理人员和服务人员；福利人员等
企业型（E）	①精力充沛、自信、善交际，具有领导才能。 ②敢冒风险，有抱负。 ③看重权力、地位和物质财富	主要是指那些组织与影响他人共同完成组织目标的工作。 具体职业：企业家、职业经理人、政府官员、商人、行业部门和单位的领导者、管理者等
常规型（C）	①尊重权威和规章制度，喜欢按计划办事，细心、有条理，习惯接受他人的指挥和领导。 ②不喜欢冒险和竞争。 ③工作踏实、忠诚可靠、遵守纪律	主要是指与文件档案、图书资料、统计报表等相关的各类科室工作。 具体职业：秘书、办公室人员、记事员、会计、行政助理、图书馆管理员、出纳员、打字员、投资分析员等

五、气质、性格与职业发展

（一）气质分析与测评

1. 什么是气质

气质是一个心理学概念。从根本上讲，气质是人的心理特性之一，是个人心理活动稳定的动力特征。它表现的是人心理活动的强度、速度、稳定性、灵活性和指向性等方面的差异。比如说，一个人反应速度的快慢、情绪的强弱、注意力集中时间的长短和转移的难易，以及心理活动倾向于外部世界还是内部世界等，虽然和外界环境有一点联系，但是在很大程度上却与人的气质密切相关。气质相同的人，往往会在不同内容的活动中，表现出性质相同的动力特征来。

2. 气质的特征

心理学上讲的气质，具有以下两个方面的特征。

第一，气质具有天赋性。气质是由生理机制决定的，一个人从呱呱坠地开始，就具有了与众不同的气质特点。在日常生活中，只要留心，就可以发现，同样是婴儿，有的爱哭、爱闹、爱动，有的则安静、平稳、怯生。这说明，先天的生理机制构成了个体气质的基础。

第二，气质具有稳定性和可塑性。一个爱激动的领导者，往往不等下属把情况汇报完就急不可耐地发表自己的看法，甚至大发雷霆，他不仅在企业里是这样，对外谈判时也可能表现出抢先发言等现象。像这样并不因活动内容、动机、目的不同而表现出不同气质的现象，就是气质的稳定性。

当然，气质的稳定性是相对的，气质也具有一定的可塑性。在环境和教育的影响下，人的气质在一定程度上是可以改变的。比如，一个优柔寡断、胆怯、孤僻的人处于领导岗位上，通过几年的锻炼，他的这些气质特征可能会逐渐消失，变得具有主动性、独立性。在影响气质变化的诸多因素中，人的主观世界对气质的自然表露有重要影响。不管一个人的气质类型如何，当他以积极的态度从事工作和生活时，都会表现出饱满的热情、充足的干劲，反之则意志消沉、情绪低落。

3. 气质的类型与职业选择

每个人都有自己独特的气质，也具有与其他人相同或相似的气质。古罗马医生盖伦通过长期观察与研究，把人的气质特征分为四种类型（见图 2-3）。

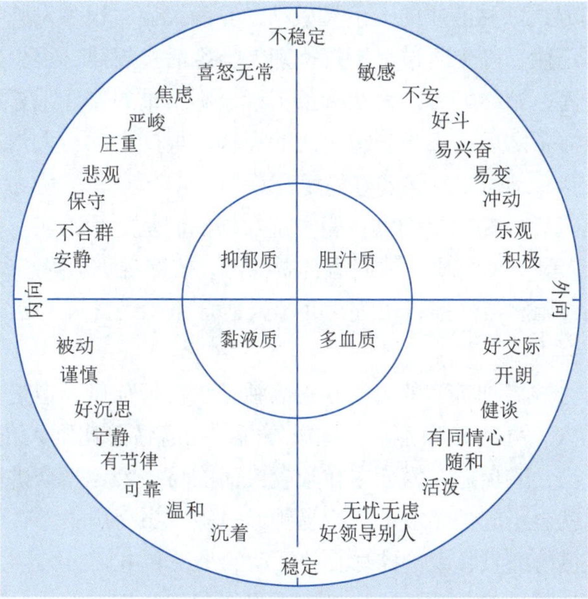

图2-3 盖伦的气质学说

1）胆汁质

（1）胆汁质的工作方式。胆汁质的人在日常活动中常带有强烈的情绪色彩，情绪高时，学习、工作热情高涨，反之，对什么事都不感兴趣；积极参加各项课外活动，喜欢新的活动，喜欢倡导一些别出心裁的事，尤其喜欢运动量大、场面热烈的活动；完成作业匆匆忙忙，比谁都快，考试交卷争第一;活动效率高，只要想干的事未完成，饭可不吃，觉可不睡;理解能力和接受能力很快，但不求甚解；说话喜欢与同学争辩，总想抢先发表自己的意见，喜欢在公开场合表现自己，坚信自己的见解；姿态举动强而有力，眼光锐利而富有生气，表情丰富敏捷；喜欢看情节起伏、激动人心的小说和电影，不爱看表现日常生活题材的作品。

（2）胆汁质的职业选择。胆汁质的人应着重发扬他开朗、豪放、勇敢、进取等优良品质，避免产生任性、粗暴、高傲等不良品质。胆汁质的人适合从事人际交往、工作内容和环境充满变化性的工作，如导游、推销员、节目主持人、勘探工作者、演讲者、外事接待人员等，而不太适合做要求长期安坐、耐心、持久、细致的工作。

2）多血质

（1）多血质的工作方式。多血质人内心的情绪一般会在面部表情和眼神中明显地表现出来；积极参加社会活动，但表现散漫，有始无终；学习疲倦时，只要稍事休息，便会立刻焕发精神重新投入学习；理解问题比别人快，但常会见异思迁，注意力不集中；喜欢做难度大、内容复杂的作业，但不耐心细致，总希望尽快完成作业；易激动，但情绪表现不强烈；容易产生骄傲情绪，觉得自己比别人机智灵敏；变化迅速，遇到稍不如意的事就情绪低落，稍得安慰或遇到使他高兴的事，马上就会兴高采烈；善于交际，待人亲切，易结交朋友，但友谊常不巩固，缺少知心好友。

（2）多血质的职业选择。多血质的人，应着重发扬他热情活泼、机智灵活的优良品质，避免产生自由散漫、见异思迁、作风轻佻的不良品质。他们适合与外界打交道，从事灵活多变、富有刺激性和挑战性的工作，如外交人员、管理人员、新闻记者、律师、运动员、冒险家、服务员、侦查员、干警、演员等，而不适合做细致、单调的机械性工作。

3）黏液质

（1）黏液质的工作方式。黏液质的人不易激动，安静沉稳，很少发脾气，情绪不易外露，面部表情单一；课堂上守纪律，静坐听讲，不打扰别人，生活有规律，很少违反作息制度；理解问题比较慢，学习认真严谨，始终如一，喜欢有条不紊、不太难的作业；喜欢复习学过的知识，对新知识接受能力差，但懂了之后就很难忘记；沉默寡言，很少主动与人沟通；交际适度，通常有几个要好朋友；善于自制、忍耐；兴趣爱好稳定有毅力。

（2）黏液质的职业选择。黏液质的人，应着重发扬他们坚定、踏实、诚恳等优良品质，避免产生谨小慎微、因循守旧等不良品质。他们适合做稳定、按部就班、静态的工作，如会计、文员、出纳、法官、管理人员、调解员、播音员等，而不太适合需要经常策划创造的工作。

4）抑郁质

（1）抑郁质的工作方式。抑郁质的人喜欢安静独处，性情孤僻，但是在友爱的集体中，也可能是一个很容易相处的人；办事犹豫不决，优柔寡断，做事情总比别人花费时间多，细心谨慎，稳妥可靠；不爱表现自己，避免抛头露面：在陌生人面前易害羞，当众讲话常惊慌失措；感情比较脆弱，因为一点小事就会引起情绪波动，容易神经过敏，患得患失；在学习或工作失利时，会感到很大的痛苦；爱看感情细腻、大量描写心理活动的小说和电影。

（2）抑郁质的职业选择。抑郁质的人，应着重发扬他们心细、机警、稳重等优良品质，避免产生孤僻、自卑、抑郁等不良品质。他们适合安静、细致的工作，如编辑、化验员、仓库管理员、机要秘书等，而不太适合热闹的场合。

当然，各种气质类型的人都有可能在事业上取得成就。了解自己气质的意义主要在于尽量根据自身的特点选择最适合的发展方向和人生道路。

4. 气质的测评

要了解自己的气质类型，可以通过自己的观察，或他人的评价，还可参考一些气质量表的测量结果。不过，重要的是要认识到：气质没有好坏之分，只有适合与不适合之别。一般来说，各种气质类型都有其优点和缺点。

（二）性格分析与测评

任何气质类型都同时存在着积极的和消极的两个方面，这就决定了无论是内向性格还是外向性格都既有优点，又有不足，并不能说明孰优孰劣。

1. 什么是性格

爱默生认为：“一个人无论做出多少件事，我们都可以在里面认出同样的性格。”性格是在人的生理因素、客观因素和主观因素的相互影响、相互作用下，逐步形成的个人所特有的心理风格和行为习惯。心理学通常把性格看作一个人对现实稳定的态度以及与之相适应的行为方式的独特结合。

2．性格的表现

在现实生活中，人与人之间有着不同的心理风格和行为习惯，待人处世也有不同的态度特征。比如，有的人沉静，有的人热烈；有的人喜欢饶舌，有的人沉默寡言；有的人执拗而自负，有的人羞怯而缺乏自信；有的人刚强勇敢，历经打击而坚强不屈，有的人则软弱怯懦，遇困难便叫苦不迭；有的人脾气急躁，有的人却慢条斯理，火烧眉毛也不着急。诸如此类的差异，都是人们不同的性格表现。心理学家认为，性格是人个性的组成部分，也是最重要的心理特征，在个性中起着核心作用。

3．性格的测评

目前，常用迈尔斯布里格斯类型指标（MBIT）测评系统来评估个人性格。MBTI 性格类型理论是一把深入、系统地了解人的本我的奇妙钥匙。它揭示了不同类型的人有不同的本能、自然的思维、感觉、行为模式，从而使我们明白为什么不同的人对不同事物感兴趣，为什么不同的人擅长不同的工作，为什么人们不能相互理解、有效配合。MBTI 能够让人们更好地认识和了解自己，也可以帮助公司 HR 部门对不同类型的员工进行更好的组合。

MBTI 性格评估分类系统的依据是个性的四个基本特征，称为“层面”，因为它们可以看作两种极端之间的连续体。

（1）我们与世界怎样互动，能量释放到何处：外向型（E）—内向型（1）。外向型的人把注意力和精力放在身外的世界，主动与人交往，喜欢互动，与人为伴就精神抖擞，常认识很多人。内向型的人专注于自我的内心世界，喜欢独处并陶然其中，他们总是先想后做，这意味着心理活动居多，不喜欢受人注目，比外向型的人更矜持。

（2）我们留意到的信息种类：感知型（S）—直觉型（N）。感知型的人注重自己看到、听到、触到、嗅到和尝到的具体感受。他们只相信可以测量、能够记录下来的东西，只注重真实可靠的事，同时也相信自己的个人经验。直觉型的人更相信“第六感觉”（直觉），他们善于理解字面以外的含义，对一切事情都要寻求内在意义。他们总能预示事件的发生，通常不愿意维持事物的现状，总是不断尝试新花样。

（3）我们的决策方式：思考型（T）—感觉型（F）。思考型的人喜欢符合逻辑的决策，善于客观地分析事物，并常引以为豪。感觉型的人常因自己的喜好和感觉决策。他们体贴别人、富有同情心，并引以为荣。

（4）我们喜欢有条理（做决定），还是随意性（获取信息）生活方式：判断型（J）—认识型（P）。判断型的人条理性很强，把生活安排得有条不紊，事事井然有序，凡事他们总要断个分明，喜欢决策。认识型的人生活散漫随意，机动性强，乐意尝试一切可能的事情。他们往往理解生活，而不是努力控制生活。

性格的每个层面都有两个彼此对立的极端，这样共有八种个性偏好，每种用一个字母来表示。把这些字母组合起来，便代表 16 种性格。

教学案例

案例一：

如何将兴趣转变为职业？

小朱，平日一直爱好旅游，从旅游职业学校毕业后顺利地考取了导游证，而后进入了一家较有名气的旅行社工作。工作伊始，小朱以其年轻人的蓬勃热情和对导游事业的热爱，很快就得到了领导的赏识，但不到一年的光景，他却以底薪太低、导游地点较单一为由选择了跳槽，转行从事了与导游完全不相关的销售工作。可是因销售压力和其不稳定的工作性质，小朱又频繁换工作，更糟的是今年年初他失业在家了。

小朱的职业生涯从顺利入职、领导赏识到最终的彻底失业，归根结底源于他对“职业兴趣”的认识有所偏差。小朱将个人兴趣融入职业，这一点很好。据统计如果一个人对工作感兴趣，在工作中他就能发挥出其全部才能的80%~90%。然而，个人兴趣并不完全等同于职业，它们之间也需要通过角色的转换和协调来实现。显然，小朱将导游职业等同于旅游的想法是非常错误的。

（资料来源：根据网络资料整理）

职业生涯发展过程中，除了个人兴趣带来的工作热情外，还有诸多方面的因素会影响到个人的职业发展。因此，比选择自己的兴趣为职业更有效的发展途径是在自己的职业中发现兴趣：

首先，准备阶段。入职前应当将工作的内容和性质做全面的了解，不能过于乐观，要认识到工作中的困难和现实问题，在这些方面作好充分的知识、技能和心理准备。

其次，探索阶段。入职后一般会有一个对岗位的适应过程，这个阶段很多事物都是新鲜的，加之有对工作的热情，一般来说这个阶段不会产生职业倦怠。这个过程中就最适合在职业中发现个人兴趣，并在这方面树立明确的职业目标，如能力提升、人际关系、领导认同等。

最后，发展阶段。完成探索阶段定下的职业目标时的满足感往往有助于战胜职业倦怠。在职业发展阶段，由于对工作岗位的熟悉度提高和对工作满足感的降低，容易产生职业惰性和职业倦怠。此时就需要不断调整自己的职业兴趣和职业目标。比如将工作重心从最初的个人发展转变为团队发展等。

简言之，兴趣是职业发展的基础，而职业是兴趣展示的平台。

案例二：

如何找到自己感兴趣的工作

“兴趣是最好的老师。”这是毋庸置疑的，但对于已经步入职场的年轻人来说，却有可能在兴趣中迷失。因为职业发展除了兴趣之外，还必须具备很多职业素质，诸如坚忍、细心、有责任感等。那么，当我们的兴趣被职业扼杀时，怎么办呢？我们来看看下面的故事。

高婷只有23岁，打扮时髦、充满活力，然而坐下之后却止不住地叹气，开始了一连串充满焦虑的诉说。高婷在校读的是文秘大专，刚刚毕业两年多，已经换过四家公司，她说，自己的每份工作都不如意，都不是自己的兴趣所在。“我在高考选专业时犯了个错误。我父母认为，女孩子就应该干点轻松的工作。我那时成绩平平，对学什么根本没多考虑。但现在我挺后悔的，对这个专业没兴趣。”

她对文秘专业的失落来自她的前两份工作。毕业时进入了一家事业单位，做行政秘书，每天就是接电话，管理办公用品，订会议室等。“在别的同事眼里，我是个打杂的，这种感觉真没法忍受。”因此干了不到三个月，她就辞职了。她又来到一个商贸公司做办公室秘书。高婷以为这回的工作更商业化一些，也许更有意思。没想到做了几个月，和头一份工作感觉差不多，让她对文秘工作彻底失去了兴趣。

“我的理想是干一份能体现个人价值，并且值得努力奋斗的工作。只有符合自己兴趣的工作才能带来这些，才能证明自己存在的价值，充满激情地不断创造和发展。”

高婷特别羡慕影视作品中的那些整天身着职业装、带着笔记本计算机“飞来飞去”的商业女性形象，渴望自己成为那样的人。“我想，也许我适合干销售？我性格外向，喜欢和人打交道。而且销售很锻炼人，如果做好了，就等于迈出了成功的第一步。”

经过努力，高婷终于在一家营销企业做起了销售代表。而这家公司的销售业务中，有相当多的内容也需要通过电话销售来积累客户，尤其对于新手来说更是如此。开始一两周，高婷觉得挺有意思，但时间稍长，她感到了日复一日的枯燥和巨大的压力：

“我每天又陷入大量的电话之中，说着同样的话，重复同样的内容。而且，推销就可能面临着客户的拒绝，每打一个电话之前都要鼓起相当大的勇气……真让人难受。”

那一阵，每天早上，高婷一睁眼就会想到被拒绝的沮丧感和堆积如山的销售任务，让她根本没勇气起床。在连续迟到几天后，高婷再次提出辞职。她的理由是：一份连起床都不能按时的工作一定不适合自己，不是自己的兴趣所在。高婷后来琢磨，还是先掌握一门技术，然后再向商业领域发展。她用四个月的时间考了 MCSE 认证（微软认证系统工程师），进入当地移动公司做计算机维护人员。机房的工作不忙，可以学到很多计算机专业知识。但高婷依然不满意，因为在机房维护机器，平时接触的就是四五个人，再加上倒班制，通常每天只有她一个人上班，跟别人沟通的机会很少，几个月下来高婷觉得很压抑。

“我本来挺外向的，可现在都快不会和别人说话了。如果再这样下去，我担心自己在沟通上会出问题。眼看着我毕业都两年多了，一点发展也没有。我不想平平淡淡地过一辈子，尝试了这么多工作，都没有我感兴趣的。希望你能告诉我，我的兴趣究竟是什么？”

（资料来源：根据网络资料整理）

从高婷的倾诉中可以看出，她两年多换了四份工作，每份工作之间的衔接毫无逻辑，这缘于当工作中出现不满时，高婷总是将问题归因于对某一个工作没有兴趣。她用变换工作来解决遇到的压力，结果是压力无法解除，反而在同一个层面上不断重复遇到的麻烦。高婷的“麻烦”诸如文秘工作的琐碎、销售人员的压力、技术工作的枯燥，都使她在工作之初就丧失了“兴趣”。殊不知，以上“烦恼”正是各项工作的特点决定的，她接受工作的同时，也就必须准备迎接相应的挑战。兴趣确实能在工作中给人带来幸福感和强大的驱动力，但是除了兴趣之外，我们还要考虑个人是否具备基本职业素质，比如性格是否匹配，是否培养了相应能力。

一份工作只有在真正了解并能胜任的前提下，才谈得上兴趣。但每一项工作在开始时，都需要付出相当多的努力，去战胜困难。在这个过程中，我们才能了解它有哪些方面真正吸引了我们。没有一种工作是十全十美的，其实，琐碎的工作可以通过高效的管理来熨平，绩效的压力可以增加签单后的喜悦，技术的平淡却可孕育出艺术创造的美感。我们有时候过于强调兴趣，却忘了培养作为一个职业人最基本的素质，比如忍耐、细心、勤奋……每个人做同样工作都会遇到同样的问题，如果不为解决问题全力以赴，兴趣永远只停留在想象中。

拓展阅读

九型人格（Enneagram），又名性格型态学、九种性格。美国亚力山大·汤马斯和史黛拉·翟斯在他们 1977 年出版的《气质和发展》（*Temperament and Development*）一书中提到，我们可以在出生后第二至第三个月的婴儿身上辨认出九种不同的气质，它们是：活跃程度；规律性；主动性；适应性；感兴趣的范围；反应的强度；心境的素质；分心程度；专注力范围 / 持久性。戴维·丹尼尔斯则发现这九种不同的气质刚好和九型人格相配。

九型人格理念：

（1）人格被分为九型，你必然属于其中一型。而这个型就是你的基本人格型态。一个人的基本人格类型是不会变的，即使在现实生活中，因为某些因素，而有了种种变化，但即使你的基本人格型态可能有某部分的隐藏或是调整，却不会真正改变。

（2）虽然人的基本性格型态不会改变，但是某一型的典型描述，却不见得全然符合，原因正是上面说过的：人们为了顺应成长环境、社会文化，他们在安定或压力的情况下，有可能出现一些差异。而必须强调的是：每一个人的成长环境都是独一无二的，所以同类型人之间可能有许多共同点，但却也各自拥有一些属于自己最特殊的特质。

知识拓展

九型人格测试题（1）

（3）九型人格中，没有哪一型是全然属于"男人的型"，而哪一型又是"女人专属"。

（4）没有哪一型比较好，哪一型比较差的绝对价值观。事实上，每一型的人都各有其优缺点。

（5）了解你自己和别人的人格类型后，不是希望将每一个人贴上标签，拿自己的类型做借口而划地自限，或是断言别人会有什么行为表现。因为每一型的人也都有朝向健康或是不健康的方向，而产生的不同变化。

知识拓展

九型人格测试题（2）

九型人格不仅仅是一种精妙的性格分析工具，更主要的是为个人修养与自我提升、历练提供深入的洞察力，与当今其他性格分类法不同，九型性格揭示了人们内在最深层的价值观和注意力焦点，它不受表面的外在行为的变化所影响。它可以让人真正地知己知彼，可以帮助人明白自己的个性，从而完全接纳自己的短处、活出自己的长处；可以让人明白其他不同人的个性类型，从而懂得如何与不同的人交往沟通及融洽相处，与别人建立更真挚、和谐的合作伙伴关系。

课后练习

1. 什么是职业？职业包括哪些要素？

2. 我国的职业分类有哪些？

3. 讨论专业和职业的关系是怎样的？学好专业对今后的职业生涯有什么重要意义？

4. 职业认知活动中应该了解相关职业哪些方面的内容？

____

____

____

____

5. 请同学自由分组（每组 2~3 人），每组查访 10 个专业相关行业的就业岗位，并对 1~2 名工作三年以上的优秀业内人士进行“职场人物访谈”，活动结束后提交调查报告和访谈记录。

____

____

____

____

第三章 就业形势、就业政策及就业指导

第一节　当前高职生面临的就业形势

一、毕业生面临严峻的就业形势

近年来，我国受多方面因素影响，高校毕业生就业形势严峻复杂，就业工作面临前所未有的挑战，落实党中央、国务院“稳就业”“保就业”决策部署的任务非常艰巨。

根据教育部统计，2024 届高校毕业生人数达到 1 179 万，超越 2023 届 21 万，毕业生人数再创新高，如图 3-1 所示。随着我国高校教育的发展，大学生（含高职生）的数量急剧增加，大学生就业问题也日益突出，大学生就业问题已成为社会焦点之一。

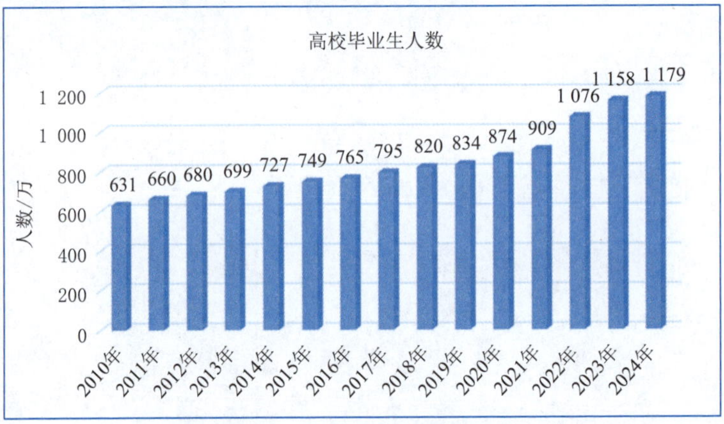

图3-1　2010—2024年高校毕业生人数

计划经济时代，中国实行“高等学校毕业生的工作由政府分配”的大学生就业制度。随着我国经济体制改革的深入，大学生就业制度也在不断地改革。国务院在 2003 年发出《关于进一步强化普通高等学校毕业生就业制度改革有关问题意见的通知》，正式确立了“市场导向、政府调控、学校推荐、学生与用人单位双向选择”的高校毕业生就业基本制度，基本实现了大学生就业市场化配置的模式。

从 2002 年开始，毕业生就业的结构性矛盾十分突出。从地区看，北京、上海等东部发达地区需求相对较旺，中西部不少地区虽然有较大的用人需求，但由于工作和生活条件艰苦，往往招不到合格的人才，出现了“有地方没人去，有人没地方去”的现象。在一些西部经济欠发达地区，当前就业岗位相当有限，难以吸纳本地毕业生。从院校类别看，教育部直属高校毕业生就业情况

较好，地方院校较差；从学生类别来看，高职生就业状况好于本科生。

有就业意愿但未能就业的大学生毕业群体，他们也将与下一届毕业生一起参与就业竞争，即“毕业漂族”，具体有三类。一类是升学考试者。为提高自身的就业条件，获得更好的工作职位，毕业后没有找到合适的工作而选择继续深造的毕业生迅速增多，这部分人约占“毕业漂族”的30%。他们中不少人在大城市的大学附近租房子住，以便及时获得考试信息，参加学校组织的培训。第二类是边看边干者。有些大学生毕业后到处打短工，频繁变换工作岗位；有些大学生因用人单位和个人原因，时而应聘，时而解约，这些大学生约占“毕业漂族”的20%，这些毕业大学生将随时与应届毕业生竞争工作岗位，竞争就业。第三类是就业困难的大学生。他们没有升学的打算，仍将户口、档案放在学校里，虽然有就业意愿，但难以就业，这些大学生以高职毕业生和高专毕业生为主，他们约占“毕业漂族”的50%。面对这种情况，国家采用暂缓两年就业的办法来解决，这些毕业大学生也在随时关注各地招聘会，也是与应届毕业生竞争就业的对手。

二、毕业生就业难的原因分析

毕业生就业难已成为一种严重的社会综合征，其形成原因是相当复杂的，既有深层次的经济结构带来的隐患，又有浅表性的就业市场供需矛盾；既有高校教育的痼疾，也有学生素质的缺失；既有用人选材的偏见，也有择业求职的误区。

（一）当前国内外经济形势对就业的影响

1. 总量压力仍存、结构性矛盾突出的基本特征仍将持续

从总量上看，劳动力供给增速趋缓，总量逐步减少，总量压力相对缓解，但仍然高位持压。2012 年开始，我国劳动年龄人口数量持续下降，与以往高速增长的发展趋势明显不同，就业总量的压力从增量向存量转变。但未来相当长一段时间，我国的就业总量仍将处于一种持续中高压状态。据测算，到 2030 年，我国 16~59 岁的劳动年龄人口仍将一直保持在 8 亿以上。

从结构上看，就业结构性矛盾不断上升。与改革开放初期和国有企业改革攻坚阶段出现的就业结构性矛盾不同，当前就业结构性矛盾是在经济社会发展持续转型到一定阶段时形成的，劳动力的需求和供给结构都存在显著的转型特征。

就业结构性矛盾是经济社会发展不协调、不平衡的结构性问题在就业领域的集中反映。其既有产业结构调整和技术进步的因素，也有区域经济格局变化的影响，如城乡二元结构逐渐被打破，但体制分割没有完全消除；各地区发展迅速但仍然很不平衡；居民收入水平上升但仍然差距巨大；劳动者社会横向流动过于频繁，而纵向流动困难，但最根本的还是劳动力需求和供给的不匹配。

2. 外部经济环境变化带来的就业形势不确定性

经过改革开放，中国经济与世界经济深度融合，世界经济环境变化，必然对我国经济产生冲击，进而影响到就业领域。这种影响主要体现在两个方面：一方面，贸易摩擦对对外贸易生产经营企业的直接影响，可能导致部分企业短期内出现经营困难而减少就业岗位；另一方面，经贸摩擦的持续发展，可能导致供应链在全球范围内的调整，部分相关企业可能重新布局生产线，并进一步影响消费市场，这将在更长时间内对我国就业增长和就业结构调整产生更广泛和深入的影响。

受此影响，我国部分对其他国家外贸依赖度较高的企业可能出现用工减少，并对当前就业形势产生影响。从目前调查监测情况来看，这种影响十分有限，对用工总量的实际影响要小于对市场预期和心理的影响，总体来看仍将是可控的。我国经济和劳动力市场的回旋余地和承压能力仍然巨大，在考虑未来就业形势时，要更多关注国际经济形势变化对我国宏观经济的影响。同时，应加快我国劳动力市场改革，在国际经济再调整、再平衡过程中，促进就业结构调整与经济转型

升级和结构调整的协同推进，避免结构性失业风险，实现更高质量和更充分就业。

3．新技术革命的机遇与挑战

世界银行发布的2019年世界发展报告指出，近十年，以人工智能为代表的技术爆炸正在重塑新一轮社会经济格局。新一轮技术革命的迅猛发展，是以工业智能化、互联网产业化、工业一体化为代表，以人工智能、清洁能源、量子信息、3D打印、智能制造、虚拟现实、生物医药技术和新材料科学等为主的全新技术革命。其将重构生产、分配、交换、消费等经济活动各环节，既推动产业转型升级，带动经济高速增长，也实现生产力的新跃升以及生产要素的重新配置，必然对就业产生广泛和深刻的影响。回顾人类工业文明的历史进程，技术革新对就业的影响通常具有两面性，既有“替代效应”，也有“创造效应”。目前，两种效应正在我国人力资源市场上叠加显现。

从新技术进步对就业的创造效应看，技术革新和进步将催生出一批新模式、新业态，带来新兴产业发展和经济增长加速，直接创造新的岗位需求，还将增强生产与消费对接的便利性，降低产品成本及价格，刺激消费、扩大需求，进而带动相关产业甚至整个经济增长，拓展新的更广阔的就业空间。随着技术进步，需要深度思考、增强用户体验、满足个性化需求的一些岗位将大量产生，科学研究、技术发明、创业设计、产品研发、工程师、程序员、文创人员、教育、管理咨询师等方面的人才需求增加。新技术的进步，也将与传统技术相结合，进一步提升传统行业就业岗位的质量，同时催生出一批新服务、新模式、新业态。受益于信息化、智能化水平的提高，就业时间和空间的约束将逐渐减少，劳动者不再拘泥于“朝九晚五”的固定工作时间，就业的灵活性、多元化和个性化特征也会越来越明显。

再从新技术进步对就业的替代效应看，一是技术进步可能导致短期内技术性失业风险增加。随着新技术发展应用对就业的影响扩大，技术性失业可能增多，短期失业风险或有所抬头。相对于技术的快速发展、流水线的迅速更替，人的观念转变和能力提升是一个慢变量，转岗转业需要一个过程，若不能及时进行知识、技术和观念更新，原有的部分中低技术人员也将面临失业风险。二是新技术革命也将加大人力资源投资成本，短期内技能结构矛盾更突出。新技术革命会使人力资源市场岗位需求结构有所调整和优化，在一定程度上缓解车间工人过度需求的问题，为高校毕业生创造更多更匹配的就业机会，但同时也对人力资本提出了更高要求。若高等教育、职业教育改革不能及时跟进，技术技能人才培养规模不能有所扩大，计算机等学科的“通识”教育和创新创业教育力度不够，部分院校、部分专业毕业生就业难的问题仍将难以化解，而复合型、技术技能型、创新创业型劳动力将严重短缺，技术性失业和高层次人才短缺的矛盾将同时存在，技能结构矛盾进一步加剧。三是技术鸿沟将可能导致劳动力市场的进一步分化，收入差距扩大。财富向资本和技术拥有者、知识技能人才聚集的趋势将会加剧，劳资之间、不同劳动者之间的收入将加剧分化。资金实力雄厚、市场份额大的少数企业很容易成为市场寡头，也将掌握更多话语权，中小企业对新技术发展创造的“蛋糕”可望而不可即，参与市场并获取报酬的难度加大。资本、技术等鸿沟扩大，也可能进一步加剧劳动力市场结构分化、断裂，出现一定规模的低端、低质量的劳动力市场，这种失业风险和部分劳动者的下沉，可能导致社会贫富差距扩大和阶层隔阂，成为经济社会发展中的潜在风险点。

4．新经济、新形态发展的机遇与挑战

与新技术进步相伴而生的，是新产业、新业态、新模式的经济部门和经济活动的繁荣，新的动力和增长点逐步形成，战略性新兴服务业、高技术服务业、科技服务业、文化及相关产业服务业、生产性服务业、电子商务及相关的快递业等实现较快增长。云计算、大数据、物联网等技术层出不穷，在线旅游、医疗、教育、网约车、第三方支付等“借网而生”，智能制造、个性化定制、普惠金融、智慧城市等也催生出一批新模式和新业态，“大众创业、万众创新”持续推进，新企业、新经济蓬勃发展，创客群体不断扩大，营造了新的就业增长空间。

新经济的快速成长改变了传统的就业方式，创造了大量的新就业机会，人们可以按照自己的兴趣、技能、时间和其他资源禀赋，参与新业态活动，实现就业，获得收入。目前，我国新业态从业人员的规模呈现扩大趋势。

新就业形态具有一些不同于传统就业形式的基本含义和突出特征。一是具有以开放共享、随机协同为特征的新的就业资源与机会配置机制。二是体现去雇佣关系的新的生产关系。劳动者与资源机会配置平台以及用户（劳动消费者）之间在生产关系上具有明显的“去关系化”或者“弱关系化”特征。三是由于从业者和工作岗位的关系不再像传统产业模式下那样紧密结合，劳动者的工作时间和工作地点、劳动报酬获取等呈现灵活性和更加碎片化的特征。

因此，要抓住新经济发展机遇，大力发展新产业、新业态，开发大量适应新生代劳动力就业取向的高质量就业岗位，促进就业和经济的高质量发展，同时要避免新产业、新业态发展过程中的不稳定性带来的失业风险，防止部分低知识技能水平劳动者被甩出正规劳动力市场，新就业形态从业人员劳动权益和健康受到损害，这也是我国就业政策需要关注的重要内容。

（二）就业市场供需的矛盾

我国从 1999 年开始了大规模的高校扩招，大学教育由“精英教育”向“大众教育”转变，大学毕业生人数急剧增加，就业压力大，整个就业市场需求岗位的总体情况相对趋紧。

（三）用人单位选才的误区

1. 过分看重经验

网络上流传着这样一句话：“诸葛亮出山前也没带过兵，你们凭啥要求我有工作经验！”引起了很多大学生的共鸣，这也从一个侧面反映出当今一些用人单位在招聘时过于看重工作经验。一个常识是，一个理工科毕业的大学生，要成长为一个合格的工程师，需要在毕业后的工作岗位上经过一段时间的继续学习，才能完成这一转变。但是现在由于职场供求关系发生变化，大学生在择业方面的谈判地位急剧下降，一些用人单位拒绝承担大学生就业后的“在岗培训”费用，并提出不承担大学生社会保障费用、任意延长试用期、不签订规范的就业合同等不合理要求，严重妨碍了大学生就业。

2. 过分关注文凭

一些用人机构认为，学历越高越好。选人学历化，造成受聘人员水平和能力与岗位不相适应，或人才浪费。有些单位招聘计算机专业研究生仅处理本单位的打字等简单文字工作。实际上，如果不是专业性很强的理论研究工作，不少本科生或是大专学生的职业水平并不比研究生的职业水平低。

3. 生源歧视

一些民营中小企业考虑到本单位的业务情况与当地联系紧密，希望招聘的大学生熟悉当地方言及风俗习惯，甚至有一定的人际关系网，因此只招聘本地人才。有些单位和部门从自身利益出发，明令只接收本地区生源，对外地生源严格控制。

（四）部分高职院校教育潜在的问题

1. 专业课程设置错位

在高职生就业已经市场化的情况下，部分高职院校的专业设置和调整却显得十分滞后，致使毕业生专业结构与市场供求出现了错位。由于没有能够以市场需求为导向及时调整课程设置，以及专业设置的盲目性，造成供求结构失衡。不少院校专业划分过细，难以跟上市场变化；一些高职、专科教育专业缺乏特色，培养出的学生没有竞争优势。有些学校的专业设置和专业调整不是以市场为导向，而是单纯立足于自身师资条件等，造成学校无特色、学生无特长，结构性矛盾更突出。

2. 教学知识更新缓慢

知识经济时代，知识生产率已经逐步代替了劳动生产率，知识的时效性也在快速缩短。调查中，有学生反映，部分高职院校教材内容陈旧，教学方法落后，很多教师的知识结构也非常陈旧，授课内容比较空洞，在校学习的知识比较陈旧，想要掌握本专业的前沿知识，还要通过自己上网、买书、进图书馆、听讲座来补充。

3. 社会实践重视不够

部分高职院校在扩招后为节约成本，设置的专业缺乏动手能力，很少考虑到学生在未来的工作中所需要的实际操作能力。由于学校没有投入成本购买设备，不能为学生提供实际操作机会，并且部分高职院校和企业联系也不紧密，毕业生实际去企业实习的也很少，因此现阶段部分高职院校培养的学生虽然掌握了一定的理论，但是实践相对缺乏。

大量理论课程让学生在专业技能的提升上是有限的，缺乏实践能力的学生只是纸上谈兵的“高手”。譬如，金融专业毕业生不懂金融租赁、担保的具体流程；物流专业的毕业生不知道怎么跟单、怎么报关。企业尤其是吸纳力强的民营中小型企业，是追求利润最大化的经济实体，需要的是能够给企业带来业绩的员工，而擅长理论的高职生并不能马上给企业带来效益，并需要老员工的传帮带，影响了企业的整体绩效，因而很多企业明确拒绝没有实践经验的毕业生。

4. 就业指导力度不够

在相关调查中，有 13.2% 的毕业生将“学校就业指导不够（包括就业信息不足）”列为“在求职过程中最困扰你的问题”，有 63.2% 的学生认为“学校提供的就业指导对自己的就业帮助不大或者没有帮助”。具体表现在：

（1）缺乏针对性。部分高职院校的就业指导工作内容常常限定于介绍就业形式，传授求职技巧、面试技巧、联系用人单位和推荐学生，以及完成就业率指标。由于缺乏对就业指导工作的全局考虑和总体安排，就业指导工作功能单一、内容狭窄，在对高职生就业观念和价值取向的引导上，在职业判断和选择能力的培养上以及职业道德教育方面着力较少，难以适应变化多端的就业形势。一些高职院校的学生就业指导工作存在应付上级检查，指导内容空洞、肤浅，缺乏针对性的情况，指导效用差。

（2）缺乏专业性。一方面，一些学校的高职生就业指导机构专业人员配备不足，专职指导人员数量较少，不少指导人员自身还担任学校的其他工作。由于缺乏长期系统的业务培训，就业指导人员的素质参差不齐。另一方面，缺乏相应的专业机构。尽管目前大部分的学校组织体制中，分设了管理毕业生工作的机构，但是这些机构很难代替就业指导的职能。在实际生活中，由于学校毕业生工作机构忙于应付大量与毕业有关的事务性工作，难以有固定的时间和精力开展针对性的就业指导工作。无论是在知识储备方面，还是在信息占有方面，均难以达到就业指导的效果。在调查中发现，很多学生甚至是毕业生不清楚本校的就业指导机构的职能和办公地点，从中可以看到部分高职院校就业指导工作的缺失。面对一个专业化程度较高的劳动力市场，与市场不相匹配的非专业化指导的效果可想而知。

（3）缺乏系统性。就业指导工作应该是一个系统化的职业指导、培训、咨询与信息反馈的一体化流程，但是一些高职院校的就业指导机构没有与公共就业机构建立必要的信息交流制度，学校和不同地区招聘会的组织机构也未能建立起紧密联系。另外，一些高职院校也未能建立起与用人单位之间的学生求职材料证明机制，在一定程度上引发了信任危机。有些高职院校与用人单位建立供需基地，在深度和广度上还有所欠缺，没能很好地发挥作用。

（五）学生自身求职的差距

1. 就业能力不强

这里所说的就业能力包括高职生进入人才市场的社会实践能力、自我表达能力、求职技巧等。在调查中，60.3% 的高职生将缺乏工作经验视为求职过程中最大的困扰。针对用人单位的访谈也表明，缺乏工作经验是高职生与其他就业群体相比一个明显的劣势。高职生对自身劣势的认识与用人单位的评价契合，也反映了高职生的自我认识越来越理性、客观。

此外，认为个人能力不足和缺乏求职技巧是最大的困扰的人也分别占 29.4% 和 19.1%。在回答求职过程中遇到的与自身能力相关的主要问题时，答案分别有专业能力（43.4%）、自我表达能力（44.9%）、人际交往能力（33.8%）、环境适应能力（15.4%）。

2. 求职途径单一

目前高职生的就业渠道无非是学校推荐、熟人介绍、招聘会、人才或就业网站、入伍、升学等。但是，学校推荐一般是面向学生干部或者成绩突出者，比例很小。对于大多数人来说，就业网站和招聘会才是最主要的就业渠道，但远不能满足高职生的需求。不少高职生参加各种各样的人才交流会“广泛撒网”，但是没有针对自己的实际优势推销自己，没有通过重点了解用人单位的实际需求情况提高就业成功的可能性。

3. 缺乏职业规划

很多高职生在校期间对于以后的就业只有模糊的打算，甚至有一部分人没有任何打算，真正有明确规划的人只占很少的一部分。大多数学生并不了解自己想要进入的单位的发展前景、用人制度、企业文化、人际关系等，有一部分学生对自己以后将在一个什么样的平台迈出人生的第一步只有模糊的概念，甚至根本没有目标。

4. 家庭压力影响

现在高职生上学的成本很高，高职生平均一年的总支出超过 10 000 元。许多父母将毕生积蓄投入子女的教育之中，希冀子女能在毕业后找到一份好工作。特别是很多家庭条件不好的高职生，举家倾尽所有培养，这些高职生往往被视为当地年轻一代的榜样，他们不但有很大的债务需要将来偿还，在感情上也背负着沉重的包袱。在家庭为之做出很大牺牲的情况下，高职生就业条件如果不能改善经济，其家人将难以接受，在感情上对他们也是一个巨大的伤害。因此，在没有适合的工作时，部分毕业生宁愿选择在家待业。

三、毕业生就业前景展望

在就业形势日益严峻的现实面前，如何实现个人的理想抱负，如何顺利就业是每个高职生应该勇敢面对、理性思考、明确抉择的问题。我们认为，高职生应该切实转变求职择业的观念，实现就业目标、就业方向的转移。

（一）从传统制造业向第三产业转移

高等教育就业人员规模最大的行业是制造业，但近年来制造业中高等教育就业人员相对规模呈明显下降趋势，而第三产业中接受过高等教育的从业人员呈快速增长势头。这表明，人力资本更多地流向第三产业。第三产业不仅是一般劳动力的“蓄水池”，更是大量吸纳高等教育人员就业人口的主渠道。

（二）从东部地区向中西部地区转移

由于东西部地域差别的客观存在和开放政策效应，包括珠三角、长三角在内的东部沿海城市经济繁荣，发展机会较多，吸引了大批有志青年，大部分高校毕业生将东部沿海城市作为自己求职就业的首选目标，他们往往进入珠三角、长三角的外资或合资企业。经过快速发展，当前的东部沿海城市人才已经逐渐饱和，区域性就业压力明显加剧，东部企业对高校毕业生的需求明显不足。另一方面，目前国家正在实施中部崛起和西部大开发战略，幅员辽阔的中西部地区需要大批高素质人才。尽管中西部地区经济还不够发达，条件相对落后，但发展潜力巨大，高职生去了一定能找到自己的用武之地，更能充分发挥个人的聪明才干，从而实现自己的梦想。

（三）从大中城市向城乡基层转移

长期以来，由于我国城乡二元结构的客观存在，大学生（含高职生）就业时往往将目标锁定在大中城市，大量高校毕业生集中涌入大中城市，加剧了城市中高端人才的就业压力，很多人无法顺利就业。与之相反，广大县及县以下基层单位虽然急需人才，但受发展机会、工资收入、流动性等因素制约，难以吸引大学生。近几年来，国家积极实施建设社会主义新农村战略，地方政府也在积极推行新型城镇化建设和新农村建设，这就为大量的高素质人才扎根农村、扎根基层提供了平台和机会，而且各级政府出台了大量促进大学生基层就业、农村就业的优惠政策。面对大中城市的就业压力以及农村、基层的广阔舞台，广大高校毕业生已经转变观念，勇于承担历史重任，自觉响应国家号召，积极投身农村、服务基层，在那里实现自己的人生价值。

（四）从白领阶层向蓝领阶层转移

白领是指从事脑力劳动，工作时要求穿西服等正式服装的阶层。白领首先是在国外有明确定义的，然后慢慢地国内也有了白领这个概念。白领就是一般的办公室成员，所谓的白领，多半都是在办公室工作，从事脑力劳动的人。蓝领是指从事体力劳动，并被要求穿制服的工人阶层。另外，蓝领中的普蓝和深蓝就是从事体力劳动的，锐蓝就是中间转换的阶层，有可能向白领转变，深蓝就是指有一定技术的人。

在传统观念里，大学生向来是“天之骄子”，毕业后大多倾向于进机关事业单位或者国有大中型企业，并把自己定位于“白领”阶层。然而现实是残酷的，随着高等院校的持续扩招，如今的高校教育早已由“精英教育”进入“大众教育”阶段，同时，机关事业单位和国有企业所能吸纳的人才毕竟有限，而且在现行的经济结构和产业结构下，无法为社会提供足够多的岗位。

近年来，蓝领工资与白领工资差距缩小，尤其是高级技工。面对严峻的就业形势，高职生应当合理定位，积极到民营中小企业就业，踏踏实实从底层职位做起。

（五）灵活就业

自主创业、灵活就业是劳动者自强自立、实现就业的重要方式。鼓励劳动者自谋职业、自主创业已成为我国新时代重要的就业内容。我国持续深化“放管服”改革，推进以创业带动就业，支持多渠道灵活就业。全社会创业创新蓬勃发展，目前个人经营非全日制以及新就业形态等灵活就业规模达到2亿人，为稳就业、保就业发挥了重要作用。主要措施有以下几个方面：

（1）降门槛。对在指定场所和时间内销售农副产品、日常生活用品或从事便民劳务活动符合条件的，免予办理营业执照，取消涉及灵活就业的行政事业性收费，对经批准占道经营的免征城市道路占用费。

（2）强扶持。对自主创业、个体经营者和小微企业给予创业担保贷款及贴息政策支持。此外，对符合条件的还可给予一次性创业补贴、税收优惠和社会保险补贴等政策扶持。

（3）优服务。将灵活就业岗位供求信息纳入公共就业服务范围，在公共就业服务网站和机构开设灵活就业专区专栏，免费发布供求信息，按需组织专场招聘。同时，鼓励各类人力资源服务机构为灵活就业人员提供规范有序的求职招聘、技能培训、人力资源外包等专业化服务。动态发布新职业，开展针对性的技能培训，大规模开展创业培训，按规定落实培训补贴。

（4）促孵化。在政府投资开发的孵化基地等创业载体中安排一定比例场地，免费向重点群体提供，鼓励有条件的地方改造免费经营场地，优先满足重点群体个体经营需求。目前，各地人社部门建设创业孵化基地、返乡创业园等，创业载体达到了 8 800 多家，认定全国创业孵化示范基地 120 多家，在提供经营场地的基础上，还通过落实政策、开展创业培训、组织资源对接等举措，扶持初创的实体发展。

四、党的二十大报告中的“强化就业优先政策”

党的二十大报告明确提出:“完善促进创业带动就业的保障制度，支持和规范发展新就业形态。健全劳动法律法规，完善劳动关系协商协调机制，完善劳动者权益保障制度，加强灵活就业和新就业形态劳动者权益保障。”

当前，中国就业总量压力不减，结构性矛盾凸显，“更稳定的工作”成为民之所盼。党的二十大报告瞄准就业的难点、焦点，实施就业优先战略，强化就业优先政策，健全就业公共服务体系，加强困难群体就业兜底帮扶，消除影响平等就业的不合理限制和就业歧视，使人人都有通过勤奋劳动实现自身发展的机会。

就业是民生之本，政策制定就是要坚持经济发展就业导向。实施就业优先战略和积极就业政策，就需要千方百计稳定和扩大就业，实现更高质量和更充分就业。当前就业领域的关键是，增加就业机会，创造平等环境。具体地说：一是采用更加科学而精准的疫情防控措施，努力使整个经济活跃起来，从而使劳动力市场也活跃起来；二是支持劳动密集型产业发展，增加就业岗位，以吸纳更多的劳动力，从最近几十年的经验看，发展民营经济是最有效的途径；三是破除劳动力市场藩篱，为普通劳动者提供平等的发展机会，有效落实同工同酬同保障的原则，逐步提高就业质量；四是国有企业率先响应党的二十大号召，向毕业大学生释放工作岗位。

第二节　高职生就业制度和政策

一、我国现行的毕业生就业制度

（一）毕业生宏观就业制度

构建高水平社会主义市场经济体制，促进了社会的深刻变化，也为大学（含高职院校）毕业生求职择业提供了良好的社会环境和广阔天地。2002 年，教育部将高校毕业生就业的“派遣证”改为“报到证”（即《全国普通高等学校本专科毕业生就业报到证》)，这标志着大学毕业生就业基本实现了“双向选择、自主择业”的就业模式。这种就业模式的核心是建立市场导向、政府调控、学校推荐、学生与用人单位双向选择的就业机制，努力实现高校毕业生的充分就业。

综合起来，现阶段高校毕业生的就业制度主要包括以下内容：

（1）毕业生就业应贯彻统筹安排、合理使用、加强重点、兼顾一般和面向基层，充实生产、科研、教学第一线的方针。

（2）在保证国家需要的前提下，贯彻学以致用、人尽其才的原则。

（3）在计划安排上要优先考虑国家和地方重点基础建设上的需要，尤其要保证条件艰苦地区的国防军工和科研等重点单位的需要。

（4）国家采取措施，鼓励和引导毕业生到边远地区、西部、集体企业、私营企业、股份制企业就业。

（5）建立由学校和有关部门推荐、学生和用人单位在国家政策指导下，通过人才市场双向选择、自主择业的毕业生就业制度。

我国现阶段的大学生就业制度对于提高大学生人力资源配置效率，促进大学教育投资主体的多元化以及人力资本市场的流动都具有重要意义，它深化了高校毕业生就业制度的改革，为高校毕业生开辟了较为广泛的就业渠道和形式。

（二）我国现行的具体就业制度

1. 劳动合同制度

劳动合同制度是企业与拟用人员在平等自愿、协商一致的基础上，通过签订劳动合同，明确双方的权利，以法律形式确定劳动关系，并依照合同进行管理的新型用工制度。劳动合同制度的主要内容是：第一，企业拟用人员，包括管理人员、技术人员、生产操作人员等，都要在平等、自愿、协商一致的基础上，与企业签订劳动合同，明确双方的责、权、利。第二，在企业内部取消不同身份的界限，企业拟用人员统称企业职工或者企业员工。取消工人和干部的身份界限，对干部实行聘任制，能上能下。第三，实行双向选择，合同期满后，企业与职工可以续签合同，职工也可以离开企业，另谋工作。劳动合同制度的法律依据是自 1995 年 1 月 1 日起实施的《中华人民共和国劳动法》（以下简称《劳动法》），劳动合同制度是这部法律的核心之一。

劳动合同制度的建立，使劳动者与用人单位的关系由原来的行政关系变成了两个主体之间的平等契约关系。劳动者平等自愿地签订劳动合同，成为劳动力市场中的活跃因素。用人单位既要行使好用人自主权，把劳动者组织到生产中去，又要充分尊重劳动者的合法权益。通过这种形式，可以达到保护用人单位与劳动者的合法权益、合理配置劳动力资源的目的。

2. 人事代理制度

（1）人事代理制度的概念。人事代理制度是指在社会主义市场经济条件下，经组织人事部门批准或授权指定的人才服务机构，受单位和个人委托，运用社会服务的方式和现代化手段，按相关的法律和政策规定，为无主管单位以及不具备人事管理权限的非国有企业、事业单位以及自费出国人员等提供人事档案保管或有关人事方面的代理服务工作。简单地说，就是把“单位人”变成“社会人”，而一些具体的人事管理工作，如档案管理、技术工龄、评定职称、社会保险等，则由人才服务机构（人才交流中心）代管。1995 年 12 月，人事代理制度正式实行。

人事代理制度是社会化与专业化管理在人事制度改革中的体现，有利于落实用人自主权，促进人才使用权与所有权的分离，使专业技术与管理人员对单位以人事档案为核心的依附关系从政策上分离，保证了人才资源的社会化和选择职业的自由性，对保障毕业生和用人单位的合法权益、提高流动人员的素质有着重要作用。

（2）人事代理的范围和服务内容。人事代理的范围包括：三资企业、私营企业以及其他自愿委托的各类企事业单位；暂未落实单位的大、中专毕业生；自愿委托代理的各类专业技术人员和管理人员；出国留学人员以及与用人单位解聘合同的人员等。对于参与人事代理的被代理人员，人事代理机构提供的服务内容包括：第一，代管人事档案、人事关系、工资关系，收集整理好档案资料；第二，确认被代理人的身份、出具出国政审、工龄计算等方面的证明；第三，办理失业、养老等社会保障服务手续；第四，建立被代理人的党团组织，接转党团组织关系；第五，开展被代理人员岗位及专业技能培训；第六，提供信息咨询服务，包括人事政策咨询、人才供求关系信息、市场统计信息等服务。各级人才流动机构与委托人事对象不发生行政隶属关系，仅为其代理有关服务事宜。

3. 就业准入制度

（1）就业准入制度的概念。就业准入制度是根据《劳动法》和《中华人民共和国职业教育法》的有关规定，对从事技术复杂、通用性广，涉及国家财产、人民生命安全和消费者利益的职业（工种）的劳动者，必须经过培训并取得职业资格证书后，方可就业上岗的制度。人力资源和社会保障部发布的《招用技术工种从业人员规定》对 90 个工种实行就业准入，即技术工种从业人员必须经过培训，取得相应的岗位职业资格证书后方可上岗工作。对技术工种从业人员实行就业准入制度的根本目的就是促进劳动者主动提高自身的技术业务素质，增强其就业能力和适应职业变化的能力，实现高质量就业和稳定就业。

（2）职业资格证书及其级别。职业资格证书是表明劳动者具有从事某一职业所必备的学识和技能的证明。它是劳动者求职、任职、开业的资格凭证，是用人单位招聘、录用劳动者的重要依据，也是境外就业、对外劳务合作人员办理技能水平公证的有效证件。职业资格证书是选择相关工种就业的通行证，有了它则具备了就业的条件，没有它则不能就业。

我国职业资格证书目前分为五个等级：初级（5 级）、中级（4 级）、高级（3 级）、技师（2 级）和高级工程师（1 级）。

（3）职业资格证书的获取。高校的高职学生取得职业资格证书，可到当地政府部门认定的职业技能鉴定机构申请参加职业技能鉴定。为了适应市场就业准入制度的要求，目前很多高等职业技术院校经当地政府部门批准，都成立了职业技能鉴定机构，组织学生参加职业技能鉴定的培训和学习，通过考试取得由人力资源和社会保障部门核发的相应的职业资格证书。这样学生在毕业时既可获得学历证书，又可取得职业资格证书。这种“双证书”的教育培养模式目前已被很多高等职业技术院校所采用。

4. 职业院校的 1+X 证书制度

2019 年开启了中国职业教育的新篇章，国家关于发展职业教育的重要政策和措施接连出台。2019 年 2 月，国务院印发《国家职业教育改革实施方案》，2019 年 3 月，教育部和财政部下发了《关于实施中国特色高水平高职学校和专业建设计划的意见》，同一时期，教育部、发改委、财政部、市场监管总局四部门印发了《关于在院校实施“学历证书 + 若干职业技能等级证书”制度试点方案》（以下简称《试点方案》）的通知，正式启动了高等职业教育培养模式的改革。自 2019 年开始，重点围绕服务国家需要、市场需求、学生就业能力提升，从 10 个左右领域做起，启动 1+X 证书制度试点工作，“1”为学历证书，“X”为若干职业技能等级证书。试点内容主要包括：一是培育培训评价组织；二是开发职业技能等级证书；三是融入专业人才培养；四是实施高质量职业培训；五是严格职业技能等级考核与证书发放；六是探索建立职业教育国家“学分银行”；七是建立健全管理、监督与服务机制。《试点方案》的一个重点是强调职业技能证书在高等职业教育中的作用，将校内的职业教育和校外的职业培训结合起来，形成一种新的技术技能人才培养模式，并且以探索建立职业教育国家“学分银行”为重要目标。

短短几个月的时间之内，国家政策接连出台，表明了国家对于教育行业的不断支持和鼓励。

非正规教育职业培训和正规教育并驾而行，学历证书与职业技能等级证书互通。职业培训不再受大家忽略，职业技能等级证书的重要性也不言而喻，同时也更具有含金量。1+X 证书制度表明教育行业新时代的开始，职业技能等级证书的前景也会越来越好。

二、我国现行的毕业生就业政策

就业政策是国家在一定的历史条件和历史阶段，为促进经济发展和社会进步，为劳动者创造就业条件、扩大就业机会所制定的行为准则。它包括就业指导思想、管理体制、指导原则、就业范围等相关具体的规定等。

高校毕业生就业工作涉及面非常广，关系到人力资源的合理使用、国家的可持续发展和社会稳定，对毕业生、家长、学校、用人单位、户籍部门等方面都产生着直接的影响，是一项政策性很强的系统工作。为了保证高校毕业生能够顺利地充分就业，按照市场规律合理配置人力资源，国家制定了一系列政策，对高校毕业生就业问题做出了许多具体的规定。各省、自治区、直辖市就业主管部门结合本地区实际情况也制定了相关的指导性政策和规定，这些政策和规定都是高校毕业生就业政策的有机组成部分。高职学生只有全面了解这些政策，熟悉和掌握就业程序，才能顺利地走上工作岗位。我国现行的就业政策具有稳定性、严肃性、发展性等三个特征，具体包括以下几个方面：

（一）鼓励高校毕业生到基层、中西部地区就业

基层就业就是到城乡基层工作。国家出台了一系列优惠政策，鼓励高校毕业生积极参加社会主义新农村建设、城市社区建设和应征入伍。一般来讲，“基层”既包括广大农村，也包括城市街道社区；既涵盖县级以下党政机关、企事业单位，也包括社会团体、非公有制组织和中小企业；既包含单位就业，也包括自主创业、自谋职业。

西部地区是指西藏、内蒙古、广西、重庆、四川、贵州、云南、陕西、甘肃、青海、宁夏、新疆等 12 个省、自治区、直辖市。中部地区是指河北、山西、吉林、黑龙江、安徽、江西、河南、湖北、湖南、海南等 10 个省。艰苦边远地区是指由国务院确定的经济水平、条件相对较差的一些州、县和地区。

按照《国务院关于进一步做好普通高等学校毕业生就业工作的通知》（国发〔2011〕16 号）、《国务院关于进一步做好新形势下就业创业工作的意见》（国发〔2015〕23 号）等文件规定：

（1）完善工资待遇进一步向基层倾斜的办法，健全高校毕业生到基层工作的服务保障机制，鼓励毕业生到乡镇特别是困难乡镇机关事业单位工作。

（2）对高校毕业生到中西部地区、艰苦边远地区和老工业基地县以下基层单位就业、履行一定服务期限的，按规定给予学费补偿和国家助学贷款代偿（本专科学生每人每年最高不超过 8 000 元、研究生每人每年最高不超过 12 000 元）。

（3）结合政府购买服务工作的推进，在基层特别是街道（乡镇）、社区（村）购买一批公共管理和社会服务岗位，优先用于吸纳高校毕业生就业。

（4）落实完善见习补贴政策，对见习期满留用率达到 50% 以上的见习单位，适当提高见习补贴标准。

（5）将求职补贴调整为求职创业补贴，对象范围扩展到已获得国家助学贷款的毕业年度高校毕业生。

各地区要结合城镇化进程和公共服务均等化要求，充分挖掘教育、劳动就业、社会保障、医疗卫生、住房保障、社会工作、文化体育及残疾人服务、农技推广等基层公共管理和服务领域的

就业潜力，吸纳高校毕业生就业。要结合推进农业科技创新、健全农业社会化服务体系等，引导更多高校毕业生投身现代农业。

高校毕业生在中西部地区和艰苦边远地区县以下基层单位从事专业技术工作，申报相应职称时，可不参加职称外语考试或放宽外语成绩要求。充分挖掘社会组织吸纳高校毕业生就业潜力，对到省会及省会以下城市的社会团体、基金会、民办非企业单位就业的高校毕业生，所在地的公共就业人才服务机构要协助办理落户手续，在专业技术职称评定方面享受与国有企事业单位同类人员同等待遇。对到农村基层和城市社区从事社会管理和公共服务工作的高校毕业生，符合公益性岗位条件并在公益性岗位就业的，按照国家现行促进就业政策的规定，给予社会保险补贴和公益性岗位补贴：

（1）对到农村基层和城市社区其他社会管理和公共服务岗位就业的，给予薪酬或生活补贴，同时按规定参加有关社会保险。

（2）自 2012 年起，省级以上机关录用公务员，除部分特殊职位外，均应从具有 2 年以上基层工作经历的人员中录用。市（地）级以下机关特别是县乡机关招录公务员，应采取有效措施积极吸引优秀应届高校毕业生报考，录用计划应主要用于招收应届高校毕业生。

（3）对具有基层工作经历的高校毕业生，在研究生招录和事业单位选聘时优先。

近年来，中央各有关部门主要组织实施了 5 个引导高校毕业生到基层就业的专门项目，包括：团中央、教育部、财政部、人力资源和社会保障部等四部门从 2003 年起组织实施的“大学生志愿服务西部计划”；中组部、人力资源和社会保障部、教育部等八部门从 2006 年开始组织实施的“三支一扶”（支教、支农、支医和扶贫）计划；教育部、财政部、人力资源和社会保障部、中央编办等四部门从 2006 年开始组织实施的“农村义务教育阶段学校教师特设岗位计划”；中组部、教育部、财政部、人力资源和社会保障部等部门从 2008 年起组织实施的“选聘高校毕业生到村任职工作”；农业农村部、人力资源和社会保障部、教育部等部门从 2013 年起组织实施的“农业技术推广服务特设岗位计划”。

根据中组部、人力资源和社会保障部、教育部、财政部、共青团中央《关于统筹实施引导高校毕业生到农村基层服务项目工作的通知》（人社部发〔2009〕42 号）等政策规定，参加中央部门组织实施的基层就业项目、服务期满的毕业生，享受以下优惠政策：

（1）公务员招录优惠。每年拿出公务员考录计划的一定比例，专门用于定向招录服务期满且考核称职（合格）的服务基层项目人员。服务基层项目人员也可报考其他职位。

（2）事业单位招聘优惠。鼓励在项目结束后留在当地就业，参加各基层就业项目相对应的自然减员空岗，全部聘用服务期满的高校毕业生。从 2009 年起，到乡镇事业单位服务的高校毕业生服务满 1 年后，出现岗位空缺情况下，经考核合格，即可与所在单位签订不少于 3 年的聘用合同。同时，各省（区、市）县及县以上相关的事业单位公开招聘工作人员，应拿出不低于 40% 的比例，聘用各专门项目服务期满考核合格的高校毕业生。

（二）鼓励高职毕业生应征入伍服义务兵役

国家鼓励普通高等学校应届毕业生应征入伍服义务兵役，这里的高校毕业生是指中央部门和地方所属全日制公办普通高等学校、民办普通高等学校和独立学院的全日制普通本专科（含高职）、研究生、第二学士学位应届毕业生。不包括往届毕业生及成人高等教育、高等教育自学考试类学生、各类非学历教育的学生。

征集的高校毕业生以男性为主，女性高校毕业生征集根据军队需要确定。

（三）鼓励和支持高职毕业生到中小企业、服务外包企业就业和自主创业

中小企业又称中小型企业或中小企，它是与所处行业的大企业相比在人员规模、资产规模与经营规模上都比较小的经济单位。此类企业通常可由单个人或少数人提供资金组成，其雇用人数与营业额皆不大，因此在经营上多半是由业主直接管理，受外界干涉较少。

中小企业是实施大众创业、万众创新的重要载体，在增加就业、促进经济增长、科技创新与社会和谐稳定等方面具有不可替代的作用，对国民经济和社会发展具有重要的战略意义。

（1）鼓励毕业生到中小企业就业有哪些政策措施？

各级政府要进一步清理影响高校毕业生就业的制度性障碍和限制，为到中小企业就业的高职毕业生提供户籍与档案管理、人事代理、社会保险办理和接续、职称评定以及权益保障等方面的服务。

（2）到中小企业就业档案如何管理？

目前我国对档案的管理主要有单位管理和社会管理两类：有档案管理权限的企事业单位可直接接收、管理档案；无档案管理权限的企事业单位，主要包括公有制和非公有制（个体、私营、外资）在内的中小企业，可以由各地的人才交流中心、政府批准的人才服务机构为高校毕业生提供档案管理、人事代理、社会保险办理和接续等方面的服务。档案不允许个人保存。

（3）毕业生怎样办理人事代理？

人事代理方式可由单位集体委托代理，也可由个人委托代理；可多项委托代理，也可单项委托代理；可单位全员委托代理，也可部分人员委托代理。

对于离校时已落实工作单位的高校毕业生，其人事代理由毕业生的接收单位统一负责委托管理；对于离校时未就业、自主创业和灵活就业的毕业生，可以个人委托政府批准的人事代理机构办理委托管理。

（4）什么是社会保险？包括哪些险种？

社会保险是指国家通过立法强制实行的，对劳动者因年老、工伤、疾病、生育、残废、失业、死亡等原因丧失劳动能力或暂时失去工作时，给予劳动者本人或供养直系亲属物质帮助的一种社会保障制度。

社会保险包括：养老保险、失业保险、医疗保险、工伤保险和生育保险。

（5）毕业生怎样办理社会保险？

毕业生一定要关心自己社会保险关系的建立、转移和接续。高职生毕业后就业，有用人单位的，其所在用人单位应按规定为其办理参保缴费手续，建立社会保险关系；灵活就业的，本人应到当地社会保险经办机构办理参保缴费手续。用人单位和个人应按规定按时足额缴纳社会保险费。与单位解除劳动合同关系后，要按当地政府的规定，到社会保险经办机构办理社会保险关系的中断或转出等事宜。毕业生在与新单位重新确立劳动合同关系后，社会保险经办机构应为毕业生办理社会保险关系的转移和接续手续。

（6）什么是服务外包和服务外包企业？

服务外包是指企业将其非核心的业务外包出去，利用外部最优秀的专业化团队来承接该业务，从而使其专注核心业务，达到降低成本、提高效率、增强企业核心竞争力和对环境应变能力的一种管理模式。

服务外包企业是指其与服务外包发包商签订中长期服务合同，承接服务外包业务的企业。

（7）目前服务外包产业主要涉及哪些领域及地区？

服务外包产业主要涉及软件研发、产品技术研发、工业设计、信息技术研发、信息技术外包服务、技术性业务流程外包等领域。

我国目前服务外包示范城市有北京、天津、上海、重庆、大连、深圳、广州、武汉、哈尔滨、成都、南京、西安、济南、杭州、合肥、南昌、长沙、大庆、苏州、无锡等。

（8）服务外包企业吸纳高校毕业生有哪些财政支持？

为了鼓励服务外包企业吸纳高校毕业生，对符合条件的技术先进型服务外包企业，每新录用一名大专以上毕业生从事服务外包工作并签订 1 年以上劳动合同的，中央财政给予企业每人 4 500 元的经费支持。

（9）毕业生怎样提升自主创业的能力？

有意愿自主创业的大学生，可以参加创业培训和实践，接受普遍的创业教育，以系统学习创办企业的知识、完善创业计划、提高企业盈利能力、降低风险、促进创业成功。

目前，许多高校已经开设了创业培训方面的课程和创业实践活动，在校大学生可以选择参加；另外，各地人力资源和社会保障部门也开办了创业培训班，离校未就业的高校毕业生可向当地人力资源和社会保障部门申请，参加有补贴的培训。

（10）毕业生自主创业，可以享受哪些优惠政策？

① 小额担保贷款和贴息支持：

• 登记失业的高校毕业生自主创业，自筹资金不足的，可向当地指定银行申请不超过 5 万元的小额担保贷款；对从事微利项目的，还可获得贴息支持。

• 自愿到西部地区及县以下的基层创业的高校毕业生，自筹资金不足时，也可向当地经办银行申请小额担保贷款；对从事微利项目的，可获得 50% 的贴息支持。

② 免收有关行政事业性收费：毕业生从事个体经营，且在工商部门注册登记日期在其毕业后两年内的，自其在工商部门首次注册登记之日起三年内免收管理类、登记类和证照类行政事业性收费。

③ 享受培训补贴：离校后登记失业的毕业生，参加人力资源和社会保障部门举办的创业培训，可享受职业培训补贴。

④ 免费创业服务：有创业意愿的高校毕业生，可免费获得公共就业服务部门提供的创业指导服务，包括项目开发、方案设计、风险评估、开业指导、融资服务、跟踪扶持等内容。

（11）什么是小额担保贷款？小额担保贷款的用途是什么？

小额担保贷款是指通过政府出资设立担保基金，委托担保机构提供贷款担保，由经办商业银行发放，以解决符合一定条件的待就业人员从事个体经营自筹资金不足的一项贷款业务。

小额担保贷款主要用作自谋职业、自主创业或合伙经营和组织起来创业的开办经费和流动资金。

（12）申请小额担保贷款额度是多少？贷款期限有多长？

国家规定个人申请额度最高不超过 5 万元，各地区对申请小额担保贷款额度有不同规定，许多地区额度还高于 5 万元。合伙经营贷款额度更大。

小额担保贷款的期限一般不超过两年，可展期一年。

（13）怎样申请小额担保贷款？在哪些银行可以申请小额担保贷款？

小额担保贷款按照自愿申请、社区推荐、人力资源和社会保障部门审查、贷款担保机构审核并承诺担保、商业银行核贷的程序，办理贷款手续。

各国有商业银行、股份制商业银行、城市商业银行和城乡信用社都可以开办小额担保贷款业务，各地区根据实际情况确定具体经办银行。在指定的具体经办银行可以办理小额担保贷款。

（14）哪些项目属于微利项目？

中国人民银行、财政部、原劳动和社会保障部等联合下发了《关于改进和完善小额担保贷款政策的通知》（银发〔2006〕5号），明确由各省、自治区、直辖市人民政府结合实际确定微利项目的范围。主要包括：家庭手工业、修理修配、图书借阅、旅店服务、餐饮服务、洗染缝补、复印打字、理发、小饭桌、小卖部、搬家、钟点服务、家庭清洁卫生服务、初级卫生保健服务、婴幼儿看护和教育服务、残疾儿童教育训练和寄托服务、养老服务、病人看护、幼儿和学生接送服务等。

对于从事微利项目的，贷款利息由财政承担50%（中央财政和地方财政各承担25%，展期不贴息）。

（四）党政机关录用公务员和国有企事业单位新增专业技术人员和管理人员

1. 公务员考试

公务员主管部门组织的担任主任科员以下及其他相当职务层次的非领导职务公务员的录用考试。

每个地方的公务员考试科目都是地方自定的，笔试科目各有不同，面试最常用的是结构化面试和无领导小组讨论两种形式。

（1）公务员笔试。

公务员考试公共科目笔试的内容包括行政职业能力测验、申论两科。

行政职业能力测试内容包括五大部分：言语理解与表达、常识判断（侧重法律知识运用）、数量关系、判断推理和资料分析。主要测查与公务员职业密切相关的、适合通过客观化纸笔测验方式进行的基本素质和能力要素。全部为客观试题。主要题型为单选题。

申论主要通过报考者对给定材料的分析、概括、提炼、加工，测查报考者阅读理解能力、综合分析能力、提出问题解决问题能力和文字表达能力。全部为主观性试题。

申论考查的七个核心能力，包括阅读理解能力、分析判断能力、提出和解决问题的能力、语言表达能力、文体写作能力、时事政治运用能力、行政管理能力。

（2）公务员面试。

只有通过笔试科目考试的考生才有资格参加面试。公务员面试最常用的是结构化面试和无领导小组讨论两种形式，实际招考中，根据职位的要求，主考单位会选择其中的一种面试形式进行。想要面试通关，需要参考公务员面试真题及答案，并结合面试技巧和注意事项，做到心中有数，学会遇到问题能想出更好的答案。

2. 国有企业单位公开招聘

国有企业，在国际惯例中仅指一个国家的中央政府或联邦政府投资或参与控制的企业。在中国，国有企业还包括由地方政府投资参与控制的企业。政府的意志和利益决定了国有企业的行为。国有企业作为一种生产经营组织形式，同时具有营利法人和公益法人的特点，其营利性体现为追求国有资产的保值和增值，其公益性体现为国有企业的设立通常是为了实现国家调节经济的目标，起着调和国民经济各个方面发展的作用。国企为我国的经济建设作出了巨大的贡献，大型国有企业是我国国民经济中的中流砥柱；大型国有企业是抗衡跨国公司的主力军；大型国有企业是我国支柱产业的重要支撑；大型国有企业仍是出口创汇的主要力量。

国有企业（特别是中央企业）的业务涉及军工、石油、电力、粮食、化工、机械、电子、冶金、邮政、电信、金融、建筑等领域，既有劳动密集型行业，也有民生关联紧密型行业，关系国计民生。如果包含其他的国有企业（如金融企业、各级地方国资委管理的国有企业等）用工，其人数数倍于此。国有企业不仅是我国国民经济发展的主力军，也是改善民生、促进就业、维护改革开放以来社会和企业和谐稳定的重要因素。

国有企业劳动用工形式多元化。改革开放以来，国有企业按照市场化取向，开始并逐渐扩大市场化用工的规模和方式，以降低企业的生产成本。随之出现了劳动合同工（即所谓的正式工，直接和企业签订劳动合同）、劳务派遣工（和劳动派遣公司签订劳动派遣合同，再被劳务派遣到国有企业工作）和非全日制用工（临时工）等各种用工方式。

（五）强化对困难家庭高校毕业生的就业援助

困难家庭高校毕业生是指来自城镇低保家庭、低保边缘户家庭、农村贫困家庭和残疾人家庭的普通高校毕业生。

各级机关考录公务员、事业单位招聘工作人员时，免收困难家庭毕业生的报名费和体检费。为帮助困难家庭的毕业生求职就业，学校一般都会安排经费作为困难家庭毕业生的求职补助，或对已成功就业的困难家庭毕业生给予奖励。困难家庭的毕业生可向所在院系提出书面申请。学校也应根据平时掌握的情况，对困难家庭的毕业生给予主动帮助。

从 2013 年起，对享受城乡居民最低生活保障家庭的毕业年度内高校毕业生，可给予一次性求职补贴，补贴标准由各地方财政、人力资源和社会保障部门会同有关部门根据当地实际制定，所需资金按规定列入就业专项资金支出范围。

第三节 就业指导的内容与必要性

一、职业发展新趋势

进入现代工业社会以后，科学技术的广泛运用促使生产力迅速发展，社会分工越来越细，职业也越来越多。人类文明的进步使得很多传统职业慢慢淡出了历史舞台。信息通信技术的发展及手机的大量普及，使寻呼产业被淘汰；随着自动投币装置的应用及智能卡系统的完善，城市公交车自动售票系统正逐步取代传统的人工售票；自动取款系统的应用使传统依靠存折取款显得不再那么重要;会计电算化的逐步普及，使手工记账不再是企业会计工作的主流;电子信息技术的发展，证券交易系统的不断完善，使靠传统手工报价的经纪人这一职业逐渐没有了市场。

随着科学技术的发展和社会的进步，当代职业发展将出现以下新趋势：

（一）职业种类大量增加

职业在其产生初期，由于传统生产技术相对稳定，一项重要的技术发明在生产上的应用往往会持续相当长的一个时期，所以社会职业也具有相对稳定性。但随着社会的发展及科技发展的加快，职业种类增加的速度也逐渐加快，新兴产业不断涌现，新的职业也大量出现。

（二）第三产业职业数量增加

随着科学技术水平的提高和产业结构的调整，第三产业如金融、商务、传播、物流、卫生、教育、旅游等在国民经济发展中所起的作用越来越大，第三产业的就业人数不断增加，这是现代社会发展的必然趋势。

（三）与高新技术有关的职业将得到发展

高新技术的主要特征是高效益、高智力、高投入、高风险。目前，得到世界各国公认并列入21世纪重点开发的高新技术领域有生物技术、信息技术、航天技术、新材料技术、新能源技术和海洋技术等。

（四）绿色产业相关人才紧缺

随着人们消费水平的提高，越来越多的人关注绿色产业。绿色产业是指积极采用清洁生产技术，采用无害或低害的新工艺、新技术，大力降低原材料和能源消耗，实现少投入、高产出、低污染，尽可能把污染物的排放消除在生产过程的产业之中。环保产业是绿色产业的主力军，被称为21世纪的朝阳产业，有着巨大的发展潜力。随着环境保护投入的大幅度增加，我国环保产业发展较快，成为国民经济的重要组成部分。环保产业的发展之快、效益之显著，无疑是环保技术人员研究与开发的结果。但目前我国环保产业面临严重的人才不足，现有的环保技术人才难以适应国民经济的发展需要。

（五）跨专业、复合型的职业需求将逐步增多

从目前招工、就业的情况分析，职业岗位的要求和劳动方式逐步由简单向复杂转化，过去具有单一技能就可以胜任的工作，现在往往需要相关专业的许多知识和技能，更多地需要跨专业的复合型人才。

（六）职业的流动性加大

社会职业种类的不断增加，职业选择的机会增多，打破了职业的相对稳定性。现代社会职业兴衰演化迅速，职业的更新速度不断加快，导致一个人一生所面临的职业变化也会越来越频繁。

二、就业指导的内容

（一）择业观指导

择业观是毕业生选择职业的前提，是毕业生对职业的评价和意向，也是毕业生的世界观、人生观、价值观在就业问题上的反映。择业观正确与否直接决定着择业的成败。从一定意义上讲，择业观的指导是就业指导的核心和重点。由于“自主择业”给每位毕业生更多“自由”的权利，因此部分毕业生片面追求好环境、高工资、厚待遇，极少考虑自身素质与社会需求，其择业的期望值太高，从而导致择业失败。因此，要帮助毕业生树立正确的择业意识，引导学生从社会的需要和发挥自身才能两方面来考虑自己的选择，正确处理个人与社会、理想与现实、环境与成才等关系，克服择业期望值与现实社会相脱离的倾向。

另外，在市场经济不断深入发展的今天，用人单位在选择毕业生时，不是简单地看文凭、专业、毕业学校，而是更注重思想品质、综合素质和敬业精神。所以，要转变观念，树立全新的择业观，到祖国最需要的地方去，开拓进取、实现自我人生的价值。

（二）就业心理指导

择业是高职毕业生人生的一次重要选择，也是对他们综合素质特别是心理素质的一次全面检验。选择本身容易引起人们的困惑、矛盾，尤其面对自己人生道路的重大选择，往往会产生一些复杂的心理，进而导致一些心理误区和心理障碍。就业心理指导主要包括：对期望值过高的心理指导、困惑与焦虑心理指导、对自卑和怯懦的心理指导。

（三）就业途径与就业信息的指导

就业途径与就业信息的指导是对高职学生就业指导的一个重要内容。归纳起来，毕业生可以通过学校推荐就业、考取公务员资格、继续升学、毕业生供需见面会，双向选择会、人才市场、网络招聘、自谋职业等形式实现就业。要帮助毕业生全面了解社会的需求信息（社会发展、用工单位的基本状况等），迅速、全面、准确地搜集不同渠道的需求信息，并对众多的信息进行筛选，以便毕业生做出正确的选择。

（四）择业技巧指导

求职择业实际上是一门艺术，正确的方法和技巧是就业成功的重要因素之一，如果学生的综合素质是择业竞争的硬件，那么择业的方法和技巧则是软件，软件准备不好，硬件的优势也难以发挥。毕业生择业的方法和技巧的指导包括毕业生资料准备方法、信息收集方法、信息联系方法、面试技巧心理调适方法等，帮助毕业生了解和掌握这些方法和技巧，如同给机器添上“润滑油”，能有效提高成功率。

（五）社会适应指导

完成学业的高职学生，由校园步入社会，是人生的一大转折。多数学生接触社会少、阅历浅，对社会缺乏了解和认识，对新的社会环境感到陌生，不习惯，甚至无所适从。要帮助他们正确认识社会，建立良好的人际关系，正确处理好成家立业的关系，引导他们树立正确的世界观、人生观、价值观。

三、在高职生中开展就业指导的必要性

（一）学校深化教学改革，优化教育结构的需要

随着毕业生就业制度改革的深入，学校封闭式的、传统的办学模式受到较大冲击，已不适应社会需求。“双向选择”不只是学生对工作的选择、社会对学生的选择，而且在很大程度上反映了社会对学校“产品”的挑选，是社会对学校教学成果的实际检验。一些高等院校每年评比排名都要把毕业生就业情况或就业率作为一项重要指标。因为来自社会的这一反馈，是对毕业生所在学校的专业设置、课程设置、学科建设、教学水平，以及理论教育、技能训练、基本素质培养等一系列办学质量的综合评价。学校通过毕业生就业这一窗口与社会的联系越来越多，而且联系的广度和密切程度如何，将直接关系到学校的建设和发展。在现阶段，培育学校的毕业生就业市场是高职院校的主要工作任务之一，学校只有实行“供需见面，双向选择”，为用人单位和毕业生做好中介服务，才能受到社会的欢迎。同时，通过“供需见面”征求和了解社会对学校人才培养的反馈意见，充分发挥其全面掌握第一手资料的优势，通过科学分析并根据历届毕业生的择业成功率、就业职业分布、社会需求变化等情况，为学校的专业设置、课程建设、学科建设以及教师选择、教师培训等提出改进意见，不断改进人才培养的质量，使培养的毕业生更好地适应社会需求，学校才会有强劲的生命力。

（二）毕业生就业制度改革不断深化的需要

我国职业类院校毕业生就业制度在 20 世纪 90 年代中期以前是由国家统一分配，即“统包统分”。为了适应改革开放的新形势和经济体制改革的需求，进行了一系列的改革，就业形式已从“统包统分”转向“双向选择，自主择业”。这必然使职业类院校学生的就业方式、方法随之而发生深刻变化。毕业生对社会缺乏了解，对就业制度改革的有些规定和做法的认识和理解也有限。近

年来，毕业生面对双向选择，一方面自我意识增强，具有一定的“风险意识”，迫切要求自主择业；另一方面又对“双向选择”“公平竞争”缺乏应有的理解和心理准备，当需要自己做出选择时往往束手无策。职业类院校毕业生分配工作部门（就业部门）职能的转变，是职业院校毕业生就业制度改革形势的需要，同时也是自身工作的需要。职业院校只有主动开展就业指导，才能跟上改革的步伐，才能适应形势的需要。

（三）毕业生选择职业、顺利就业的需要

“自主择业”的毕业生就业制度对高职生来说意味着“铁饭碗”被彻底砸破。学生自主择业、用人单位自主选材，直接将毕业生和社会放在相互选择的位置上，如何使这种选择更充分、全面和合理，做到人尽其才、才尽其用，实现人才与社会的最佳配置，充分发挥人才和社会两方面的最大效能？就业指导在人才和社会之间将起到纽带和桥梁的作用。就业指导一方面可以通过向有关企业、事业单位和机关单位发函，收集各单位对毕业生的需求情况，为毕业生提供就业信息；另一方面可以把毕业生的政治思想表现、专业学习成绩、爱好特长、健康状况和奖惩情况随时提供给用人单位查阅。

通过就业指导，能够系统地向学生介绍就业环境、人才需求形势、社会对人才素质的要求等方面的信息，帮助学生树立正确的择业观，引导学生拓展思路、提高认识，掌握可行的求职方法，摆正自己在社会中的位置，正视就业现实，克服好高骛远、急功近利的思想，实实在在地去实现个人目标，使学生能够把择业的愿望放到社会发展的大环境中去思考，从而帮助毕业生顺利实现就业。

（四）学生素质教育的需要

随着社会主义市场经济的发展和不断完善，社会群体的思维方式、价值取向和道德观念发生了巨大的变化。作为对社会转型更加敏感的一支文化层面的社会群体——高职毕业生的择业观念也发生了巨大的变化。最近的调查资料表明部分高职毕业生不再是一味地追求稳定的工作、丰厚的收入，而是更多地将社会责任与个人的发展结合起来，奋发有为，力争奉献于社会。但是，也有部分毕业生择业时过多地考虑自己的志向，忽略了社会的需求，且敬业精神差、缺乏职业稳定性，不能客观地认识自己，定位不准；还有一些毕业生择业观念陈旧，心理素质差，对挫折无积极主动的心理准备，在择业过程中往往出现迷惘、焦急、抵御、畏惧等不良心理，甚至出现反社会情绪。

在社会主义市场经济体制下，打破了“统一分配”的保护伞，毕业生由社会挑选已成为严峻的现实。社会究竟需要什么样的人才？这个问题已变得比过去任何时候都更抽象且更具体、更复杂而又更简单。“抽象”在于社会选择人才的标准在任何时期、任何情况下都集中在“德”与“才”两个方面，要求德才兼备；“具体”在于每个用人单位对“德”“才”都有十分具体的定义；“复杂”在于“德”与“才”既涉及“智商”又涉及“情商”，涉及思想、道德、专业、知识、技能、个人素质等许多方面；“简单”又在于用人单位可以用十分简单的方法确定“德”与“才”的衡量标准。

应该看到，就业指导通过反馈职业需求、社会需求而发挥的教育作用不应仅限于即将走出校门的学生，还应包括广大在校学生，使他们明确自己未来从事的职业对知识结构、专业技能、个人素质等各方面的具体要求，社会对自己所学的专业的需求情况，近年来所学专业的求职竞争状况及发展前景，明确自己努力的方向，引导学生正确处理国家需要和个人愿望的关系，继承和发扬中华民族传统的职业美德，把远大理想与奉献精神结合起来。

就业指导工作是随着教育体制改革和人事制度改革不断深入而产生的新生事物。对学校来讲，培养什么样的毕业生才能适应人才市场的需求；对用人单位来讲，是需要什么样的人才；对政府主管部门来讲，是进行人才资源合理配置的重要组成部分；对社会来讲，是涉及千家万户和社会稳定的重要课题。高职毕业生就业指导工作是一项系统工程，不是仅靠老师、学校和主管部门就能做好的。学校、用人单位、各级主管部门、学生及其家长都应该共同关心、支持、开发就业指导的功能，从而把学校的就业指导工作做得更好。

教学案例

案例：

在一次招聘会上，北京某企业人事经理说，他们本想招一个有丰富工作经验的资深会计人员，结果却破例招了一位刚毕业的女大学生，让他们改变主意的起因只是一个小小的细节：这个学生当场拿出了两块钱。

人事经理说，当时，女大学生因为没有工作经验，在面试一关即遭到了拒绝，但她并没有气馁，一再坚持。她对主考官说："请再给我一次机会，让我参加完笔试。"主考官拗不过她，就答应了她的请求。结果，她通过了笔试，由人事经理亲自复试。

人事经理对她颇有好感，因她的笔试成绩最好，不过，女孩的话让经理有些失望。她说自己没工作过，唯一的经验是在学校掌管过学生会财务。找一个没有工作经验的人做财务会计不是他们的预期，经理决定收兵："今天就到这里，如有消息我会打电话通知你。"女孩从座位上站起来，向经理点点头，从口袋里掏出两块钱双手递给经理："不管是否录取，请都给我打个电话。"

经理从未见过这种情况，问："你怎么知道我不给没有录用的人打电话？""您刚才说有消息就打，那言下之意就是没录取就不打了。"

经理对这个女孩产生了浓厚的兴趣，问："如果你没被录取，我打电话，你想知道些什么呢？""请告诉我，在什么地方我不能达到你们的要求，在哪方面不够好，我好改进。""那两块钱……"女孩微笑道："给没有被录用的人打电话不属于公司的正常开支，所以由我付电话费，请您一定打。"经理也笑了，"请你把两块钱收回，我不会打电话了，我现在就通知你：你被录用了。"

记者问："仅凭两块钱就招了一个没有经验的人，是不是太感情用事了？"经理说："不是。这些面试细节反映了她作为财务人员具有良好的素质和人品，人品和素质有时比资历和经验更为重要。第一，她一开始便被拒绝，但却一再争取，说明她有坚毅的品格。财务是十分繁杂的工作，没有足够的耐心和毅力是不可能做好的；第二，她能坦言自己没有工作经验，显示了一种诚信，这对财务工作尤为重要；第三，即使不被录取，也希望能得到别人的评价，说明她有直面不足的勇气和敢于承担责任的上进心，员工不可能把每项工作都做得很完美，我们接受失误，却不能接受员工自满不前；第四，女孩自掏电话费，反映出她公私分明的良好品德，这更是财务工作不可或缺的。"

（资料来源：根据网络资料整理）

课后练习

1. 当前我国的就业形势如何？

2. 就业政策的主要内容和特点是什么？

3. 大学生在就业过程中应注意哪些问题？

4. 高职生就业指导的主要内容是什么？

5. 在高职生中开展就业指导有什么必要性？

第四章 高职生毕业后的走向及准备工作

第一节 高职生毕业后的走向

高职教育作为我国高等教育的重要组成部分，为学生提供了实用技能和专业知识的培训，使他们在毕业后能够顺利进入职场或继续深造。对于高职生来说，毕业后的出路是多种多样的，具体取决于个人的兴趣、技能和职业目标。

一、就业

就业是高职生最常见的毕业出路之一。凭借在高职院校所学的专业技能和实践经验，他们可以在各个行业中寻找适合的工作机会。以下是一些高职生常见的就业领域：

（1）技术领域：高职生在技术领域有着独特的优势。他们可以选择成为工程师、技术员、程序员、机械师等，从事机械制造、电子工程、信息技术等领域的工作。

（2）服务业：服务业是一个广泛的领域，包括酒店管理、餐饮服务、医疗护理、物流管理等。高职生可以在这些行业中找到适合的职位，如酒店前台、餐饮经理、护士、物流专员等。

（3）制造业：制造业对于具备实际操作技能的高职生来说是一个很好的选择。他们可以在工厂、车间或生产线上从事生产管理、设备维护、质量控制等工作。

二、升学

对于那些希望进一步提升自己学历和专业知识的高职生来说，升学是一个不错的选择。他们可以通过以下途径继续深造：

（1）专升本：高职生可以通过专升本考试进入本科阶段学习，获得本科学位。这将为他们提供更深入的学术知识和专业技能，拓宽职业发展的道路。

（2）研究生教育：有条件的高职生可以考虑攻读硕士研究生学位，深入研究某个领域，提升自己的学术能力和就业竞争力。

三、参军入伍

参军入伍对于一些高职生来说也是一种有吸引力的选择。军队可以为他们提供丰富的经历和成长机会。

四、自主创业

部分高职生具备创新精神和创业意识，可以选择自主创业。他们可以将所学的技能和知识应用到自己的创业项目中，开创属于自己的事业。

总之，高职生毕业后的出路是多种多样的。无论是选择就业、升学、参军入伍还是自主创业，关键是要根据自己的兴趣、能力和职业目标做出适合自己的选择。通过不断学习和提升自己的技能，积极适应市场需求，高职生可以开启成功的职业生涯，实现自己的人生目标。

第二节　每一条出路的准备工作

当前高职生对于自己的出路，应该如何去做，才能在毕业时学有所成，学有所归？面对当前的就业形势，高职生需要不断提升自己的专业技能和综合素质，积极寻找就业机会，并根据自身情况和市场需求做出明智的职业选择和努力。

一、就业的准备工作

面对当前的就业形势，高职生可以从以下几个方面提升自己的专业技能和综合素质。

（一）专业技能的提升

（1）实践操作：积极参与实践课程、实习和项目，通过实际操作来提升专业技能。实践经验能够增强对理论知识的理解，并培养实际工作能力。

（2）学习新技术：关注行业动态，了解并学习当前热门的技术和工具。通过参加培训课程、在线学习平台或自学，不断更新自己的知识储备。

（3）参与竞赛和活动：参加专业相关的竞赛、研讨会和活动，与同行交流，展示自己的技能，并从他人的经验中学习。

（4）获得认证和资质：考取相关的认证和资质证书，提升自己在特定领域的竞争力。这些证书可以证明自己的专业能力和知识水平。

（二）综合素质的提升

（1）沟通与协作：提升沟通能力，包括口头和书面表达能力。学会与团队成员合作，培养团队合作精神和领导能力。

（2）解决问题的能力：培养分析问题和解决问题的能力。通过学习逻辑思维、决策分析等方法，提高自己在工作中应对各种挑战的能力。

（3）自我管理：提升时间管理、压力管理和情绪管理的能力。良好的自我管理能力有助于提高工作效率和应对职场压力。

（4）持续学习：保持学习的热情和好奇心，不断追求知识的更新和提升。具备终身学习的意识和能力，适应不断变化的职场环境。

（5）社会责任感：培养社会责任感，关注社会问题，并积极参与志愿活动和社区服务。这有助于塑造良好的品德和价值观。

总之，高职生可以通过积极学习、实践操作、参与活动等多种途径来提升自己的专业技能和综合素质。同时，要保持积极的心态，不断适应就业市场的变化，提高自身竞争力。

二、升学的准备

专升本考试是指专科层次学生进入本科层次阶段学习的选拔考试，是中国大陆教育体制中大专层次学生升入本科院校的考试制度。目前专升本主要的三种考试形式为统考、对口升本和自考。下面以甘肃省为例简要介绍专升本考试的基本情况：

2024 年甘肃省专升本考试整体上与往年相近，没有大的调整。具体录取政策可参考 2024 年甘肃省普通高校高职（专科）升本科统一考试招生工作实施方案。此外，甘肃省教育考试院于 2024 年 1 月发布了《2024 年甘肃省普通高校高职（专科）升本科免试招生工作实施方案》，规定了免试生的招生政策。建议访问甘肃省教育考试院官方网站了解更多详细内容。

根据《甘肃省普通高等学校高职（专科）升本科考试招生工作方案（试行）》，从 2025 年开始，甘肃省专升本考试文化课测试内容文科大类增加《大学语文》，理科大类增加《高等数学》，同时在文化课测试中增加思政课内容。各高职（专科）院校从 2022 级新生开始，文科学生增加《大学语文》，理科学生增加《高等数学》课。

甘肃省专升本考试科目分为公共课和专业课，公共课为英语、计算机，专业课各个专业大类考试科目不同。具体的考试政策和要求可能因地区和时间而有所不同，读者可咨询所在学校的教务处或当地的教育招生考试机构，以获取准确的信息。

考生应从以下几个方面备考专升本考试：

（1）了解考试内容和要求：仔细阅读甘肃省专升本考试的招生简章和考试大纲，了解考试科目、考试形式、考试内容和重点等，有针对性地进行备考。

（2）制订合理的学习计划：根据考试大纲和自己的时间安排，制订合理的学习计划。合理分配每个科目的学习时间，确保每个科目都有充足的复习时间。

（3）注重基础知识的学习：专升本考试注重对基础知识的考查，因此要注重对基础知识的学习和掌握。可以通过系统性学习教材、做习题、参加辅导班等方式来巩固基础知识。

（4）多做真题和模拟题：通过做真题和模拟题，可以熟悉考试题型、考试难度和考试要求，同时也可以检验自己的学习效果。可以在网上搜索或者购买相关的考试题库进行练习。

（5）参加辅导班或培训课程：如果自己的学习效果不理想，可以考虑参加辅导班或培训课程。辅导班或培训课程可以提供系统的学习指导和备考技巧。

（6）注重综合素质的提升：除了学习专业知识外，还要注重综合素质的提升，如英语水平、计算机应用能力、沟通能力、团队协作能力等。这些能力在考试和未来的学习工作中都非常重要。

（7）保持良好的心态：备考过程中可能会遇到困难和挫折，要保持积极的心态，相信自己的能力和努力。合理安排休息时间，避免过度焦虑和压力。

（8）及时关注考试信息：及时关注甘肃省教育考试院等官方发布的考试信息，了解考试时间、报名时间、考试地点等重要信息，确保自己不会错过任何重要的环节。

备考是一个长期的过程，需要坚持不懈地努力。同时，要根据自己的实际情况和学习进度进行调整，找到最适合自己的备考方法。

三、参军入伍的准备

（一）大学生参军入伍对于个人和社会的重要意义

（1）国家安全和国防建设：参军入伍是为国家的安全和国防建设作出贡献。大学生作为受过高等教育的人才，能够为军队提供专业知识和技能，增强国家的战斗力。

（2）自我成长和锻炼：军队生活能够培养大学生的纪律性、责任感、团队合作能力和领导能力。通过体能训练、军事技能训练和思想教育，大学生可以得到全面的锻炼和成长。

知识拓展

高职生应征入伍政策问答

（3）职业发展机会：参军入伍可以为大学生提供职业发展的机会。军队中的经验和技能在退役后可以转化为民用领域的职业竞争力，增加就业机会。

（4）教育和培训机会：军队通常会提供各种教育和培训机会，帮助大学生提升自己的技能和知识水平。这些培训和教育资源可以为个人的职业发展打下坚实的基础。

（5）增强爱国主义精神：参军入伍可以增强大学生的爱国主义精神和民族自豪感。通过为国家和人民服务，大学生能够更深刻地认识到自己的责任和使命。

（6）社会认可和尊重：参军入伍是一种对国家和社会的贡献，能够获得社会的认可和尊重。这种经历可以为个人带来自豪感和成就感。

需要注意的是，参军入伍是一项重大的决定，需要综合考虑个人的兴趣、职业规划和家庭情况等因素。如果读者对参军入伍感兴趣，建议详细了解相关政策和程序，并与军队招募机构或相关部门进行咨询。

（二）参军入伍前的学业和职业发展规划

知识拓展

招收军士政策规定问答

（1）明确职业目标：在参军入伍前，高职生应该对自己的职业目标有一个清晰的认识。可以考虑自己的兴趣、技能和价值观，确定自己想要从事的职业领域。

（2）制订学习计划：根据职业目标，制订相应的学习计划。可以在学校选择相关的专业课程，或者通过自学、参加培训课程等方式来学习知识和技能。

（3）注重实践经验：除了课堂学习，实践经验也非常重要。可以通过实习、参加社团活动、参与项目等方式来积累实践经验，提升自己的实际操作能力。

（4）提升综合素质：参军入伍需要具备良好的综合素质，包括身体素质、心理素质、沟通能力、团队合作能力等。可以通过参加体育锻炼、参加社团活动、参与志愿者工作等方式来提升自己的综合素质。

（5）建立人际关系网络：在学校和社会中建立良好的人际关系网络对于未来的职业发展非常重要。可以通过参加社团活动、实习、参加行业会议等方式来扩大自己的人际关系网络。

（6）了解军队的职业发展机会：在参军入伍前，可以了解军队内部的职业发展机会和晋升机制，以便在服役期间更好地规划自己的职业发展。

（7）持续学习和自我提升：无论是在军队还是在退役后，持续学习和自我提升都是非常重要的。可以通过阅读书籍、参加培训课程、获取新的技能认证等方式来不断提升自己的能力。

总之，参军入伍前，高职生应该明确自己的职业目标，制订学习计划，注重实践经验，提升综合素质，建立人际关系网络，了解军队的职业发展机会，并持续学习和自我提升。这样可以为自己的学业和职业发展打下坚实的基础，更好地实现自己的人生目标。

（三）参军入伍对学业的积极影响以及可能面临的挑战

1. 积极影响

（1）纪律性和自律能力：军队生活强调纪律和自律，通过参军入伍，高职生可以培养出更好的自我管理和时间管理能力，这对学业也有积极的影响。

（2）领导力和团队合作：军队注重培养领导力和团队合作能力，这些技能在学业和未来的职业生涯中都非常重要。

（3）自我成长和成熟：参军入伍经历可以帮助高职生更快地成长和成熟，培养出坚韧、毅力和责任感等品质，这些品质对学业和人生发展都有益处。

（4）教育和培训机会：军队通常会提供各种教育和培训机会，包括专业技能培训和学术课程。这些机会可以帮助高职生提升自己的知识和技能水平。

（5）奖学金和资助：一些军队计划和奖学金可能会提供经济资助，帮助高职生承担学费和其他教育相关费用。

2. 可能面临的挑战

（1）学业中断：参军入伍可能会导致学业的中断，需要在服役结束后重新适应学校生活和学习节奏。

（2）时间压力：服役期间可能会有严格的时间要求和任务安排，可能会对学业时间造成一定的压力，需要更好地规划和管理时间。

（3）学习进度：参军入伍可能会导致学习进度的延迟或中断，需要在回归学业后加快学习进度，追赶同龄人。

（4）适应问题：退役后重新适应学校生活和学习环境可能需要一定的时间和努力，包括适应不同的学习方式和教学方法。

需要注意的是，这些影响并不是绝对的，每个人的情况都有所不同。对于有兴趣参军入伍的高职生来说，了解军队的相关政策和程序，并与学校的征兵办公室或相关部门进行咨询，以便更好地规划自己的学业和未来发展。同时，合理安排时间、制订学习计划，并寻求适当的支持和帮助，可以最大限度地减少潜在的负面影响，并充分利用参军入伍带来的积极影响。

（四）参军入伍后继续完成学业的途径

（1）自学：在军队服役期间，可以利用业余时间进行自学，通过阅读相关书籍、学习在线课程等方式来提升自己的知识水平。

（2）远程教育：许多高校提供远程教育课程，读者可以通过网络学习来继续完成学业。

（3）转学或复学：在退役后，可以申请转学或复学，回到原来的学校或选择其他合适的学校继续完成学业。你需要与原学校或目标学校联系，了解相关的转学或复学政策和程序。

（4）成人教育：考虑参加成人教育课程，如夜校、函授课程或在线学习平台。这些课程通常更灵活，适合有工作或其他事务的学生。

（5）奖学金和资助：了解军队和教育机构提供的奖学金和资助机会，这可以帮助你支付学费和其他学习相关的费用。

无论选择哪种途径，都需要充分规划和管理时间，以确保能够平衡军队职责和学业需求。同时，与学校和相关机构进行沟通，了解具体的政策和要求，以便顺利完成学业。

四、自主创业的准备

（一）高职生毕业后自主创业的建议

（1）明确创业方向：首先要确定自己想要创业的领域和方向。可以结合自己的专业背景、兴趣爱好以及市场需求来选择一个有潜力的创业方向。

（2）市场调研：进行市场调研，了解目标市场的需求、竞争情况和潜在机会。可以通过问卷调查、行业报告、竞品分析等方式获取相关信息。

（3）制订商业计划：根据市场调研的结果，制订详细的商业计划。商业计划应包括项目的目标、产品或服务的定位、营销策略、运营管理、财务预算等方面的内容。

（4）积累经验和技能：在创业之前，可以通过实习、兼职或参与相关项目等方式积累经验和技能。这有助于提升自己的能力和增加对行业的了解。

（5）寻找合作伙伴：如果可能的话，可以寻找合作伙伴或团队成员，他们可以带来不同的技能和资源，共同实现创业目标。

（6）资金准备：创业需要资金支持，可以通过个人储蓄、贷款、寻找投资人等方式来筹集资金。同时，要合理规划资金使用，确保资金的可持续性。

（7）法律和行政手续：了解并办理相关的法律和行政手续，如注册公司、申请营业执照、税务登记等。

（8）持续学习和适应：创业是一个不断学习和适应的过程。要保持学习的心态，关注行业动态和市场变化，及时调整策略。

（9）建立人际关系：建立广泛的人际关系，包括行业内的专家、潜在客户、供应商等。人际关系可以为创业提供支持和机会。

（10）坚持和耐心：创业过程中可能会遇到挑战和困难，需要保持坚持和耐心。要有信心并不断努力，逐步实现创业目标。

以上是一些基本的准备建议，但创业过程因人而异，需要根据具体情况进行灵活调整和执行。在创业之前，建议咨询专业人士、创业导师或参加相关的培训课程，获取更多的指导和支持。

（二）认识创业的风险

（1）市场风险：市场需求的变化、竞争对手的增加、行业趋势的不确定性等都可能对创业项目产生影响。

（2）财务风险：资金不足、资金管理不善、成本超支等财务问题可能导致创业失败。

（3）技术风险：技术创新的不确定性、技术难题的解决、技术更新换代等都可能对创业项目造成风险。

（4）人力资源风险：团队成员的流失、人才招聘困难、团队合作问题等都可能影响创业的成功。

（5）法律法规风险：不熟悉相关法律法规、违反法律规定等可能带来法律风险。

（6）运营管理风险：包括生产管理、供应链管理、市场营销等方面的风险，如管理不善可能导致效率低下、质量问题等。

（7）竞争风险：竞争对手的出现、竞争策略的失误等都可能影响创业项目的市场份额和盈利能力。

（8）政策风险：政策变化、政策不确定性等可能对创业项目产生不利影响。

（9）外部环境风险：宏观经济环境、社会环境、自然灾害等外部因素也可能对创业项目造成风险。

以上仅列举了一些常见的风险，实际上创业过程中还可能面临其他各种风险。因此，在创业之前，需要充分评估和分析可能遇到的风险，并制订相应的应对策略。同时，要保持敏锐的风险意识，及时调整创业策略，以降低风险并提高创业成功的机会。建议在创业过程中寻求专业的创业指导和支持，以帮助应对各种风险挑战。

（三）选择创业方向

（1）结合专业背景：考虑自己所学的专业和技能，寻找与之相关的创业机会。利用所学的专业知识和技能，可以增加创业成功的机会。

（2）个人兴趣和激情：选择自己感兴趣和热爱的领域，将更有动力和毅力去追求创业目标。激情和兴趣将帮助你克服困难和挑战。

（3）市场需求和趋势：研究市场需求和行业趋势，寻找有潜力和增长机会的领域。关注社会热点、新兴技术和消费需求的变化，找到市场空缺或有需求的领域。

（4）自身优势和资源：评估自己的优势和可用资源，包括人际关系、资金、技术、地理位置等。选择能够充分发挥自身优势和利用现有资源的创业方向。

（5）创新和差异化：寻找有创新空间的领域，提供与众不同的产品或服务。通过创新和差异化，可以吸引客户并在竞争中脱颖而出。

（6）实践经验和实习机会：通过实习、兼职或参与相关项目，获得实践经验。实践经验可以帮助你更好地了解行业和市场，发现潜在的创业机会。

（7）寻求导师或行业专家的建议：与创业导师、行业专家或成功创业者交流，寻求他们的建议和意见。他们的经验和洞察力可以帮助你更好地选择创业方向。

（8）持续学习和适应能力：保持学习的心态，不断提升自己的知识和技能。选择一个具有学习和成长机会的创业方向。

最重要的是，选择适合自己的创业方向需要综合考虑自身情况和市场需求。在做出决策之前，进行充分的市场调研和自我评估，权衡利弊，并制订可行的创业计划。同时，要保持灵活性和适应性，根据市场反馈和变化及时调整创业方向。创业是一个不断学习和成长的过程，持续学习和改进是取得成功的关键。

（四）了解创业者所需的素质和能力

（1）领导力：具备领导能力，能够激励和引导团队成员实现共同的目标。

（2）创新能力：拥有创新思维，能够提供独特的产品或服务，以满足市场需求。

（3）决策能力：能够快速做出明智的决策，并承担相应的风险和责任。

（4）坚韧不拔：具备坚韧的毅力和决心，能够克服困难和挫折，并持续努力。

（5）学习能力：保持学习的热情，适应市场和行业的变化。

（6）人际关系和沟通能力：善于与人交往，建立良好的人际关系，并具备有效的沟通和表达能力。

（7）团队合作能力：能够与团队成员合作，发挥各自的优势，实现共同的目标。

（8）财务管理能力：具备基本的财务知识和管理能力，能够合理规划和管理企业的财务资源。

（9）市场洞察力：对市场有敏锐的洞察力，能够把握市场趋势和机会。

（10）时间管理能力：善于合理安排时间，高效地完成各项任务。

（11）适应变化的能力：能够灵活应对市场和环境的变化，并及时调整策略。

（12）责任心：对企业和员工负责，秉持诚信和道德原则。

这些素质和能力是成功创业者的重要特征，但不同的创业领域和个人情况可能会有所不同。不断发展和提升这些素质和能力，将有助于提高创业的成功率，并实现个人和企业的成长。同时，创业者也应该根据自身情况和创业需求，有针对性地培养和提升自己的能力。

课后练习

1. 高职生的毕业出路有哪些方面？

2. 你如何选择毕业后的出路？具体应该怎么做？

第五章 求职心理的调适

第一节 求职心理准备

大学生在求职择业过程中因遭受挫折而产生消极情绪，甚至出现轻度的心理问题，这都是很正常的现象。关键问题在于怎样看待这种现象，以及采用什么方法来调适心理。实践证明，大学生可以采取下列方法来有效地调适求职心理。大学生求职心理是指大学生在考虑就业问题、求职前的准备阶段，以及寻求职业的过程中所产生的各种心理现象。它贯穿于整个大学的学习和生活当中。随着就业难度的增大，相当一部分大学生由于心理准备不足，或由于存在这样或那样的心理缺陷、心理问题，导致其在求职过程中出现了心理偏差，影响了顺利就业。因此，大学生在择业时除了要做好充分的思想准备、物质准备外，还要全面、真实地认识自己的专业特色、能力水平、能力倾向、性格特点、气质类型、兴趣爱好等，这样才能在职业的特点、要求和个人的心理倾向、才能之间寻求最佳组合，找到自己心仪的岗位。

一、影响大学生就业心理的因素

大学生就业是大学生和用人单位双向选择的结果，其中大学生自主选择岗位的行为受主客观因素、观念认知因素、能力和压力因素的影响。

（一）主客观因素

学生就业受主观因素影响，主要表现在生理状况、心理发展水平、个性特点和知识结构上；受客观因素影响，主要表现在社会环境、家庭环境和学校环境上。学生个体心理发展水平直接影响着个体的工作能力和工作效果，自身的个性特点决定了择业时有不同的心理和行为表现，以及价值取向，知识结构也对学生的就业选择有较大影响。同时，社会风气、社会经济发展、人才需求状况、就业形势、就业政策、学校校风、人文环境、教学模式、家庭教育方法、家长的价值观念等因素都会影响学生的就业选择。

（二）观念认知因素

就业观念是大学生在择业或者就业时对岗位内容的一种认知。就业认知是就业者认识外部环境以及对相关信息加工的过程。当前，多数大学生普遍认为社会提供的就业岗位之间存在隐形差距，如国有企业、500 强企业、国家行政单位等相对受欢迎，而私企、个企等受欢迎的程度相对偏低。学生对就业岗位的认知主要是工作待遇、工作环境、社会地位、地理位置、劳动强度等方面，而并没有真正考虑过是否适合自己。一部分学生一味地谋求专业对口、社会地位高、稳定性强、经济待遇高的岗位，无形中增加了自身的就业难度。

（三）能力和压力因素

能力是个体胜任某件事情时需要的特殊技能的心理和行为特征。就业能力具体是指学生个体在应聘岗位时所需要的专业知识和技能。压力经常被人们看作一种心理紧张的状态，大学生的就业压力是个体在思考就业方向、选择岗位的过程中出现的一种紧张心理。对于学生而言，在大学期间的学习内容主要以理论为主，实践操作能力比较欠缺，因此会使其在找工作的过程中产生一定的压力。就业压力还体现在就业限制条件和社会舆论压力方面，一些岗位会对年龄、学历、专业、身体健康程度等方面做出具体规定，还有的特殊岗位会对学生的性别有严格的要求。

（四）导致毕业生择业不良心态的主要原因

毕业生择业不良心态的产生，究其原因是多方面的。从大学生自身角度来剖析，主要归结为四个方面，如图 5-1 所示。

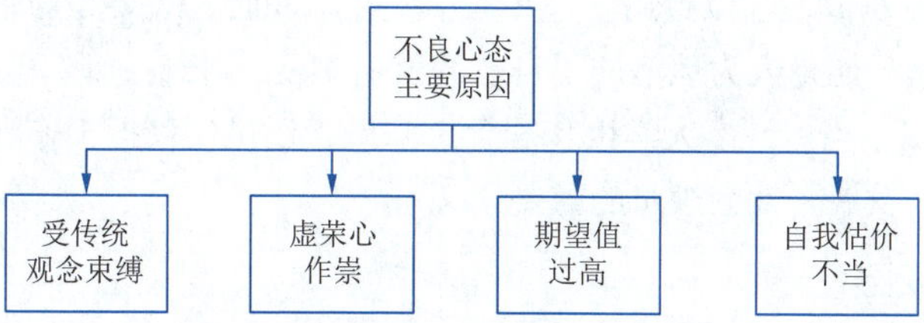

图5-1　择业不良心态产生的主要原因

二、大学生就业的一般心理问题

大学生是个体成长过程中的一个特殊群体，他们集多种特殊性于一身，处于“第二次心理断乳期”“边缘人”地位，处于“心理延缓偿付期”。此时，由于大学生多重价值观、人格的再构成等原因，以及环境中的诱发因素的作用，使得大学生的心理健康状况与其他阶段的人群及处于同一年龄段的其他群体相比较差。大学生就业时一般容易出现以下心理问题。

（一）就业心理压力与焦虑

当前激烈的就业竞争环境使就业问题给大学生带来了较大的心理压力，而且这种压力存在于各年级的学生之中。清华大学的一项调查显示，个人前途与就业已成为影响大学生心理的最大的因素，而且压力有随着年级增高而上升的趋势。大学生毕业前的这一时期心理压力较过去有明显增大，主要原因是毕业方向的选择、就业、考研、恋爱、离别感伤、突发事件、经济条件等冲突和事件。此外，大学生面对就业压力的缓解方式则过于内向化，主要是自己解决和求助于同学朋友。

（二）就业心理期望与失落感

许多大学生都有一种“十年寒窗，一举成名”的心理，因此对择业的期望值很高。大学生大多希望到生活条件好，福利待遇高的大城市、大机关、大公司工作，而不愿到急需人才但条件艰苦的中小城市或小的基层单位工作，过于重视择业的地域、职位的高低和单位的经济效益。高期望驱使毕业生总是向往高薪水、高职位、高起点，渴求高收入、高回报，并一厢情愿地对用人单位提出种种要求，将自己就业的目标定得很高，即使找不到合适的单位也不肯降低就业期望值。比如，经常能听到一些学生说：“非北京、上海、深圳不去。”可是现实中的就业岗位大多不像大学生所想象的那么美好，因此当大学生发现现实与理想的差异较大时，就容易出现“高不成，低不就”的现象，并产生偏执、幻想、自卑等心理问题，还可能导致择业行为的偏差。

（三）就业观念不合理

大学生的择业观念虽然在总体上倾向于务实化与理性化，但也有一些不良观念，主要表现在以下几个方面：

（1）只顾眼前利益，忽视职业发展。一些大学生在择业标准中只有工作条件、收入等眼前的实在利益，而对自我的职业兴趣、能力、职业的发展前景等因素不作考虑，因而极易选择并不适合自己的职业。

（2）职业标准过于功利化、等级化。一些毕业生过分强调职业的功利价值，甚至还将职业划分为不同等级，而不考虑国家与社会的需要，不愿意到条件比较艰苦的地区和行业去工作。

（3）求安稳，求职一次到位的传统观念根深蒂固。很多大学生仍然喜欢稳定、清闲、福利保障好的单位，希望以此就能选定理想的职业，而不愿意选择有风险、有挑战性的职业，更不敢自己创业。

（4）过分强调专业对口，学以致用。一些大学生在求职时，只要是与自己专业关系不密切的职业就不考虑，这样做只能是人为地增加了自己的就业难度。

（5）职业意义认识不当。许多大学生从观念上来说，还是仅仅把工作当作谋生的手段，没有充分认识到职业对个人发展、社会进步的重要意义。

三、就业人格缺陷

（一）自我同一性混乱

许多学生在毕业、择业的时候，人格上尚未达成自我同一性。具体包括，对自己的职业目标、需要、价值观以及自身特点等没有明确的认识；在就业时不能正视自己的能力、素质和择业的客观环境，不能对自己有一个客观、清醒、全面的评价。因此，他们在职业选择时往往是茫然、犹豫不决、反复无常、见异思迁、躁动不安的，不能主动、独立地获取职业消息，筛选目标，规划职业生涯，也不能解决就业中的问题，作出正确的决策。自我同一性混乱在就业中的两个突出表现就是盲目从众与依赖。

盲目从众，是指在求职中不考虑自己的兴趣、专业等特点，盲目听从或跟随别人的意见以及盲目寻求热门职业的现象。持有这种心理的毕业生往往脱离自己的实际状况，跟在别人的后面走，如在就业市场中哪个单位前应聘的人多他们就往哪里去，别人说什么工作好他们就找什么样的工作，而全然不顾自己的能力和现状，不会扬长避短。

依赖，是指毕业生在就业中不愿承担责任，缺乏独立意识，没有个人独立的决策能力，没有进取精神，只是依赖父母或老师、学校，甚至只等职业送上门而不去积极争取。一些毕业生自己不去找工作，只等着父母和亲朋好友到处找关系、托人情，甚至还怀念过去那种统包统分的制度，希望学校解决就业问题。还有一些毕业生由家长陪着参加供需见面会，职业的好坏完全由父母决定，缺乏自主择业的能力。

（二）承受挫折能力差

不少大学生在求职时只想成功，一旦遭受挫折就会像泄了气的皮球，一蹶不振，陷入苦闷、焦虑、失望的情绪之中不能自拔。他们对求职中的挫折既缺乏评估也缺乏承受能力，不能很好地调节自己的心态，也不会通过总结求职中的经验教训来获得下一次的成功。

自主择业给大学生提供了就业的自由及通过竞争获得理想职业的机会，应该说这也是大多数学生所期望与认可的。但当大学生真正面对激烈的竞争环境时，也有许多人缺乏信心、缺乏勇气，求职时战战兢兢、顾虑重重、畏首畏尾，不敢大胆自荐。结果是有压力没勇气，不能真正向用人单位展现自己的竞争实力，在竞争中容易陷入不战自败的境地。特别是一些冷门专业或学习成绩不佳的同学及没有“关系”的同学就更容易出现不敢竞争、不敢尝试的问题。

害怕竞争的保守心理一方面与大学期间缺乏社会实践锻炼有关，另一方面更与许多大学生害怕失败，不敢面对就业挫折有关，如一些大学生在就业中只找那些把握大的职业，竞争激烈的工作不敢问津，害怕求职失败，遭受打击。

（三）自卑与自大

一些毕业生在求职中常会产生自卑心理，对自己评价偏低，他们总是以为自己的水平比别人差，单位要求很高自己肯定达不到，自己能力不行等。就业中的自卑心理一般产生于以下一些情况：首先是一些冷门专业的学生看到就业市场需要自己专业的单位少、待遇差或在求职中遭冷遇，就容易悲观失望；其次，一些性格比较内向、不善言辞的大学生看到其他应聘者口若悬河，自己什么也说不出来也会自惭形秽；再次，一些在校成绩与表现一般的大学生看到别人的自荐书上奖励、证书、成果一大堆，自己什么也没有，也容易自我贬低。总之，自卑的大学生不敢正视现实，对自己的长处估计不够，容易怀疑自己的能力，不善于发现适合自己的职业岗位，在对自己的抱怨、贬低中失去了求职的勇气。

自卑的反面是自大，而且两者有时会相互转化。一些专业较好、实力较雄厚的大学生容易从自信变为自负，还有一些大学生是脱离实际的自大，他们既缺乏对自己的客观认识，也对就业市场、职场生活缺乏了解，一切都凭自己的主观想象。如有的大学生自以为经过大学几年的学习和锻炼已经满腹经纶，可以出色地完成任何工作，在求职中感觉高人一等、自命不凡、四处吹嘘，一旦出现变故则容易陷入自卑、自责、一蹶不振的情绪中。

自卑与自大是大学生身上常见的人格缺陷，这部分大学生在就业中的表现都是对自己缺乏一个客观的评价，同时对职业缺乏深入的认识。自卑与自大两种心理有时也会同时存在于一个人身上，如一些大学生在求职比较顺利时容易自大，一旦出现挫折就自卑；一些大学生虽然对自身条件比较自卑，但当真正遇到用人单位时又表现得很自大。

（四）偏执与人际交往障碍

在找工作过程中，大学生的偏执心理有不同的表现：

（1）追求公平的偏执。大学生要求公平的竞争环境，对一些不良的社会风气感到气愤是正常的，但有一些大学生对公平过分偏执，将自己求职中的一切问题都归结于就业市场不公平，从而使自己的整个求职过程都笼罩上了心理阴影。

（2）高择业标准的偏执。大多数毕业生对求职有过高的期望，不过多数人能在找工作的过程中，客观地认识和接受当前的就业现状并调整自己的择业标准，但仍有部分大学生固执己见，偏执地坚持自己原来的择业标准，甚至宁愿不就业也不改变。

（3）对专业对口的偏执。一些大学生在就业时过分追求专业对口，不顾社会需要，无视专业伸缩性、适应性，只要是与专业有一定出入的工作就不考虑，只要不能从事本专业的工作就不签约，这样就人为地减少了自己的就业机会。

有些大学生缺乏基本的人际交往能力，如有的人在求职过程中过于怯懦、紧张，不敢在用人单位面前表现自己，甚至连面试也不敢去，常常一开口就面红耳赤、语无伦次；还有的人在求职中不会察言观色，不懂得照顾别人的感受，不懂人际交往的礼仪。

四、就业心态问题

（一）过度焦虑与急躁

就业时许多大学生既希望谋求到理想的职业，又担心被用人单位拒之门外，还担心自己在择业上的失误会造成终身遗憾，并对未来的职业生活感到心中无底，因此学生在就业过程中存在一定焦虑是正常的。但一些大学生的焦虑过了头，精神上过度紧张、忧心忡忡、烦躁不安、意志消沉，行为上反应迟钝、手忙脚乱、无所适从。还有一些大学生在就业时显得过于急躁，整个就业期情绪始终处于亢奋状态，常常心急如焚、四面出击、东奔西跑，他们希望尽快找到合适的工作，但又缺乏对就业形势的冷静观察以及对职业规划的理性思考，做了许多“吃力不讨好”的事。因此常常有一些毕业生在并不完全了解用人单位的情况下就匆匆签约，一旦发现实际情况与自己想象的不一样或发现了更好的工作时，有的追悔莫及，有的选择毁约，这些都给自己带来了许多不必要的麻烦与心理困扰。

（二）消极等待与“怀才不遇”的心理

与就业时的急躁心理相反，一些大学生在就业问题上表现得非常消极，平时也不参加招聘会，有单位来就看看，如果不满意就等下去，满意时也不主动争取，抱着“你不要我是你的损失”的态度，期待用人单位会主动邀请自己。还有些人“这山望着那山高”，不肯轻易“低就”，明明已经找到工作，但拖着不肯签约，总希望有更好的单位出现。

另外有些大学生自恃条件很好，认为自己“满腹经纶”“博古通今”，可以大有作为，但在择业时却常常碰壁或对找到的工作不满意，于是抱怨“世上无伯乐”，抱怨自己运气不好，成天闷闷不乐、怨天尤人。

（三）攀比与嫉妒

在求职中，同学之间“追高比低”的现象时有发生，一些同学在求职中经常相互吹嘘自己的职业待遇好、收入高，导致每个人的职业期望越来越高，求职变成了自我炫耀。还有些同学看见或听说别人找到了条件优越、效益较好的单位时，心理上就不平衡，抱着“他能去，我更能去”的态度非要找一个条件更好的单位，而不考虑自身的条件、社会需要、职业发展及就业中的机遇因素。

（四）抑郁与逆反

在择业中受到挫折后，一些毕业生会感到无能为力、失去信心，就会出现失落抑郁、不思进取、情绪低落、意志消沉的状况，他们常常会放弃一切积极的求职努力、选择听天由命。有时他们还会对外界的环境也漠然置之，减少人际交往，对一切都无所谓，严重者会出现抑郁症。

另外一部分毕业生对来自学校、家长等的就业信息不信任甚至存在逆反心理，导致其在求职过程中找不到方向，走错路。

（五）侥幸与懒散心理

有的大学生在面试时把自己吹得天花乱坠、无所不能，简历上写满了各种奖项，结果经过现场实践考核或试用后马上就露出了原形。

有的毕业生签约比较早，往往在距毕业还有半年甚至更长的时间时就落实了单位，这时就容易出现懒散心理，认为工作单位已定，没有什么可以担心了，于是学习没了动力，组织纪律散漫，长此以往，有些人会受到学校的处分，甚至会被开除或勒令退学，反而导致其找到的工作也丢了，自己悔之莫及。

（六）心理不满与行为、生理反应失常

由于就业市场中确实存在一些不公平现象，以及某些专业、学校不易找到工作的客观现实，一些大学生在遇到就业挫折时就容易出现不满心理，比如有些同学认为“学习靠自己，就业靠关系”，还有些同学经常抱怨、贬低自己的专业、学校。

在各种不满与不良就业心态的影响下，还会出现一些不良行为和生理反应，如故意旷课、过度消费等，还可能出现违纪与违法的行为。由于心理应激水平高，心理冲突强度大，有的毕业生的身体也会出现一些症状，如头痛、头昏、心慌、消化紊乱、神经衰弱、血压升高、身体酸痛、饮食障碍、失眠等。

行为与生理反应的失常通常是比较严重的就业心理失常的表现，出现这些问题时，毕业生要及时进行心理调节或寻求心理咨询专家的帮助。

第二节　就业心态调整的策略

在求职竞争的过程中，由于竞争激烈和初次就业缺乏社会经验，许多毕业生在求职竞争中会出现紧张、不自然、缺乏自信的情况，极大地影响了正常水平的发挥。这些现象主要是由于自卑心理和患得患失的心态造成的，有些原本十分自信的求职者在经历几次挫折后，也很容易从极端的自信转为自卑和焦虑。对于一个身心发展还不是很完善，社会阅历不够丰富的大学生来说，择业中遇到挫折是很正常的。就业中产生心理冲突是每个毕业生都要面对的现实。每个毕业生都要运用正确的调适方法，提高择业中的抗挫折能力。只有正确看待困难与失败，有效排除异常心理，才能争取择业成功。毕业生择业心理的自我调适很关键，具体的调适策略如下：

一、树立正确的择业观

择业观是毕业生职业理想的直接体现，是他们对于择业目的、意义的根本看法和态度的体现，是毕业生世界观、人生观、价值观在择业活动中的综合反映。毕业生求职中所遇到的挫折，大部分是由非理性观念引起的。学校就业指导课作为学生受教育过程的重要环节,应教会学生树立“先就业、后择业、再创业”的择业观。

（一）淡化专业对口就业

在目前市场经济的新形势下，高技能应用型人才需求量大、流动性大，专业交叉多，跨学科多，使用人单位对人才知识结构的需求以及社会对人才录用的方式发生了很大变化，特别是社会对毕业生的需要始终处于动态变化之中。学校的专业设置、专业人才培养方案，是学生进校时制订的，经过三年培养，学生毕业时有滞后于社会发展变化的情况，因而学校的专业设置不能与市场需要一一对应。要适应这种新形势就要求毕业生从专业的框框中解放出来，拓宽自己的知识面，培养自己多方面的能力，提高自己的综合素质，主动地在广阔的社会中寻找切入点，大胆尝试跨专业就业。

（二）全方位多元化就业

毕业生就业应全方位多角度出击，多渠道就业。无论是流动就业，临时就业，还是弹性就业，只要能展示自身的价值，体现自己的能力，做什么工作都可以。同时毕业生在确立就业方向时要认识到在其漫长的职业生涯中，工作变换是极为正常的，期望一劳永逸是绝对不现实的。俗话说“树挪死，人挪活”，在职业生涯漫长的发展道路上，开始就跑在前面的人未必就领先一辈子。职业生涯像一场马拉松，领先和落后都只是暂时的，毕业生应树立“先就业，后择业，再创业”的观念。

（三）调整个人期望值就业

就业市场化、自主择业给毕业生带来了机遇，但许多毕业生对“市场”残酷的一面认识不足，对就业市场的客观实际了解不够。目前就业市场上的用人单位找不到人，大量的毕业生无处去的“错位”现象普遍存在，这是因为毕业生的就业期望普遍较高。因此，毕业生要顺利就业就必须首先根据自己的实际情况和就业形势，调整就业期望值。调整就业期望值不是对单位没有选择权，只要有单位就去，而是要在职业生涯规划的基础上重新确定自己的人生轨迹。

（四）开拓创业路径就业

大学生是有理想、有抱负、有创新精神、敢作敢为的青年先锋，因此要有自主创业的打算，既可以在毕业后马上创业，也可以通过一定的社会积累后再创业。毕业生们一定要有开拓自己事业的信心与勇气。当前，一些大学生创业公司虽然遇到了一些困难，但也有相当成功的案例。大学生创业肯定是值得鼓励的，关键是要有准确的观念与思路，要对自己有一个合理的规划与定位，要与有市场经验的人合作，要摆脱学生公司的意识，进行科学化、职业化的管理。

二、提高心理调适方法

心理学家通过理论与实践的探索，提出了很多行之有效的自我心理调适方法。

大学生在求职择业中，不可避免地会遇到困难、挫折和冲突。解决大学生心理问题的根本对策，是帮助他们学会自我调适。自我调适是指个体运用一定的原理和方法，主要是心理学的原理和方法，促使自己的心理和行为获得积极改变的过程。自我调适的作用，就在于帮助大学生在遇到挫折和冲突时，能够客观地分析自我与现实，有效地排除心理障碍，从而使自己保持一种稳定而积极的心态，达到顺利就业的目的。其主要方法有如下几种：

（一）理性情绪法

人有理性与非理性两种信念，这些信念指引下的认知方式会左右人的情绪。理性情绪法源于心理学家艾里斯创立的“理性情绪疗法”。他认为情绪困扰并不一定由应激源直接引起，而常常是由经历者对事件的非理性认识和评价引起的。因此要消除人的不良情绪，就要设法将人的非理性观念转化为理性观念。例如，有的学生在就业中遭遇挫折就消沉苦闷、怨天尤人，原因在于他们认为大学生是天之骄子，顺利就业理所当然。“天生我材必有用，作为受过系统高等教育的人，找工作还不是小菜一碟？”正是因为这样的心理，才导致了不良情绪。如果将这些情绪观念加以纠正，不良情绪就会自动缓解。大学生在运用理性情绪法时，应首先分析自己的消极情绪有哪些，找出非理性观念（绝对化、完美主义、予取予求），鼓励自己向理性观念方面转化，从而排除不良情绪。

（二）适度宣泄法

从心理卫生角度讲，不良情绪就是心理活动的“垃圾”，如果不将其扫地出门，过分压抑自己的情绪，只会使“垃圾”越积越多，不利于身心健康。适度的宣泄，可以把不良情绪释放出来，从而使情绪正常。切忌把不良情绪强压于心底，忧虑隐藏越久，受到的伤害就越大。宣泄的方式有很多，如倾诉、哭泣、运动等，但要有节制，要适度，要注意方式、时间、场所以及要顾及他人的感受。宣泄应是无破坏性的，较妥善的办法是向朋友、老师倾诉，也可以去打球、爬山、参加大运动量的活动。

（三）自我慰藉法

自我慰藉就是自我安慰。人不可能事事顺心，如果遇到困难，尽了主观努力仍无法改变时，不必苛求自己。毕业生择业遇到挫折时，说服自己，适当让步，消除焦虑，有助于保持心理安宁和稳定，如失败时告诉自己，“失败是成功之母”，拿自己的长处比别人的短处。

（四）情绪转移法

有时不良情绪是不易控制的，这时可以采取缓冲的办法，把自己的精力和注意力转移到其他方面去，使自己没有时间、精力甚至空间沉浸在不良情绪中，以求得心理平衡。例如，可以把择业问题暂时放一放，出去旅游，或学习一门技术，或参加一项自己喜欢的体育活动，使自己没有时间沉浸在不良情绪中，以求得心理平衡，保护自己。

（五）松弛练习法

松弛练习是一种通过练习，学会在心理和躯体上放松的办法。通常通过肌肉放松、音乐放松等训练，可帮助人们减轻或消除各种不良的身心反应，如焦虑、恐惧、紧张、心理冲突、入睡困难、血压增高、头痛等症状，且见效迅速。大学生择业中如遇类似心理反应，可尝试进行放松练习。

自我调整的方法还有很多，如环境调节法、自我激励法、自我暗示法、自我升华法等。这都是一些事后应变的方法，毕业生关键还是要提高自己的心理素质，树立正确的世界观、人生观、价值观，平时就注意培养良好的品质，磨炼坚强的意志，开放各种感官接触社会，多方面体验生活，培养乐观豁达的生活态度。只有这样，毕业生才能在择业的重要关头，始终保持积极向上的精神状态和健康的心理，不至于在困难面前退缩。

教学案例

案例一：

求职过程中的心理调适

婷婷性格十分内向，一到人多的场合就脸红。最初的时候，一听说要去面试了，心里就打鼓，底气不足，一与考官们谈话舌头就发僵，思维就停滞，平时的聪明机智全不见了。尽管每次婷婷都跟自己说："要自信，要放松，我比他们都强"，但是一到关键时刻准没用，该忘的还是忘，不该忘的也想不起来。为此在最初的三个月里，婷婷没有找到一家合适的单位。

婷婷心灰意冷，不抱任何希望地去试最后一次。心里说，就这样吧，面试完了就回老家，不再在这里混了。由于心态很放松，她和人事经理聊得很投机，海阔天空地足足谈了三小时，最后走出来的时候，她感到前所未有的轻松。回去后稍微收拾了一下简单的行李，来到火车站买票。看着广场上人流涌动，心中感慨万千，真没料到在成都无一立足之地。正当婷婷准备踏上东去的火车时，手机突然响了起来……于是，婷婷与那位人事经理成了同事。

（资料来源：根据网络资料整理）

案例二：

心态决定成败

高职毕业的江江，由于品学兼优而且动手能力强，被中铁工程总公司的某集团公司聘用。该公司的经济效益很好，他所从事的施工管理工作也很适合他。然而由于他的自我情绪控制能力太差，经常与施工队的人员争吵，与现场监理也经常发生争吵。事实上，他在施工中非常认真，安全质量管理一丝不苟，可是因为性格太急躁，总会出现一些让他感到事与愿违的结果。同事疏远他，是怕他的火药库随时爆发；主管经理不愿管他，是无奈于他的暴躁脾气，工作不到一年，他再一次与经理争吵后愤怒辞职。然而当他辗转变换三次工作后，发现没有一次工作的环境和薪酬能比得上第一次签约的单位，于是他与大学同学通话时，经常叹息，后悔当初太冲动，毁了自己的事业。

（资料来源：根据网络资料整理）

知识和技能在工作中固然很重要，但健康的心理也是干好工作的重要保证，江江的问题就是由心理问题造成的，表现为焦虑、失控、容易冲动，缺乏合作意识和团队精神。所以要解决江江的问题，第一步就是要解决他的心态问题。

课后练习

1. 影响大学生求职择业的心理因素有哪些？

2. 大学生常见的求职心理问题。

3. 大学生求职择业的心理误区有哪些？求职择业的矛盾体现在哪些方面？

4. 求职心态调整的策略是什么？

5. 结合自身实际，谈谈个人如何做好心理调适，可举例说明。

第六章 就业信息与就业途径

第一节 就业信息

一、就业信息及其作用

（一）就业信息的内容

就业信息就是指求职择业者事先不知道，然后经过加工处理，能被求职择业者接收并对其选择所从事的职业或职位有价值的消息、资料或情况。

就业信息的内容较多，范围也比较广泛，它包括就业方针政策、法律规定、社会经济发展状况、社会各行业、各职业需要的动态，用人单位人才需求与现状以及就业的参考信息等。

1. 就业政策方面的信息

国家的方针政策是一定历史时期客观经济要求的集中表现，反映着社会主义经济发展的需要，代表了工人阶级和广大人民群众的意志和利益。政策即是政府对整个社会进行统一管理的依据，也是任何组织、个人活动的行为准则。毕业生就业是一项政策性很强的工作，如果能了解政策、掌握政策、按照政策提供的条件办事，就能有所收获，有所发展；反之，政策不明或与之抵触或违背政策都会有损组织或个人的根本利益。因此，人们在求职择业活动中，必须注意收集、掌握、正确运用国家有关就业的方针政策，以及地方政府贯彻执行国家就业政策的具体规定。1993 年，中共中央、国务院就颁布的《中国教育改革和发展纲要》明确指出，随着社会主义市场经济体制的建立和劳动人事制度的改革，大部分毕业生实行在国家方针政策指导下，通过人才、劳动市场，采取“自主择业”的就业办法。由此可见，职业类院校毕业生必须树立“以市场为导向，靠自己择业，靠能力就业”的竞争观念，靠学校、靠关系、靠人情将会坐失良机。

2. 法律法规方面的信息

法律法规是国家最高权力机关、行政机关、地方权力机关制定的规范性文件，是国家调整社会关系、管理和规范组织与个人活动、排除组织间纠纷、制裁违法行为的依据。法律法规既赋予组织和个人进行各种活动的权利，又赋予了组织和个人同一切侵犯自己合法权益行为做斗争的有效手段。法律法规中，关于毕业生就业工作的原则、就业工作程序、政府、学校和中介机构的职责，用工单位、毕业生的权利和义务，保证公开公平竞争，毕业生就业市场和就业行为方面的内容等，都属于法律法规就业信息。例如，全国人大常委会和国务院相继颁发的《中华人民共和国全民所有制工业企业法》《全民所有制工业企业转换经营机制条例》，明确了企业用人自主权和工资、奖金分配权。进一步明确政府在毕业生、就业生工作中不应再用行政手段要求企业接收不需要的人员，同时也告诉毕业生若自己的专业及个人素质不能满足企业要求时，将出现就业难。因而，毕业生只有自加压力、夯实基础、强化能力（练好内功），才能具有竞争优势。可见，了解法律法规中有关就业的规定，对于毕业生依法办事、选择职业、争取合法效益、维护自己的合法权益等都具有重要意义。目前，我国法律法规体系中的《中华人民共和国民法典》《中华人民共和国劳动法》《中华人民共和国高等教育法》《反不正当竞争法》，以及部分省市先后制定的人才劳务市场、中介服务机构管理条例等，都是职业类院校毕业生需要掌握的法律法规信息。

3. 社会经济发展信息

国民经济的发展速度在不同时期是不相同的，社会对各类专业人才的需求是与社会经济发展紧密联系着的。每当社会处于经济发展的上升时期，社会各方面都处在大力发展中，对各类专门人才的需求就增大，毕业生求职择业成功的机会也比较多；反之，则因经济发展缓慢社会对人才的需求减少，毕业生择业也会困难增多，范围缩小，成功率下降。目前，随着我国经济体制改革的深化，国民经济整体比较活跃、繁荣，经济建设需要人才的信息也会越来越丰富。例如，低碳经济、区域经济、西部大开发、铁路新线建设特别是高速铁路建设等经济信息中，都有有助于就业的信息，若能抓住这类信息，就能帮助毕业生分析经济建设形势和人才需求状况，明确择业方向，确立就业目标。

4. 社会职业变化信息

社会职业按行业划分可分为第一产业、第二产业和第三产业三大类别。在人类历史上，随着社会经济发展和科学技术的进步，产业结构调整总是客观存在的。从世界上多数国家第一、第二、第三产业的就业人口上看，其变化趋势为：第一产业呈下降趋势；第二产业开始呈上升趋势，其后保持相对稳定，然后呈下降趋势；第三产业逐渐兴旺。在这个变化过程中，一些职业会自然淘汰，另一些职业会不断产生。目前，我国的产业状况是：第一产业（农、林、渔、畜牧业等）人数比重明显偏高，而第三产业（商业、服务业、旅游业、信息业等）人数比重明显偏低，比例失调。可见，在我国产业结构调整过程中主动了解社会职业需求信息，根据社会职业冷热变化特点确定自己的职业是很重要的。比如，我国由于产业结构调整，纺织行业已不断紧缩，职业岗位正逐渐减少，其就业前景将不容乐观。

5. 用人单位的信息

用人单位的就业信息主要有：

（1）单位性质和法律地位。一般分为事业单位和企业单位两类、企业单位有国有企业、集体企业、私营企业、民营企业、三资企业等几种类型。

（2）单位的工作或业务内容，生产项目或主要产品的名称。

（3）单位的知名度、发展前景。

（4）单位的地理条件、工作环境。

（5）单位的管理体制及其组织机构。

（6）单位的岗位需求、人才结构、规格、分工程度。

（7）单位工作的紧张程度，学习晋升机会。

（8）单位的效益、保险、工资、奖金、生活设施等。

若毕业生对用人单位不甚了解，就不能进行准确的分析对比，将会给自己的求职择业带来很大的随意性和盲目性；相反，自己了解和掌握用人单位的信息越多越全面，那么，择业成功的希望就会越大。

（二）就业信息的作用

1. 就业信息能够增强学习的目的性和自觉性

通过对就业信息的了解，对人才供求变化情况和用人单位对从业人员的素质要求的分析与研究，通过对未来可能从事的某种具体职业类型特点、岗位能力标准的思考与预测，就可以使自己认识到学习的社会意义，树立明确的学习目标，使学生产生一种靠真才实学就业的认识，进而激发其高度的责任感与学习的积极性、主动性。

2. 就业信息能使毕业生认识择业形势，转变择业观念

随着企业改革的深化、技术的进步、产业结构的调整，一方面，社会上出现人员流动，职工下岗和失业情况；另一方面，在一定时期出现大中专毕业生相对过剩，有些专业供大于求，毕业生就业有一定困难的现象，这就使毕业生求职择业面临新的挑战。就业信息表明，国有企业、事业单位所提供的就业岗位已远远不能满足毕业生的就业要求。现实的经济制度使我们清醒地认识到：非公有制经济对于满足人们多样化的需要、增加就业、促进国民经济发展等方面已经发挥着越来越重要的作用，它们早已成为社会主义市场经济的重要组成部分。可见，职业类院校毕业生转变择业观念，树立新的就业意识，是社会主义市场经济的体现。

3. 就业信息是毕业生择业的基础

当今社会是一个信息社会，能否及时获得大量、准确可靠的就业信息，已成为毕业生择业成功的一个十分重要的条件。

（1）就业信息是毕业生进行就业决策的依据。毕业生如何找到一份自己较为满意的工作，单凭主观想象、盲目判断，往往不符合实际。在市场经济条件下，人才、劳动力市场竞争日趋激烈，做到“知己知彼”，取得求职择业的主动权，必须有及时、准确、真实的就业信息作保证。首先，要了解国家政策法规信息、社会经济状况信息、人才需求信息、地方经济发展状况信息、用人单位信息等；既要注意收集有利于毕业生实现就业的直接信息，又要留意对就业有参考价值的间接信息。其次，对自己掌握的就业信息进行整理、筛选、分析推理，拟订出求职择业的初步方案，逐一进行可行性分析，判断拟定的方案是否妥当、合理、符合实际，然后选择最佳方案，予以实施。最后，在求职择业方案实施中，要根据就业信息反馈来检验、调整、评价各阶段结果是否符合决策要求，以及方案实施后的成效。

（2）就业信息是确定工作单位的根据。在一般情况下，职业类院校毕业生刚走出校门，涉世不深，接触社会较少，往往在求职择业中缺乏主见，参加“供需见面”“双向选择”会后，会觉得几个用人单位都不错，难以选择，这种情况下，只有及时运用用人单位的信息，分析研究，找出每个单位关于发展前景、企业声望、环境条件、工资保险等特点，从而看到每个单位的长处、短处、优势和劣势，找到自己理想的工作岗位。

（3）就业信息是毕业生走向就业的桥梁。毕业生就业是一个复杂的系统工程，就业工作涉及方方面面，诸如家长、学校、用人单位、就业主管部门等，再加上我国地域辽阔，用人单位分布广，毕业就业人数多，专业素质构成复杂，学校教育体制封闭，学生社会活动范围小，学校与社会用人单位缺乏广泛的联系等特点，使得就业信息变成了联系学校与社会的桥梁。通过这座桥梁，毕业生了解用人单位的需求，用人单位了解学校和毕业生的状况，最终，实现双方的愿望。

二、就业信息收集与应用

（一）就业信息收集

就业信息收集的基本要求：

（1）就业信息收集要求主动及时。就业信息具有很强的时效性，一般情况下，时间越长，就业信息的效用越小；时间越短，就业信息的效用越大；可见，就业信息的时效性要求我们收集就业信息一定要主动及时。

（2）就业信息收集要求真实可靠。否则，必然造成就业工作的重大失误。首先，要求信息源可靠；其次，要注意分析鉴别，对一些模糊度较大的信息，要追根溯源，直到弄清真伪为止。

（3）就业信息收集要求目的明确。就业信息的收集不能漫无边际或不着边际，而应根据求职择业的实际需求要有针对性地进行，做到有的放矢；如果在就业信息收集工作中不注意目的性，不加限制地收集，就会造成时间和人力上的浪费，甚至严重影响求职择业活动的正常开展。

（4）就业信息收集要求既全面又适用。毕业生只有广泛地收集与求职择业有关的各方面的信息，才能保证毕业生就业工作的顺利进行。同时，在收集就业信息过程中要考虑信息的适用性，要根据自己的专业、特长、性格等有选择地去收集相关的就业信息，避免收集范围过大，浪费人力和时间。

（二）就业信息收集渠道与方法

收集就业信息，关键在于信息渠道广泛、畅通、信任度高、收集方法正确、适用。对于毕业生，可通过下列渠道与方法获得就业信息：

1．学校就业指导机构

学校的毕业生就业指导办公室或就业指导中心同上级主管部门和社会各界保持着广泛而密切的联系，每年会及时地向有关劳动人事主管机关和用人单位发函征求用人信息；有的经过多年的工作实践，与有关用工单位长期合作，已形成人才供需网络或稳定的关系。这类机构每年会定期举行“供需见面”洽谈会，为本校毕业生提供各方面择业信息的资料，按时公布用人单位的需求信息。因此，同学校就业指导机构建立联系，是毕业生收集就业信息的主要方法。学校的就业信息的可信度、针对性、可靠性都比较高，是主要的信息来源。

2．各地人才服务中心、职业介绍中心

人才服务中心和职业介绍中心是各市、区、县劳动人事部门设立的专门从事人才交流、职业介绍工作的服务机构。在那里既可以通过咨询获得当地就业的规定、实施办法等，也可以了解当地的用人需求和职位。这类中心由于是地方政府职能部门负责管理，其服务规范、信息准确，对于回家乡工作的毕业生这是收集就业信息的主要渠道。

3．就业市场

就业市场主要包括：大中专毕业生就业市场，地方主管部门举办的各类人才市场、劳动力市场。就业市场将用人单位需求信息进行联网，定期举行人才交流集市、大中专毕业生就业市场。进入就业市场，不仅可以收集到有关的就业信息，了解许多不同的机构和职位，而且还为毕业生提供极好的锻炼面试技能和增加面试自信心的机会。可以与感兴趣的单位或公司交流，也许会发现许多意想不到的信息。

4．社会上的传播媒介

高职学生要养成阅读报刊，收看（听）网络电视广播的新闻、政治、经济、文化、人物、（企业）特写等主题栏目的习惯，有助于毕业生了解和分析全国和有关地区国民经济发展形势，把握社会发展的宏观背景及趋势，获得一些企业的管理思想、管理模式、经济效益、人才境遇、福利保险、凝聚力等信息。这些信息至少可供毕业生对应聘单位的评估做参考。

各单位或组织，大都通过新闻媒介，如广播、电视、报纸、杂志、网络、微信等介绍企业现状、发展前景及人才需求。传播媒介不仅传播速度快，而且涉及面也广，信息很及时。例如，北京的《北京人才报》、原国家教委的《毕业生就业指导报》、广州的《南方人才市场报》和上海的《人才市场报》都是全国发行的专门介绍就业信息、进行就业指导的报纸。除此之外，其他报刊上，

也有“求职市场”“求职大看台”“求职招聘”“人才市场”“择业咨询”等栏目或版面；各大网站都有内容丰富的就业信息网；总之，社会传播媒介是毕业生收集就业信息的重要渠道。

5. 社会实践活动和毕业实习

学生利用假期走上社会，参加实践成才活动，可通过为社会服务广泛接触社会、了解社会。毕业实习是毕业生走向社会的前奏曲，是参加工作的预演，每一位毕业生都必须充分认识到这是一段非常难得，也很有价值的经历。通过实习，一方面使用人单位对你有所认识、了解；另一方面也使毕业生对用人需求、择业范围有了更深的认识。毕业生通过社会实践和毕业实习可以进一步了解到行业的发展与竞争，了解现有职位、职业竞争情况和其他竞争信息，这样更有利于日后的择业竞争。

6. 电话联系和登门拜访

电话簿上的分类目录收录了一个地区的所有企事业单位的电话，可以从中找到有关企业的名称和地址。当你获得感兴趣的单位地址或电话后，不妨给其人事部门打个电话或亲自到单位去拜访一下，也许能弄清楚单位是否需要你这样的人才、单位的交通、地理位置，以及就业途径与就业信息环境条件等有关信息；还可以获得用人单位的发展前景、劳资关系。由于亲自登门造访，实地考察，因而收集的信息更加准确、可靠。

7. 学校的老师

学校不少老师与外单位有工作联系，老师的同窗学友中有的从事领导管理工作，有的在用工单位的技术部门供职，通过老师特别是专业课老师，可以获得不少信息。老师关心学生是职业责任感的具体表现，老师从他们的工作伙伴、青年时代的同学那里获得的用人信息，可行性比较大，而且传递给毕业生时，尤其注重毕业生就业意向与职业的匹配，并针对不同的学生“分配”不同的就业信息。毕业生要从老师那里获得信息，首先，要养成尊重老师的美德，平时主动加强与老师的沟通，增进师生间的友谊；其次，在处理就业信息时，多征求老师的意见，从而求得更多的就业信息。

8. 自己的校友

学生可以从学校有关部门或通过毕业生班主任那里寻求到前几届毕业生的工作单位、通信地址，可通过联系，认识一些自己的“学长”“学姐”，打听一下是否可以在他们的单位为你探询就业的可能性；也可以给已在自己感兴趣的单位供职的校友写一封信，告诉他们，你是他们的校友，同时询问他们是否愿意为你透露一些有关公司内部工作机会的情况。由于校友具有一定的工作经历，他们提供信息的最大特点是比较接近本校，尤其是本专业的毕业生在人才市场的供求状况及其在一具体行业中的实际工作、发展状况。近几年毕业的校友具有对就业信息的获取、比较、选择、处理的经验和竞争择业的亲身体会，这比一般纯粹的职业信息更有参考、利用的价值。

9. 社会关系网

动员家长、亲戚、朋友以及朋友的朋友等，“八仙过海，各显神通”，也许会给你提供一些就业信息。利用这一渠道时要注意的是，择业应根据社会关系的特点，预先准备好所要了解的问题，有所重叠，有所侧重，以免遗漏重要的信息，或因某个人索取信息的观念、方式有误或对问题认识、理解上的偏差造成信息失真。毕业生就业事关重大，家长亲友出于对子女、亲友的责任心，往往要对自己提供的就业信息先经过一番推敲、筛选。因此，传递到毕业生本人的就业信息，一旦接受，转化为就业岗位的可能性较大。家长亲友是提供就业信息的非正式渠道，它与家长、亲友的职业、经历、社会地位、社会关系等家庭背景有很大关系，因此，毕业生由家长、亲友提供的就业信息的数量和“质量”有很大的个人差异。对有些毕业生来说，家长亲友提供的就业信息是其主要的选择，对有些毕业生而言，则可能只是聊胜于无。对此，毕业生还应加强同学、校友间的沟通，互相“调剂”家长亲友提供的信息，使之产生更多的效益。

10. 信件询问

信件询问是指毕业生通过信件收集信息的办法。例如，毕业生可向若干家自己感兴趣的单位邮寄个人求职信件、毕业生就业推荐表或个人简历，以期获得某个单位邀其去面试。或当得到用人单位的需求信息后，为了进一步全面、深入、客观地了解用人单位，以期做出正确的求职决策，也可向用人单位、用人单位上级主管部门或用人单位所在地管理部门去信询问情况，索取资料。

第二节 就业途径

一、毕业生就业的类型

现阶段，我国招生和就业制度已基本完成了新旧体制的过渡，绝大部分学历教育实行毕业生“双向选择，自主择业”。只有少部分的国防定向生和普通定向生。“定向就业”招生是为了帮助边远地区、民族地区和工作环境比较艰苦的行业培养人才，保证他们得到一定数量的毕业生而制定的一项政策。普通高校可以把招生来源地区和毕业生就业适当结合起来，按国家招生计划的一定比例列入“定向就业”招生计划。考生自愿填报有关高等学校定向就业招生志愿，并在入学注册前与高校及定向就业单位签订有关定向就业协议，高校对无故拒签协议的已录取学生，可取消其录取资格。大部分定向生可免交学杂费，并根据学习和表现情况享受定向奖学金。学习成绩优异的，经定向单位同意也可以读研究生。定向生毕业后必须到定向地区或定向单位工作，服务期限一般不超过六年（含见习期一年），服务期满后允许流动；拒绝去定向地区或定向单位工作的，需退还所得人全部奖学金，补交学杂费，并向学校缴纳部分增减费。例如，学生原定向单位或地区因情况变化不再需要，将由分配部门按非定向国家任务招生安排就业。

二、高职毕业生就业途径

（一）通过毕业生就业指导机构推荐就业

我国大中专毕业生就业指导机构大体分为三个层次：一是国家毕业生就业指导机构，归口在教育部；二是各省、自治区、直辖市和国务院各部委的毕业生就业指导机构，一般设在各地区省会以及各部委机关的教育、人事部门；三是各个学校毕业生就业指导机构。各级就业指导机构虽然工作性质相同，但职责分工及工作范围则有所不同。教育部的行政职能部门及全国大中专毕业生就业指导机构统管全国各级各类学校的毕业生就业指导工作，它们负责制定全国大中专毕业生就业途径与就业信息就业方针、政策，建立必要的规章制度，组织全国毕业生就业信息交流，建立毕业生就业市场，设立就业咨询机构，监督检查各有关部门执行国家就业方针、政策和规章制度情况。各省、自治区、直辖市和有关部委的大中专毕业生就业指导机构，主要负责本省、自治区、直辖市和本部委所属各类学校的毕业生就业管理工作，它们可在国家的就业方针政策指导下，制定本地区所属各类学校的就业政策及向社会输送毕业生的方式和方法，解答所属学校的毕业生就业过程中的具体问题。

学校毕业生就业指导机构，是毕业生就业的主要途径。学校的就业指导部门，一般与社会各界，特别是同有关毕业生就业管理机关、用人单位有合作关系，在做好毕业生就业工作方面，学校就业指导部门会根据应届毕业生的专业、人数、志愿等条件主动向社会各界及用人单位推荐；同时，有些用人单位也会根据实际需要主动上门到学校直接挑选毕业生。有些学校还在学生毕业前的半年内举办应届毕业生“供需见面、双向选择”会议，推荐毕业生直接同用人单位洽谈，为应届毕业生提供求职择业机会。大部分学校都建立了自己的就业信息网站，极大地方便了毕业生和用工企业。总之，毕业生通过学校或经学校推荐谋求工作岗位，由于有班主任的关心、任课老师的指导、学校就业指导管理部门的直接帮助，具有了经济方便、成功率高的优点；但由于社会经济条件不平衡，地区就业政策有差异，毕业生专业素质、业务能力、个人条件有差异等因素，应届毕业生要想一一通过学校找到理想工作也是不现实的。

（二）考取公务员资格

2005 年 4 月 27 日第十届全国人民代表大会常务委员会第十五次会议通过的《中华人民共和国公务员法》已把国家公务员的考试录用法律化、制度化和系统化。其报考流程是：查询考试大纲—报名资格审查—参加笔试—面试和体检—录用名单公示。自身素质好的应届毕业生，可报考专科层次的地方公务员；国家公务员考试每年一次，一般报名在 10 月份，考试是 11 月，具体的时间毕业生可以关注一下人事考试网。毕业生考试取得公务员资格后，可到国家机关双向选择就业。公务员考试内容大致有三方面：

（1）知识测验分基础知识与专业知识。基础知识主要是指担任国家行政机关人员必备的通用知识，如政治、法律、行政管理、宏观经济、公文写作等；专业知识主要是指从事某一行业或职位所必备的业务知识。

（2）智力测试。主要包括对记忆能力、分析现实能力、综合归纳能力、文字表达能力以及语言关系能力等的综合测试。

（3）技能测试。主要包括应试者处理实际问题的速度与质量，检验应试者对知识和智力运用的程度和能力。

（三）毕业生“供需见面、双向选择”会

毕业生“供需见面、双向选择”会是指在国家就业政策指导下，在毕业生就业主管部门的组织协助下，学校毕业生与用人单位直接见面洽谈，毕业生和用工单位相互选择的大型就业活动。有的由用工单位举办，有的是几个学校联合举办，地方毕业生主管部门每年都要举行，大多安排在春季或秋季。毕业生“供需见面、双向选择”会的特点是：

（1）时间、地点固定，一般集中安排一两天时间，选择比较好的场所进行。

（2）毕业生和用人单位集中见面洽谈，规模大、影响大。

（3）大量的用人单位进场摆摊设点招聘人才，有利于毕业生更多地了解用人单位的情况，直接推销自己。

（4）常常供大于求，毕业生就业率相对低。

（四）就业市场

为了适应社会主义市场经济体制的需要，近几年来，我国在加快建立和完善就业市场方面取得了很大进展。由政府人事部门管理的人才市场和由政府劳动部门管理的劳动力市场，从上到下，纵横交错，构成了我国就业市场两大主要体系。社会上的人才中介和职业介绍机构“双轨”运作，是我国就业市场的必要补充。目前，有相当数量的应届毕业生进入就业市场并顺利实现就业。

1. 人才市场

人才市场主要从事人才流动服务、毕业生就业推荐、人事办理等业务。人才，一是具有中专以上学历的人员；二是具有初级以上专业技术服务的人员；三是在专业技术岗位上的人员。从各

级各地人才市场的服务对象来看，也主要是应届大中专毕业生、管理人员和专业人员。根据《中国教育改革和发展纲要》的精神。2000 年起，大多数毕业生已在国家就业政策指导下进入人才市场、自主择业。二十几年来，许多人才市场除了进行常规的就业中介服务外，每年还定期和不定期举办多场应届毕业生就业现场会等。人才市场正在成为职业类院校毕业生择业的重要渠道。

目前，以国家、各部委、省、市、县人才市场为基础的人才市场体系已基本形成，人才市场的影响日益扩大，从 1993 年起，全国各大中城市纷纷建起区域性人才市场。可见，人才市场应成为毕业生求职择业的首选市场。

2．劳动力市场

劳动力市场又称劳务市场，是由各级劳动部门的职业介绍中心管理的，主要从事职业介绍、劳务输出或输入等业务，服务对象为一般的工人、职校毕业生、剩余劳动力等。近年来，由于企业实行技术改造或扩大自动化生产，对技术性强的用工需求增加，不少职业类院校毕业生被吸引到劳动力市场获得工作。此外，有些中小城市把人才市场和劳动力市场合并在一起工作，单日为人才交流，双日为劳动力交流。

3．社会人才中介和职业介绍机构

社会人中介和职业介绍机构是经当地劳动人事管理部门批准并颁发《经营许可证》，依法从事人才推荐、职业介绍的经营单位。一般有两种情况：一种是挂靠在行业、部门、团体、社区的经营型单位；另一种是个体私营的经营单位。一些人才中介、职业介绍机构，由于讲究信誉、管理规范、业务可靠，引起人们的关注，社会影响较好。值得注意的是，个别人才‘中介、职业介绍机构，为了盈利，利用某些虚假招聘信息，谎称招工，违法经营，坑蒙拐骗求职者的现象经常发生，毕业生如果进入这类中介机构求职，务必注意区别真伪，谨慎从事。

（五）自谋职业、自主创业

毕业生就业制度是由国家的宏观调控与个人的微观选择相结合的制度。国家通过计划、专业设置等调整各类毕业生的比例；而个人则可以在就业政策允许的范围内，具体选择自己的职业。在国家宏观调控和毕业生微观自愿的双向选择中，市场调节起着关键性的作用。根据我国经济的发展和人口客观现状，国家就业方针明确规定：在国家统筹规划和指导下，实行劳动部门介绍职业、自愿组织起来就业和自谋职业相结合。由此可见，随着改革的深入，市场机制的不断完善，自谋职业将会成为一般趋势，毕业生自谋职业的比重也将会越来越大。

创业，是一个发现和捕获机会并由此创造出新颖的产品、服务或实现其潜在价值的过程，是培育和催生经济社会发展新动力的必然选择。随着我国资源环境约束日益强化，要素的规模驱动力逐步减弱，传统的高投入、高消耗、粗放式发展方式难以为继，经济发展进入新常态，需要从要素驱动、投资驱动转向创新驱动。推进大众创业、万众创新，就是要通过结构性改革、体制机制创新，消除不利于创业创新发展的各种制度束缚和桎梏，支持各类市场主体不断开办新企业、开发新产品、开拓新市场，培育新兴产业，形成小企业“铺天盖地”、大企业“顶天立地”的发展格局，实现创新驱动发展，打造新引擎、形成新动力。我国有 9 亿多劳动力，每年高校毕业生、农村转移劳动力、城镇困难人员、退役军人数量较大，人力资源转化为人力资本的潜力巨大，但就业总量压力较大，结构性矛盾凸显。推进大众创业、万众创新，就是要通过转变政府职能、建设服务型政府，营造公平竞争的创业环境，使有梦想、有意愿、有能力的科技人员、高校毕业生、农民工、退役军人、失业人员等各类市场创业主体“如鱼得水”，通过创业增加收入，让更多的人富起来，促进收入分配结构调整，实现创新支持创业、创业带动就业的良性互动发展。高职生自主创业是高职教育关注的热点，也是高职生就业大势所趋。

教学案例

迈向职场的准备

在某大学毕业生的宿舍，小赵在计算机前不停查找各种 HR 网站的信息，智联招聘、前程无忧……他根据自己的专业和兴趣选择着就业岗位。虽然现在是冬末春初，仍有大滴大滴的汗从他额头滚落。而他邻床的杨阳早已胸有成竹，手中早就握着几个单位的就业意向书，从国企到民企，杨阳在犹豫不决，但脸上有种灿烂的神情。

是什么让同一个专业、同一个宿舍的他们在就业的重要关头面临不同的情况呢？经过采访记者发现，原因在于他们对于就业信息掌握的情况不同。小赵只是单一地将搜集就业信息定位在传统的网站搜索，杨阳则有更多的想法，他说："我觉得自己能在就业上脱颖而出，主要是因为手头有很多就业信息可以选择。从综合学校就业指导中心提供的就业信息，到我自己去心仪企业网站链接上搜集招聘信息，我在尽可能多地搜集和利用就业信息，我是赢在起跑线上。"

（资料来源：根据网络资料整理）

【案例点评】本案例说明毕业生在求职过程中做好信息准备的重要性。在当今互联网迅速发展的时代，广大毕业生应该改变传统单一的获取信息的方式，充分利用各种可靠的途径获取有效就业信息。

课后练习

1. 高职毕业生就业的主要途径是什么？

____

____

____

____

2. 毕业生通过哪些渠道获得就业信息？

____

____

____

____

3. 谈谈你的就业资源优势？

____

____

____

____

第七章 简历制作

第一节 自荐信

求职信是毕业生针对招聘职位而制作的，用于向用人单位进行自我推荐的书面材料。求职信介绍集自我推销和行动计划于一体，并重点突出自身背景材料中与目标职位联系最紧密的内容，以提高求职的成功率。一份好的求职信能展示求职者清晰的思路和良好的表达能力，它通过表述求职意向和对自身能力的概述，以引起对方的重视和兴趣。一封好的自荐信可以吸引招聘者继续阅读求职者个人简历的愿望，甚至能因此而得到面试的机会。

一、自荐信概述

一般来说，打开求职简历，首先看到的便是自荐信。正是有了自荐信，招聘者才会对你简历上所写的经历与业绩感兴趣。所以，自荐信无论在文体上还是内容上都必须给招聘者留下好的印象。

态度决定输赢，细节决定成败。作为毕业生，想要获得心仪的工作，需要认真地将自荐信写好，谁都无法预料到自荐信在我们获得录取通知书的过程中究竟起到多大的作用。自荐信通常一页长，有开头、中间部分和结尾。通常首先是介绍求职者的身份和写信目的，接着写出求职者应聘某职位的优势或长处，在结尾处要建议下一步的行动。这三部分的内容一般占三或四段，但也不必死守规则，可灵活运用。

二、自荐信的内容和结构

（一）自荐信的内容

自荐信是推销自我中的关键环节，也是求职者迈出求职的第一步，自荐信书写的质量水平在很大程度上会影响到求职者是否能顺利进入招聘单位的初选范围。通常来说，自荐信一般采用信函的形式，正文除了用一般信笺的礼貌用语之外，还应包括以下内容：

1. 开头部分：明确你是谁，你要干什么

在自荐信的开头部分要交代清楚你是谁，为什么写此信或你对此公司的了解程度，在“你是谁”部分，可以用一句话简单介绍一下自己：“我是某某大学即将实习的学生，在今年七月离校实习，专业是通信技术。”只要把最重要、也是与未来雇主或应聘职位最相关的信息写清楚就可以了。其次，要明确你所应聘的职位是什么，而且最好能够明确获得招聘信息的渠道。例如，可以这样写：“我在某某网站看到贵公司的招聘信息，自己符合贵公司所招聘的信息创意人员所列条件，特来函。”“我在某某杂志上读到了你们某某的计划，很感兴趣，想加入你们的企业中，特来函。”

当然，“你是谁”和“你要干什么”在前后顺序上并没有严格的标准，可以先交代“你要干什么（应聘什么工作）”，再说明清楚“你是谁”。也可以先说明“你是谁”，然后再交代“你要干什么”。只要前后衔接流畅，并且能顺利地过渡到自荐信的主体内容部分即可。

2. 主体部分：明确你为什么能胜任应聘职位

在这一部分要直奔主题，明确你为什么能胜任所应聘的职位。可以从自己所学专业、能力实践活动经历或工作经验等方面加以阐述。每一个招聘职位都会有具体的“职位说明”和“任职要求”。在职位说明中会交代清楚这个职位要做一些什么样的工作或要负责什么事情，在任职要求中会明确从事该职位所需要的能力或经历、经验等。因此，在此部分内容写作时可以从以上所说的专业、能力、实践活动经历或工作经验方面进行有针对性的说明。需要特别说明的是，此部分切忌把个人所有的经历、经验、能力内容都写到这里，一定注意只要写那些与职位说明和任职要求最相关的内容即可。因为毕竟自荐信的篇幅是有限的，应该在有限的篇幅中把与职位要求最相关的经历、经验或实践活动经历和个人能力等内容表现出来，这样才能抓住 HR 的眼球。

3. 结尾部分：交代必要信息，致谢词

在这一部分，可以对招聘企业赞赏一番，让他们知道你很愿意在此服务。可以提一提企业的名声、销售成绩、公司文化、管理宗旨或任何使他们感到骄傲的东西。雇主们通常想知道为什么此企业是你的目标，而不是你众多应聘公司中的普通一个。对每一个企业，要用不同的赞赏词，以表达对他们的公司有所了解。

另外，在结尾部分还要对雇主花时间读信表示感谢。另外，这里也是开启另一扇门的地方，你可以建议如何进一步联络，或打电话或发 E-mail。最重要的事是以积极肯定的语气结束，并主动采取行动。

4. 写自荐信之前要考虑五个方面的问题

（1）未来的雇主需要的是什么？在你期望得到的职位中什么样的技能、知识和经历是最重要的。

（2）你的目标是什么？你写自荐信的目的是什么，是想获得一个具体的职务，一次面试的机会或仅仅希望有人通过电话花 10 ~ 15 分钟与你谈一下有关机构的总体情况。

（3）你有此雇主或职位提供的三至五个优点或优势。如果是针对某个具体的职位而写此信那么所列的优点应该就是招聘信息上需求的；如果不是针对具体的职位的话，就按通常的所需知识和经历来考虑。

（4）如何把你的经历与此职位挂钩？请列举两个具体的你曾获得的成就，它们能证明你在第（3）问中所提的你的优点。

（5）你为什么想为此机构或雇主服务？你对他们的了解有多少？关于他们的产品或服务、任务、企业文化、目标、宗旨等一切与你自己的背景、价值观和目标相关联的东西。

当你对以上五个问题考虑成熟之后，就可以开始写自荐信了。

（二）自荐信的格式

一封完整的自荐信格式应该包括标题、称呼、正文、附件、落款五部分。

1. 标题

标题是自荐信的标志或称谓，要求醒目、简洁。要用较大字体在用纸上方标注“自荐信”或“自荐信”三个字，显得大方、美观。

2. 称呼

这是对主送单位或收件人的呼语。如果明确知道自荐信会寄送到招聘单位谁的手中、可直接以“尊敬的 ×××”为称呼，这样会让招聘方自荐信的阅读者有一种被尊重的感觉，同时也会感

觉求职者对招聘方的情况较为了解，无形中会为求职者的自荐信加分。当然、如果不确定自荐信寄送到谁的手中，那么称呼中可以直接写简历将会寄达的部门的负责人。例如，如果在招聘单位的招聘信息中明确提出了求职简历请寄送至人力资源部收，那么可以以“尊敬的人力资源部负责人”为称呼，或者也可以直接以“人力资源部”为称呼。需要注意的是，在称呼中最好不要直接冠以最高领导职务，除非在招聘信息中明确了求职简历就是寄送到最高领导手中，这样容易引起第一读者的反感，反而难达目的。一般来说建议针对每一个不同的应聘单位单独一封自荐信，这样的自荐信才更有针对性，才更能吸引阅读者的眼球和兴趣，从而获得面试机会。

3. 正文

正文是自荐信的核心，开语应表示向对方的问候致意。主体部分一般包括自我介绍、求职意向、条件展示、愿望决心和结语五项内容。

（1）自我介绍是自我概要的说明，包括自荐人姓名、专业、毕业时间等要素，要针对自荐目的作简单说明，无须冗长烦琐。

（2）求职意向部分简要说明准备应聘的岗位和对其的认识。

（3）条件展示是求职自荐信的关键内容，主要应写清自己的才能和特长。要针对所应聘职位的职位说明和任职资格去写，充分展示求职的条件，可以从基本条件和特殊条件两个方面说明自己为什么能胜任应聘的职位。基本条件可以从自己的专业、所修课程及成绩方面去写，特殊条件可以从自己的工作经验、实践经历或其他自身所具备的适合该职位的特殊技能或特长方面去写。

（4）愿望决心部分要表达加盟对方组织的热切愿望，期望得到认可和接纳，自然恳切，不卑不亢。

（5）结语一般在正文之后按书信格式写上祝语，例如“此致，敬礼”或“恭候佳音”。

4. 附件

自荐信附件主要包括个人简历、证书以及文章复印件，需要附录说明的材料也可作为附件列出。一些公司在接收求职简历时忌讳除了个人简历的其他附件，求职者在阅读招聘信息时要留意这一点。

5. 落款

落款处要写上“求职人”或“自荐人”的字样，并标注规范体公元纪年和月日，当然也可直接署上求职者的姓名。随文处要说明回函的联系方式、邮政编码、地址、信箱号、电话号码等信息。自荐信如为打印件或复印件，则署名处要留下空白，由求职人亲自签名，示以郑重和敬意。

自荐信写作虽有一定的自由度，但务必要注意文明礼貌，诚朴雅致。特别要注意突出才艺与专长的个体特征，注意展现经验、业绩和成果，精心设计装帧，讲求格式美观雅致、追求庄重秀美，使其像一只报春的轻燕，飞进千家万户，为你带来佳音。

三、自荐信的写作技巧

成功的自荐信应该明确地表明自己的求职意向，说明自己能胜任应聘职位的理由，并愿意为事业而奉献自己的聪明才智。要写好一封令人满意的自荐信，必须掌握自荐信写作技巧。

（一）字迹工整，文字通顺

古人云：“字如其人，文如其人。”如果求职者的文章流利，字又写得漂亮，这首先从门面上就能压倒其他竞争对手，并且能够把求职者的工作态度、精神状况、性格特征介绍给对方，加上求职者的求职条件，就容易在众多的求职者中取胜。事实上，工整的字体使人心情舒畅，也正如某人才交流中心的负责人所说：“要处理的信件太多了，像字迹潦草的信我们一般都先丢在一边，待有空闲时再说。”所以，为了提高求职成功率，应该将自荐信书写工整，让人感觉一目了然，赏心悦目。当然，如果求职者的字迹不够工整、漂亮，那么打印一份自荐信也是一个不错的选择。同样的道理，在对自荐信进行排版的时候应当注意排版的美观、大方。

不管是手写自荐信还是选择打印版的自荐信，都应当注意文字表述的通顺，切忌出现前言不搭后语、语句不通顺等毛病，这会让人觉得求职者连起码的求职条件都不具备，从而失去对求职者的信心。

（二）简明、扼要、有条理

自荐信应篇幅适当（400~500字为宜），切忌长篇大论。由于自荐信的篇幅限制，所以要用精练的语言把求职者的求职意向、个人特点以及能够胜任应聘职位的理由表达出来。因为自荐信的读者大都是招聘单位的相关负责人，他们每天可能要阅读很多封自荐信和个人简历，所以不愿意在拖沓冗长的文章上浪费太多时间。另外，自荐信也不是显示文学才华的地方，最好用平实、稳重的语气来写。有些大学毕业生，总想卖弄文采，结果弄巧成拙，使人反感。

（三）要在字里行间体现出充分的自信

一个没有自信的求职者往往很难得到招聘者的青睐。而自荐信和个人简历往往是求职者与面试官见面之前唯一的交流途径，因此在自荐信的字里行间要充分地体现出求职者的自信。当然这种自信并不是盲目的自信，也不是通过讲一些大话、空话能够达到目的的，而应该通过列举一些具体的事实或数字来帮助说明问题，以表现出自己能胜任应聘职位的信心。

（四）富有个性，不落俗套

书写一封自荐信，正如精心策划一则广告，不拘泥于通俗写法，立意新颖，以独特的语言及多元化的思考方式，给对方留下强烈的印象。一封自荐信，无论内容多么完备，如果吸引不了对方的注意，则一切枉然；对方如果对求职者的陈述不感兴趣，则前功尽弃。

（五）自我推销与谦虚应适当有度

写自荐信就是推销自己，要强调自身的成绩或成就，强调求职者对应聘单位的价值，这就少不了要进行自我推销，但一定要讲究技巧。比如，求职者如果在自荐信中写道“有能力开创企业的新局面”，这就会让人听起来觉得很大很空，没落到实处。在这里求职者应运用一些技巧来进行表达。例如，求职者可以这样写：“我可以用所学的知识，为公司建立一套新的生产管理计划，以提高生产率”，“我可以运用自己所学的专业知识，为企业进行一些形象设计”等等。

对于中国人来讲,谦虚是一种美德。一个谦虚的人可以使对方产生好感。但对于求职者来说，过分的谦虚，也有可能会使人觉得你什么也不行。谦虚不是自我否定，而应该是实事求是、恰如其分地表现自己。所以，写自荐信应遵循“适度推销”的原则，但也要视具体情况而定。

（六）少用简写词语，慎重使用“我”的字句

我们平时与人交谈时，可能对自己的学校或所学的学科专业使用简称，但在求职信上最好不要使用简称，因为招聘单位不一定了解求职者的学校或专业，所以使用简写词语往往容易使他们因不明白而产生误解。如“科大”，究竟是指中国科技大学还是××科技大学？专业的简称有时就更让人莫名其妙。另外，多处简写有时还会使人觉得求职者做事不能脱离学生本色，或认为求职者态度不够慎重，从而影响录用。此外，若在自荐信或自荐信中需要用“我觉得”“我看”“我想”“我认为”等语气来说明自己的观点时，要慎重，否则会给用人单位留下自高自大或者思想不成熟的感觉。

（七）突出重点

自荐信要突出那些能引起对方兴趣、有助于获得工作的内容。主要包括专业知识、工作经验、自身特长和个性特点等。应届毕业生在写自荐信时有一点应特别注意，即在介绍专业知识和学历时，切忌过分强调自己的学习成绩。许多人，特别是刚出校园的学生容易产生一种错觉，认为社会上和学校一样，同样重视学习成绩，认为只要学习成绩优秀就会谋到一份好职业，甚至为自己全优成绩而沾沾自喜。其实这也许是一种不成熟的表现，容易导致求职失败。因为以自己的学习而夸夸其谈，往往会给人以幼稚和书生气十足的感觉。而很多用人单位更加重视的往往是经验和实际能力，所以应一般地写知识和学历，而重点突出工作经验或实践经历和个人能力。另外，有很多求职者实践经历或工作经验比较丰富，于是往往在写自荐信时把自己所有的实践经历和工作经验都罗列出来，以证明自己的优秀。其实这也是重点不突出的表现，这样的自荐信往往不能让别人清楚地看到你的实践经历或工作经验与应聘职位之间的联系，从而失去面试机会。要知道招聘官不希望给他的自荐信是让他去做"阅读理解"，招聘官往往更喜欢做"判断题"。

（八）建立联系，争取面试，莫提薪水

在自荐信中，不要提薪水的具体数目。自荐信所要表达的目标是建立联系，争取面试的机会。此时谈钱为时尚早，以后会有更适当的场合，更何况薪水的数目并不是你选择职业的主要因素。如果同时有两个职位，其中低薪的那个职位更有利于今后发展，那么应当毫不犹豫地选择它。在自荐信的最后，要特别注意提醒招聘单位留意你附加的个人简历，并请求给你回音，以争取能够建立下一步的联系，获得面试的机会。

（九）以情动人，以诚感人

写自荐信也要有感情色彩，语言有情，会更有助于交流思想，传递信息，感动对方。那么写自荐信怎样做到以"情"动人呢？关键在于摸透对方的心理，然后根据你与对方的关系采取相应的对策。如果求职单位在你的家乡、可以充分表达为建设家乡而贡献自己聪明才智的志向；如果求职单位在贫困地区，就要充分表达为改变贫困地区面貌而奋斗的决心；如果求职单位是教学单位，就要充分表达献身教育事业的理想。总之，要设法引起对方的共鸣，或者得到对方的赞许。这样对方会自动地伸出友谊之手，给予热情的帮助。

写自荐信在注重以情动人的同时，还要以"诚"感人，以诚取信。只有诚于中才能形于外。"诚"指"诚恳""诚实""诚意""诚信"。就是态度诚恳、诚实，言出肺腑，内容实事求是，言而可信，优点要突出，缺点不隐瞒，恭敬而不拍马，自信而不自大。只有"诚"才能取信于人，令人喜欢。

（十）要不断地修正

建议求职者在写自荐信时先打一个草稿，把所有的个人特点、能力、实践经历或工作经验罗列出来，再根据所要应聘的职位要求巧妙地将它们串联起来。无论寄送自荐信的日期多么紧迫，都要谨守"纪律"，对自荐信进行一番修正、推敲之后，才能邮寄。要知道没有草稿是完美的，绝大多数都需要一改再改或是干脆重写，好比体操选手，不经一番锻炼，就不会有傲人的体魄和喜人的成绩。

（十一）自荐信写作的十条规则

（1）对不同的雇主和行业，自荐信要量体裁衣。

（2）提出你能为未来雇主做些什么，而不是他们为你做什么。

（3）集中精力于具体的职业目标。

（4）不要对你的求职情形或人生状况说任何消极的话。

（5）直奔主题，不要唠叨。

（6）不要写没有实力的空话。

（7）不要超过一页，除非你的未来雇主索要进一步的信息。

（8）要仔细再仔细避免产生任何打印或拼写错误。

（9）在你发送之前先给其他人看一下。

（10）所有发信都要存档，包括你的信件、传真、E-mil 并把记录保存，以便进行下一步行动。

第二节　简历写作要素与写作原则

个人简历是介绍求职者学历、工作经历、技能和实践经历、成绩资料的书面报告，帮助建立求职者与用人单位之间的联系，是开启事业之门的钥匙。简历和求职信这两者在内容上有相同之处。他们的不同体现为：求职信属于一种相对主动的求职资料，而个人简历与求职信相比，属于一种被动型的求职资料。

一、个人简历的基本要素

个人简历的基本要素包括以下九个方面的内容：个人信息，求职意向，教育背景，工作及实习经历，项目经历，社会实践，奖励情况，英语、计算机及专业技能，其他个人信息。

（一）个人信息

个人信息主要包含应聘者的姓名及联系方式等内容，其主要作用是方便面试官知道求职者的简历是属于谁的，并可以根据个人信息及时地联系到求职者。个人信息的内容应该简单、直观、清晰，没有多余信息。根据不同情况，个人信息由必要信息和可选信息组成。

（1）必要信息：姓名、联系方式（手机、固定电话、E-mail、邮寄地址）。必要信息是在简历中必须出现的信息，无论是应聘外企、国企，还是其他性质的公司。对于应聘大多数企业（如外企）的简历，个人信息部分只需要填写必要信息，即姓名及联系方式即可。

（2）可选信息：性别、年龄、政治面貌、籍贯、民族、照片等。可选信息的取舍决定于应聘单位的具体性质和职位要求。一般国企、事业单位倾向于要求个人信息全面，尤其是大多数国企认为应聘者的性别、年龄、籍贯、政治面貌、民族等都是重要信息，因此应聘这类单位建议将这些相应信息体现在简历中。

（二）求职意向

在确定求职目标之前，很多毕业生都有一个困惑，即求职意向要不要写？这一直是一个很有争议的话题。有人建议不写，认为有求职意向会限定自己的求职范围，而也有人认为求职意向清楚明了，建议在简历上写明。那究竟是写好还是不写好呢？其实，大部分的面试官希望在求职者简历上看到明确的求职意向。因此建议毕业生在简历中写明自己的求职意向，至少表明自己想从事哪一方面的工作，这样才能有的放矢，同时让招聘人员一目了然。求职意向是应聘简历的核心内容，书写求职意向应当尽可能明确和集中，并与自己的专长、兴趣等相一致。在阐述时力求简洁、明了，明确地告诉面试官：我在寻找什么样的工作机会，包括职位类型、角色定位等。就算自己并不是很确定，那也要表现得很明确，让面试官觉得该求职者的目标定位与所招聘的职位正好相吻合，是该职位的合适人选。

（三）教育背景

对于应届毕业生来说，教育背景是简历中一个很重要的信息，一般按照时间逆序来写，主要是个人从大学阶段到毕业前所获得的学历。最近的学历放在最前面，即如果现在是即将硕士毕业，那么要先写硕士再写本科。大学以前高中阶段、初中阶段经历一般不写，但如果有获得特别的奖励或者与众不同的经历的话，例如全国数学奥林匹克竞赛一等奖或者高考状元等，也可以写上。

在应届生简历中，教育背景一般也包括必要信息和可选信息。必要信息：时间段、学校、学院或专业、学历等。可选信息：研究方向、主修课程、辅修课程、研究项目、成绩排名、活动等。

（四）工作及实习经历

工作实习经历一般来说是简历的重点内容，如果求职者已有的工作实习经历与应聘的职位或者公司业务需求相关，通过简历筛选的概率很大。因为相关的工作实习经历最能够体现与招聘职位要求相关的技能。虽然对于应届毕业生来说，通常没有正式的全职工作经历，但是实习经历、兼职经历可以有效地弥补这一不足，所以面试官在看应届生简历时，往往首先看的是相关的实习经历描述。

（五）项目经历

简历中的项目经历的内容及其意义，与工作实习经历、社会实践略有不同。一般来说，项目经历往往反映的是求职者某个方面的实际动手能力、对某个领域或某种技能的掌握程度。一般在应聘 IT 类职位、研究所研究员职位或者高校老师等职位时，项目经历的描述是比较重要的。对于应届毕业生来说，个人简历中项目经历一般包含以下两个层面的含义：

（1）论文、毕业课题中的相关研究课题项目。论文的选题通常情况下是基于某种应用技术的开发或者理论研究，从而解决某个方面的问题。那么在毕业论文的内容中一般会有对应的研究背景、相关的调研、实验、数据统计及分析。做课题、写毕业论文的过程就是一个解决问题的过程，在这个过程中，我们必须学会获取大量信息、筛选有用信息，掌握分析问题、解决问题的方法，这样才能完成毕业论文。在这个过程中所锻炼的分析处理信息、应用某种软件、书面表达等能力，也是求职砝码，可以在简历中呈现给面试官。

如果应聘研究所研究员、高校老师、公务员类的岗位，可以视具体情况将论文的研究课题作为项目经历来描写，这样可以展现出自己的理论研究水平。有些知名企业诸如 IBM 等对于论文项目非常看重，如果论文课题中有与应聘公司、职位相关的技术创新或者理论创新，那么最好将其作为项目经历来写。

而对于本科生和大专学生来说，一般不建议将毕业论文作为项目经历来写。因为对于大多数本科生来说，其毕业论文不具备创新水平和研究价值，不能体现理论研究水平，这也是大多数企业面试官对于本科生论文的定位。所以，作为本科生，更应该在简历中强调自己的专业基础知识、社会实践能力及实习兼职经验。当然，如果作为本科生确实参与了某项重要课题的研究，并且确实承担了一部分相关的理论研究或者实验研究的工作，而且技术含量比较高的话，也应该将其写到简历中来。

（2）工作、实习兼职、社会实践中需要单独描述的活动或者项目。如果在以往的经历中，有与应聘职位特别相关的活动或者项目需要单独描写，则可以将其作为项目经历来描述。例如：某同学在学校利用零散的业余时间，兼职给别人开发了一个小软件，但是并不是去公司上班实习，这样的经历如果放到工作实习经历中，则没有对应的公司名称，显然不太合适。对于这个同学来说，如果应聘软件开发类的职位，这段兼职经历可以包装成项目经历在简历中呈现。

（六）社会实践

有很多同学在学校参加诸如学生会、各类社团等组织，参与这些组织的日常工作或者举办的各类活动；有的同学会利用寒暑假参加诸如“支教”“暑期三下乡”等志愿者活动；也有的同学参加各种形式的商业比赛。诸如此类的活动，一般在简历中作为社会实践项来描写。社会实践的描述格式、描述方法、描述原则及重点与工作实习经历类似，社团名称对应公司名称，在社团中的职位（部长、主席或干事等）对应工作职位，具体职责、工作业绩等建议参照工作实习经历的描述方式逐一描述。在描述社会实践的时候，也应该参照“数字说话”和“职位相关”的原则，将与职位要求相关的社会实践重点描写，与职位不相关的轻描淡写或者不写。

（七）奖励情况

在简历中描写奖励情况时，应特别注意强调奖励的级别及特殊性。因为面试官收到的应届毕业生的简历中，几乎每份简历上都会有这样或那样的奖励，奖学金、优秀学生、优秀干部等，面试官早就司空见惯了。所以仅仅列出奖励名称是没有意义的，最好能够将所获奖励的难度以数字或者获奖范围表示出来，让面试官明白所获奖励的含金量，从而增加简历通过筛选的概率。

（八）英语、计算机及专业技能

简历中的职业技能描述一般分为三个方面：英语、计算机及专业技能。

1. 英语技能

英语技能分为两个层面：一是读写能力；二是听说能力。在外企的工作环境中，日常的工作文档报告、E-mail 的交流沟通可能都为英文，良好的英文读写能力是保障正确理解书面英文的基础；听说能力反映在工作中，更多的是能够运用英语与他人进行自由交流，这在外企及对外业务较多的岗位中会运用到。

对于大多数同学来说，在简历中描述英语技能更多的是通过标准化考试的成绩、证书来证明你的英语口语或读写能力，例如英语四、六级考试、BEC、托福、GRE、GMAT 考试等。如果成绩不错的话，建议写出成绩，但如果成绩没有绝对优势的话，就没有必要写出成绩；如果相关的工作实习经历能够推导出英语水平能力，也建议写上。例如“工作语言为英语”“给国外客户做陪同翻译”等类似的语句描述，说服力比较强。

2. 计算机技能

一般来说，对于非计算机专业的同学来说，计算机技能通常指软件的应用。根据应聘职位的要求，可以有选择地列出相关的软件操作技能，例如财务咨询职位可以列 ERP 软件、财务软件、统计软件等，机械设计职位可以列出三维造型软件如 CATIA、UG、3ds Max 等。

3. 专业技能

主要指与专业或应聘职位有关的技能、资格证书、认证等。例如，财会专业的学生能够熟练使用财务软件或获得 ACCA、CPA 资格等。如果有专业资格证书，除了注明专业资格证书名称以外，建议再加上取得的年份。如果该专业证书不太为人熟悉的话，可简略介绍，当然前提是该证书对你应聘的职位有帮助。

（九）其他个人信息

其他个人信息主要是指兴趣爱好、自我评价。

1. 兴趣爱好

一般来说，除非是招聘方要求填写的申请表有明确要求，否则不建议在简历中写兴趣爱好。

第一是因为我们很难保证写在简历上的兴趣爱好能够投面试官所好；第二是因为兴趣爱好主观的成分居多，并不能说明什么问题；第三是因为占据简历篇幅。

虽然有一些求职指导书籍给出的观点认为面试官会通过兴趣爱好来判断求职者是否具备团队协作精神、独立工作能力及沟通能力等品质。但实际上，这样的观点也许并不准确。因为对于工作繁忙的面试官来说，在简历筛选时，停留在每份简历上的时间最多不超过 2 分钟，根本不会以兴趣爱好这种主观的认识来判断求职者是否合格。

至于有些观点认为在简历中写上兴趣爱好，在面试的时候如果面试官问到有关兴趣爱好的问题，有助于缓和面试气氛。实际上，在面试的时候，面试官如果认为有必要，会通过各种方式来缓和面试气氛，即使简历中没有写到兴趣爱好，面试官也可能会问兴趣爱好的问题，这个时候我们再把自己的兴趣爱好说出来，并不会影响面试。

在一些企业的申请表中，如果设置有兴趣爱好的选项，那么很有可能企业筛选简历的某个标准就是看求职者是否具备某项特殊技能。例如，一些企业倾向于招聘篮球打得很好的男生，很可能是因为企业或招聘的部门需要补充有篮球特长的员工，以便能够在企业组织的员工篮球赛中取得好成绩。所以，在同等条件下，如果有这样的兴趣爱好作为特长的话，面试官很可能优先考虑。

如果企业的招聘信息中明确注明要填写兴趣爱好，可参考以下原则：① 要写自己擅长的兴趣爱好，弱项不要写，兴趣爱好不宜写得太多，两三项即可；② 兴趣爱好要具体，不能只是“运动”“音乐”“读书”这样概括性的词汇，否则很难让面试官判断你究竟喜好什么，更严重的会让面试官对你的写作水平产生怀疑。

2. 自我评价

与兴趣爱好一样，除非是公司要求填写的申请表有明确要求，否则不建议在简历中写自我评价。因为几乎每一份投递到面试官手中的简历，凡是写了自我评价的简历，无一不是夸自己的，都是相同的空话、套话，过于主观，而且可能会引起面试官的反感。

但如果企业的申请表中明确注明要填写自我评价，我们该怎么来写自我评价呢？建议结合应聘职位的特点，分别用一句话来总结各项素质，例如，应聘销售就要强调自己的沟通能力、抗压能力；应聘行政就要强调自己的细心谨慎、责任心强；然后用一句高度概括性的话，对各项素质（沟通能力、细心谨慎等）做例证。

二、个人简历的写作原则

优秀简历各有千秋，要想赢得面试官的青睐，在简历制作时应遵循“真实”“独特”“相关”及“简洁”四大原则。“真实”是诚信地体现简历的基础；“独特”是简历与众不同、脱颖而出的关键；“相关”是信息匹配与传递的保障；“简洁”是简历发挥有效性的基础。

（一）真实性原则

有些同学为了能够让简历看上去富有“含金量”，在简历中编造实习经历、社会实践经历、获奖经历或者相关技能等，甚至伪造相关证书，这种造假方式也许能侥幸通过简历筛选，但是在企业组织的后续面试、入职背景调查、相关证书核实等多种手段下，一定会原形毕露。

所有公司的招聘官都对造假简历深恶痛绝。简历是否真实反映了应聘者的情况，体现的是其人品和基本的诚信。所以，在写简历的时候，我们应本着真实性原则来写简历，这样才可能走到最后，拿到录取通知书。

（二）独特性原则

做简历前，我们应该思考这样一个问题：我的经历中有哪些是大多数人没有的？之所以要思考这样一个问题，是因为我们都知道，在竞争如此激烈的求职环境中，招聘官收到的简历可能个个优秀，不是这样的奖励，就是那样丰富的实践经历。虽然我们也可能具备相同的奖励或者实践经历，但是这并不能保证我们的简历就能胜人一筹。

招聘官会对个人简历中比较特殊、与众不同的经历特别关注，因为这些特殊的经历比数字或者其他的平淡描述更有打动人的力量。

一般说来，具备以下经历的同学，可以根据应聘职位、公司的性质，在简历中适当地突出强调，从而获得招聘官的关注。① 有跨国公司实习经历；② ×× 运动会志愿者经历；③ 市级以上（含）商业竞赛获奖；④ 海外交换生经历；⑤ 学生会或社团领导经历；⑥ 创业经历。

以上所罗列的只是一部分比较独特的经历，但是实际上每个人都有各自独特的经历，这有待大家自己挖掘。例如，有的同学在大学担任过校足球队的队长，这样的经历也是可以在简历中特别强调的。

这里特别值得一提的是创业经历。曾经有过创业经历的学生所具备的领导力、解决问题的能力是一些企业，尤其是全球 500 强企业所青睐的，所以，如果你是应聘此类企业，而且在学校曾经有过创业经历，无论是网上开店，还是在学校创办过报纸，都可以适当地将这段创业经历以创业者的身份来描述，从而做到与众不同，凸显自己的领导力和决断力；但是，如果你是应聘一些民营中小企业，那么建议从实践经历的角度来描述，把招聘官的焦点转移到相关的实践经历、工作实习经历上，而不是创业上，以避免给招聘官一种入职后很可能会不安心工作的感觉。

（三）相关性原则

我们已经反复强调了，简历一定要根据应聘的职位来定制，而不能用一份简历打天下。简历的每一部分内容都需要尽可能与应聘的职位相关。相关性原则要求我们能够在众多社会实践经历、实习工作经历中挑出与职位最相关的经历，要求我们能够在专业不对口的情况下，突出相关的实践经历、培训经历或者辅修课程等。

如何在简历中贯彻相关性原则？一般包含以下两个层面：

（1）根据简历中各大要素与职位的相关性程度进行顺序调整或者取舍。在简历的各大要素中，个人信息与求职意向一般放在最前面，但其他要素可以根据其突出的程度、与申请职位的重要性来进行排序。例如，对于申请财务咨询职位的学生来说，如果能熟练掌握各种财务软件或者获得 ACCA、CPA 资格，那么可以将专业技能要素放在其他要素前面，从而突出相对其他应聘者的核心竞争力；如果有丰富的财务类实习经历，且相对其他简历要素来说，实习经历更为突出，那么应该将实践或实习经历要素放在其他要素前，从而强调自己的优势。

（2）根据每个简历要素中的内容与职位的相关性程度进行顺序调整或者取舍。简历中同一要素项目下的不同内容，也需要根据与职位相关程度来进行顺序调整或者取舍。例如，如果应聘市场营销的职位，那么应当将家教经历、兼职英语教师经历从实习经历描述中剔除，更多地强调培训课程推广经历、手机销售代表等与职位相关的经历。

这两种方法实际上都是在把职位最相关的内容调整到简历靠上的位置。按习惯来说，简历靠上的 2/3 部分为招聘官重点浏览的部分。所以，尽可能将自己简历中与职位最相关的信息放在前 2/3 部分，这无疑将减少招聘官搜索简历关键信息的时间，从而增大简历通过筛选的概率。

（四）简洁性原则

简历重在“简”，并不是越长的简历就能说明经历越丰富、能力越强。招聘官面对的是成百上千的简历，没有时间来看冗长的简历。注意使用正确、清晰的简历规格及版式，做到简历的“外表”简洁，从而使简历最终达到“内涵丰富”和“外表简洁”的最佳状态，让招聘官对求职者的优势一目了然。

第三节　简历制作技巧

一、个人简历制作的技巧

个人简历的制作从技巧方面来说可以总结成四种描述方式：关键词说话、行为词说话、数字说话、结果说话。

（一）关键词说话

招聘官浏览简历的时间通常很短，他们主要是通过查看简历中的关键词来进行判断，关键词的作用尤其在网上申请简历中更为明显。如果是应聘互联网行业相关的职位，招聘官可能会对简历中的“网站”“流量”“×××.com（网址域名）”等关键词比较敏感；如果应聘财务类职位，招聘官可能会对简历中的“会计”“财务管理”“财务软件”等关键词比较敏感。所以在写简历前，应该针对应聘的职位、公司甚至行业，思考需要在简历中加上哪些关键词，这些关键可以分别对应到简历的哪部分内容，以什么样的描述方式来呈现。

（1）从内容来看，简历中的关键词可分为两个方面：

① 相关的技能及素质能力；

② 相关的教育培训及实习、工作经验。

（2）从普遍性和特殊性的角度来看，简历中的关键词可分为一般性关键词和职位相关性关键词两个方面。

① 一般性关键词：这类关键词表示的技能或者素质通常为大多数工作所需要的，例如团队合作能力、策划能力、计算机能力（例如 Word、Excel 等软件的使用）、英语能力（CET4、CET6）、沟通能力等。

② 职位相关性关键词：不同职位对于应聘者的相关技能和素质的要求会有差异，一般与职位的工作内容和工作性质相关。

如何才能获取、正确判断简历中该用什么关键词呢？企业招聘信息中对于职位的职责描述及应聘要求就是最好的分析关键词的来源，学会解读招聘信息中出现的字面信息及隐藏在字面信息背后的关键词，然后结合自己的经历，在简历中的对应部分呈现这些关键词。

如果应聘的职位中没有详细的职位职责及职位要求的说明，那么建议通过查找其他公司类似职位的招聘信息说明来进行分析。在将关键词整理出来之后，就需要结合自身的背景和经历，在简历中凸显相关的关键词。

（二）行为词说话

在描述过去经历的时候，无论是实习兼职经历还是社会实践经历，都需要把自己做的事情用清楚详细的、表示动作的词语（即行为词）叙述出来，形式上一般建议采用行为词开头的短句群。同样一段实习经历，是否掌握行为词的描述方法，其经历描述的效果也大相径庭。

（三）数字说话

写简历时一定要善于挖掘自己所有经历中能够用数字说话的部分，因为相对大段的文字描述，简历的数字更能够凸显个人亮点，吸引招聘官的眼球。可以用百分数的数据来说明学术成绩优异，例如“年级前 5%”；也可以用具体的实数来表示为某个组织或机构（如实习的公司、学校的学生会或者社团）工作所做的贡献，例如“拉到赞助 10 000 元”等。凡是能够用数字体现成就、亮点的部分，一定要大胆地使用数字来表达。

（四）结果说话

如前所述，如果简历只是泛泛而谈做过什么，从这些经历中锻炼了什么，那么这样的简历顶多算及格。而要想达到优秀简历的水平，必须在简历中学会用客观的结果说话。

我们不仅要在简历中告诉招聘官，我们做过什么，而且通过描述我们做得怎么样，来向招聘官证明我们具备相关的素质、能力、经验。一般说来，用结果说话的简历更能得到招聘官的青睐。所以，在写简历的时候，要贯彻“结果说话”的思想，尽可能多地通过客观的成绩、业绩、成就来向招聘官传递这样一个信号——我们是能够胜任所应聘的职位的。

二、如何在个人简历中弥补劣势

俗话说：“人无完人”。对于应届生来说，缺乏相关工作经验更是求职困难的一个主要原因。对于一些同学来说还存在着一些劣势，例如：学习成绩不够好、缺少公司实习经历、应聘的职位与专业不相关、缺少英语证书、学校没有名气，等等。在不利条件下，可以在保持简历真实性的基础上，最大限度地展示自己的优势，规避缺点。

（一）学习成绩不好

首先明确一点，大多数公司在招聘应届生的时候，学习成绩固然是一个很重要的考核指标，但不是决定性的。因为多数公司更看重的是应届生的综合素质及能力，学习成绩好只能说明应聘者在学习课堂知识方面有独特的方法，并不能说明其他能力也很优秀，高分低能的大有人在。

学习成绩的“好”与“不好”实际上是一个相对的概念，因为不同的行业、不同的公司对于成绩的要求也是不一样的，如果是应聘一些知名企业，在学习成绩方面是一定要突出的，而制造业内的公司则相对没有那么高。另外，一些专业性较强的公司，例如 IT 类公司，更看重相关课程的成绩，而不是总的成绩。

如果学习成绩一般，建议将“相关的”“相对高分的”课程写到简历里面去，而“不相关的”“相对低分的”的课程从简历中删除。例如，某管理学专业本科生应聘财务会计类职位，其总成绩并不突出，在教育背景中应选择列出相关的高分课程。

（二）缺少公司实习经历

对于一些同学来说，不缺少公司实习经历，缺少的是与应聘职位或行业相关的实习经验。而对于大多数同学来说，除了学校的经历以外，没有任何公司的实习经历。在这种情况下，应该从以下方面来弥补没有公司实习经验的劣势。

1. 突出社团、学生会等实践活动

可以将在学校参加的社会实践活动作为工作经历、实习经历来描述，因为如果在学校担任过社团、学生会等干部，有独立或带领团队或者社团活动的经历的话，从某种程度上来说，同样代表了沟通能力、团队合作能力等企业看重的能力。不过特别值得一提的是，并不是每项社团经历对求职者都有帮助，也不是每一次的校内活动都有正面的意义，建议在处理这个部分的时候要根据应聘的职位和公司慎重地进行选择和调整。

2. 强调个人技能、培训经历、快速学习能力

应该强调已掌握的知识、工具，或参加的培训经历，并同时以真实、详细的例子来证明自己具有极强的学习能力，能够有效地弥补所欠缺的工作、实习经验。例如，可以将论文中应用的研究方法、所使用的软件等作为个人技能及经验的证明。如果有与应聘职位相关的培训经历，更要加以强调。

3. 勤能补“拙”

可以在简历的工作技能部分强调勤奋苦干。同时，也可以表达接受困难条件的意愿。例如“能够接受出差或外派”。

（三）应聘的职位与专业不相关

也许你是一个机械专业的学生，但是你的计算机编程能力很强，大学在读期间做了很多与编程相关的项目或者实习；也许你学的是电子商务专业，但是却自学了财务管理的课 .... 实际上，现在越来越多的应届生所找的工作与自己所读的专业并不相关。因为越来越多的企业开始放宽了对专业的限制，甚至不限专业，但是一般 IT 技术类的岗位还是要求专业对口。如果是跨专业求职，那么简历中该如何写？建议大家从以下方面来考虑：

1. 突出双学位、辅修专业、选修课程

虽然有些职业对专业性要求不强，但如果学生具有一定的相关专业背景，自然在求职中能更胜一筹。 现在很多大学都开设了辅修专业课程，这对跨专业的学生应聘是很有帮助的。所以，准备跨专业求职的同学，有必要尽早规划就业取向，在专业课以外选修或辅修相关课程。

2. 突出外语能力、个人技能

在跨专业求职中，工作能力是最重要的考量，外语能力、计算机能力、与职位相关的专业技能、沟通表达能力、团队合作精神等等都是简历中应该突出的亮点。

3. 突出实习、社会实践经历

如果能够及早洞察自己未来求职要面临跨专业的问题，那么平时就应该多参与相关的实习及社会实践，用实践经历来说话。

（四）英语缺少证书

大多数企业招聘应届生，对于英语的要求至少为英语四级通过。有些企业要求更高一些，要求通过英语六级。对于外企来说，英语是工作环境中可能经常要用到的语言，所以如果是应聘外企，相关的英语证书是必需的。但如果只有一张四级证，而实际的英文口语水平比较高，这个时候可以借实习经验让招聘官们推断出你的英语能力。比如，想说自己英语口语能力强，如果在实习经历里面的某项中有一句话叫“工作语言为英语”，说服力也很强。

如果四级未通过，那么应该抓紧时间复习，争取早日通过。在此之前不应沮丧，应该比别人更加积极地去寻找就业机会，因为还有更多企业的职位对于英语水平要求并不严格，更关注的是求职者实际处理问题及动手的能力。

（五）学校没有名气

如果求职者毕业于非“985”“211”的普通高校，那么在简历中可以强调参加的校内、校外的实践活动及实习经历，或者参加过这样那样的培测计划，或者拥有的技能、证书等。不要因为就读的是普通学校就自卑或怀疑自己，而要找准自己的职业定位，积极去争取属于自己的职位。

在每年招聘应届生的企业中，倾向招聘名校毕业生的企业只占少数，大多数企业看重的是求

职者个人的综合素质及能力。所以，在求职战场中，不能输在自信心上。

以下是一位从事了五年招聘工作的人力资源经理写给应届生的话：

今天校园招聘会上的面试，我给排队的每个学生的时间不超过5分钟。有一个学生，本来我觉得不错，她只用一页的简历，就表达了她的优势和特点，当我决定招她的时候，想习惯地问她下学期还有没有课，看过她的简历后，却发现看不到她的学校名字，我问她："为什么没写学校名？"，这个学生支支吾吾回答："因为我的学校不怎……" 即便如此，我还是问了她的学校，然后拿起笔，在她的简历中帮她写下她的母校，然后在她眼前竖起简历："有没有写错？"她回答"没有。"

我今天对所有留下的简历，只是做一个动作（在认为特别适合的，打钩）。这是我唯一在上面写字的简历，我不知道她明不明白，我是在告诉她，她的做法令我对她的印象大打折扣。

不要不敢说出和写下你毕业的学校，无论它是如何的差，你是从那里走出来的。我绝对不会要这样的人：看到他父母的时候，因为他们的背景不好而不敢认他们；或者有一天离开我的公司，到一个更大的公司面试的时候，不好意思说我是来自一个不是500强的公司。对公司来说，你的价值和价值观，决定了一切。

教学案例

个　人　简　历

李某某

女　1998年10月生　现居住于某市某区某路16号

电话：158 *********

Email：158 ****** @ 163. com

教育背景

2021/09至今　某高校　工商管理　大专

工作经历

2021/09—2022/10

工作描述：在咨询部担任实习生，主要帮助项目负责人搜集并整理资料，协助项目负责人完成某区政府的大型项目策划书。其间，主要锻炼提升了自己的团队沟通协作能力。

2022/07—2023/09

某速递有限公司　客服部　实习生

工作描述：该公司为初创型企业，产品项目受到市领导的关注与关心。担任公司市场调查员，负责公司产品投入市场前的市场调查工作，任职期间主要从事问卷调查、拦截访问、统计数据及资料整理工作，实习结束时市场调查工作圆满完成，公司顺利投放了第一批产品设备。其间，锻炼了与人沟通交流的能力及数据分析整理能力。

在校实践经验

曾担任班级团支书半年，组织过团支部各种大小活动；

担任某社团宣传部部长，负责组织社团的各种宣传活动；

通过担任班级团支书和社团宣传部部长锻炼了我良好的组织策划能力。

在校学习情况

校学生优秀奖学金一等奖3次，二等奖2次

省级励志奖学金 2 次

“优秀学生”“优秀团员”荣誉称号　校级

证书

大学英语四级（CET-4）成绩优秀

全国计算机等级考试（二级 C 语言）成绩良好

会计从业资格证

自我评价

性格温和、平易近人，喜欢与人沟通。工作认真负责，不畏艰苦劳累，具有不断进取和勇于挑战自我的精神。遇到难题定会积极向人请教，尽心做到更好。曾担任社团部长、宿舍长等，还积极参加班级活动、社会实践活动和兼职工作。大学生涯大大提升了自身组织、协调、管理等处事能力与人际交往能力，并磨炼了吃苦耐劳的意志，具备良好的心理素质。

（资料来源：根据网络资料整理）

【案例点评】这是一个初学者写的一份简历。求职者把简历写在一页纸上，而且列出了自己的个人信息，包括姓名、联系方式等一些重要的、便于招聘单位联系的内容，放在了比较醒目的位置，这是非常可取的。同时这个求职者也把自己的工作经历列得比较详细，也很不错。但是，这份简历还是存在一些问题，主要是以下几个方面：

（1）简历中没有写明自己的求职意向，这是非常不可取的。不写明求职意向，招聘单位不知道你要应聘什么职位，很有可能就会把你的简历直接放弃了。

（2）在“工作经历”中，求职者将自己的实习描述过多，把自己具体负责的工作写得详细一些即可。

（3）在“在校实践经验”中，笼统说了自己所做的工作，没有具体时间和工作内容，很难有说服力。

（4）在“在校学习情况”中，获得奖项没有时间、级别等说明，过于简单。

（5）在“自我评价”中，求职者写了自己的性格特征、担任的社会工作、在校的自身提升等，这样写是不合适的。自我评价部分是对自己的整体把握，在简历中是可有可无的，如果实在要写的话，只找跟所要应聘的职位要求最相关的内容来写。

课后练习

一、选择题

1. 毕业生简历上最重要的因素是（　　）。

　A. 课程成绩和主要的成就　　B. 和职位要求相匹配的技能

　C. 工作经历　　D. 简历上信息的表述方式

2. 制作一份令人印象深刻的简历，你需要（　　）。

　A. 使用具有较高水准的语句

　B. 非常简化的表述，使用要点并包含工作相关的关键词

　C. 对收集到的成就和经历做深入的叙述

　D. 使用色彩明亮的纸张来打印简历

3. 你没有工作经历。为了给对方一个积极而深刻的印象，其他哪些因素可以用来代替工作经历？（　　）。

A. 学术成就　　B. 校园课外活动的成就
C. 能够转换成任职能力的个人才能　　D. 以上全部

4. 毕业生的简历（　　）。
A. 只有当课程成绩非常突出时才列出
B. 始终应该列出
C. 不应该列出
D. 只列出主要课程或与应聘职位相关课程的成绩

5. 你的教育信息应该始终包括（　　）。
A. 学校名称和毕业时间，及主修专业和辅修专业
B. 主修专业及课程成绩
C. 所有的主修和辅修课程，学校的名字
D. 毕业时间、学校名称和完整地址

6. 在简历中陈述过去经历的最好方式是（　　）。
A. 用要点方式按照年代递减的顺序陈述，重点叙述与应聘职位相关的工作经历
B. 用段落方式按照年代递减的顺序陈述
C. 除非与要应聘的工作有关系，否则不要提及
D. 用要点方式按照年代递增的顺序陈述

7. 当你列出过去的经历时，需要传达给期望的雇主的最为重要的信息是（　　）。
A. 你的技能和专业知识
B. 你承担的职责和工作内容
C. 你曾经工作过的公司及部门

8. 如果毕业没有或仅有少许的工作经历，向雇主证明你有能力胜任工作的最好方（　　）。
A. 把你的软性技能作为任职能力来突出
B. 列出你在学校期间所完成的所有项目和班级工作
C. 列出你所从事过的所有带薪的或义务的工作（和应聘工作有关系的）
D. 以上全部

9. 毕业生简历上最为关键的因素是（　　）。
A. 任职能力　　B. 课程成绩
C. 相关经历　　D. 如何恰当地陈述上述能力

10. 你在一份报纸上同时发现了你感兴趣的五家公司的招聘广告，你很激动地想要全部应征他们的职位。为了尽可能多地获得机会，你应该（　　）。
A. 立刻寄给他们你的标准版本简历和标准版本的求职信
B. 针对不同的公司的企业文化相应聘职位的要求，修改标准的简历和求职信，所寄出的简历与标准版本相比，基本内容相同，但更有针对性
C. 立刻寄给他们你的标准版本简历和为每家公司专门撰写的求职信
D. 寄出标准版本简历和用颜色明亮的纸张打印并能让你申请显得非常突出的求职信

11. （　　）的简历才可以让人目光一扫即留下深刻的印象。
A. 非常简洁且明确集中的求职目标
B. 能够让雇主停下其他事情来给予关注的幽默图片
C. 列在开始位置的五句专业水准的内容概述

D. 以上全部

12. 雇主第一次的简历筛选只需要20秒即可完成。为了确保你的简历通过首次的筛选，你需要（　　）。

A. 准确地列出你所具备的和应聘工作相匹配的技能

B. 以递减的时间顺序列出你的经历，陈述的内容尽可能匹配应聘工作的要求

C. 强调你的学术及个人成就

D. 以上全部

二、判断题

1. 毕业生的简历始终应该包含两个证明人。（　　）
2. 你应该提到你的最低薪资期望，以免以后获得太低的待遇。（　　）
3. 不在简历上写下自己的出生日期是正确的做法。（　　）
4. 简历写作最重要的因素之一是你应该避免任何的字词和语法错误。（　　）
5. 你的个人爱好应该能反映出与所申请工作的相关性。（　　）
6. 一份有专业水准的毕业生简历应该始终包含在一页纸的篇幅内。（　　）
7. 在简历中列出你的志愿者工作是明智的做法。（　　）
8. 吸引雇主注意力的最好方法是用颜色明亮的纸张打印你的简历。（　　）

第八章 面试技巧及相关礼仪

第一节 面试准备

一、面试前的准备

（一）了解目标企业

1. 公司信息

对自己即将面试的公司一定要有足够的了解，这些信息包括企业文化、企业的发展历程、组织架构、企业领导人情况、企业的产品、企业的优势等，求职者只有清楚地知道公司的基本情况，才能在回答面试官的提问时有的放矢。

2. 岗位信息

了解岗位职责、岗位要求，看看与自己的能力是否匹配，匹配的部分怎么表达，不匹配的部分怎么弥补。

企业相关信息可以通过公司网站、百度搜索，也可通过熟人、朋友或有关部门了解面试的有关情况。

（二）安排行程路线

按时到达、安静等待，这是求职者应给应聘单位的第一印象，这也是面试的第一道题目。守时是职业道德的一个基本要求。接到面试通知后，求职者应仔细阅读通知上是否标有交通路线，了解究竟在何处上下车、转换车，同时要留出充裕的时间去搭乘或转换车辆，包括一些意外情况都应考虑在内。求职者可以把路线图带在身上或提前用手机软件查好路线，以免耽误面试，一般应提前 5 ~ 10 分钟到达面试地点，以表示求职的诚意。提前半小时以上到达会被视为没有时间观念，但在面试时迟到或是匆忙赶到却是致命的，不管有什么理由，都会被视为缺乏自我管理和约束能力，即缺乏职业能力，会给面试者留下非常不好的印象。大公司的面试往往一次要安排很多人，求职者迟到了几分钟，就很可能永远与这家公司失之交臂了。

（三）准备相关材料

（1）简历。资料里面最重要的是简历，简历最好有一个塑料文件袋，有一支笔，把简历整整齐齐地放进去，一是避免弄皱弄破，给面试官留下不好的印象；二是避免意外情况，如雨天弄湿简历等。

（2）成绩单、相关证书的复印件。

（3）就业协议书、就业推荐表等。很多企业，尤其是一些国企或者事业单位，都是现场要求被录取者签约，因此求职者要认真考虑如果被录取，自己是否去该公司上班的问题。如果准备去，就要准备好就业协议书。

（四）注重仪容仪表

虽然第一印象并不一定能准确地判断一个人，但大多数人还是喜欢凭借第一印象作出自己的判断。因此在参加面试之前，求职者一定要对自己的整体形象进行设计，争取给面试官留下好的第一印象。面试的行业不同，穿着也应不同，但是一定要简单大方，忌花里胡哨，同时也一定要是令自己舒服的，避免在面试的时候因为衣着不舒服造成心理紧张和烦躁，从而给面试带来不好的影响。

（五）积极心理调适

面试就好比一场考试，既测试了每个人的能力，又测试了每个人的心理素质和临场发挥能力。因此，要面试成功，首先要充满信心。假如能对自己进行积极的暗示，面试者就会充满自信，心境坦然，注意力集中，思维敏捷，能够在面试中积极地表现自我，面试结果也常常会较好。

[知识链接]

面试心态调控八大法则

面试是一场货真价实的“自我心理战”。情绪的过度紧张，心态的过度不稳，是面试成功的大敌。只有战胜心灵的“颤抖”，才能在面试中从容地表现真正的富于魅力的自我，成功地推销自己。

法则 1：强化自信。“尽管有众多的求职者，只有我有能力得到这一位置。这个职业就是为我而设的……”要在内心不断重复这一信念，以增强自信。先哲早有言：“自信是走向成功的敲门砖。”

法则 2：态度豁达。别把面试看得过重，面试不行还有笔试，这个单位不行还有那个单位。“豁出去了”“成败算什么”，心态如此豁达起来，面试中就会多一份轻松。

法则 3：镇静心神。等待面试时，可以读一本有趣而未读完的书。心思投入到这上面，你就没空去紧张。面试开始前的瞬间，回想一件美好的往事，带着甜蜜轻松的笑意走进考场。有趣的读物，美妙的遐想，是面试前最好的“镇静剂”。

法则 4：积极暗示。积极的自我暗示对心态的平稳，有一种自我制约的功能。“我的心跳得很均匀”“我现在很安静”“没什么了不起，我一定能在面试中取胜，不用慌”……这样的积极自我暗示，可以减轻乃至消除心理紧张。

法则 5：调整呼吸。感到紧张时，多做深呼吸，或采取“呼吸守点法”，即呼吸时眼睛看一个固定目标，这样可以稳住情绪。

法则 6：调节语速。用慢速度开始你的谈话，这既有助于理清思路，又可稳定情绪。

法则 7：调控目光。生活经验和心理试验一再表明，目光对准主试者的额头，对于安定情绪有意想不到的效果，又不妨碍礼仪需要。

法则 8：如实说出。采取了一些措施后如果还是紧张，最佳对策是坦白承认：“对不起，我很紧张，请让我先安定一下，可以吗？”主试人一般不会拒绝，甚至还会同情你。如实说出紧张，得到了同情，安定了情绪，还会给主试人以诚实之感，时常可以化不利为有利。

（资料来源：马志国，面试成功的心理策略【J】思维与智慧，2007（2），有改动）

（六）演练自我介绍

自我介绍既是面试中的必备环节，也是求职者们最关心的问题之一。它是让面试官对你产生印象的很重要的一个环节，如何通过这个环节给面试官留下良好的印象是很关键的，因此求职者在面试前应不断演练这个环节。一个完整的自我介绍应包含我是谁、我做过什么、我做成过什么、我想做什么四部分。

1. 我是谁

在求职面试时，大多数面试官会要求求职者自我介绍，一方面可以了解求职者的大概情况，另一方面能考察求职者的口才、应变和心理承受能力及逻辑思维能力等。自我介绍就是打动面试官的第一步，也是推销自己的绝好机会。因此，一定要充分准备好自我介绍。在面试前一定要准备一份自我介绍的腹稿，时间不宜太长，3 分钟较为恰当。介绍时不要过多地讲述个人基本情况等内容，这些在求职自荐书上已经有了，应该更多地谈一些和你应聘的职位有关的工作经历和所取得的成就，证明你有能力胜任应聘的这个职位。自我介绍前可以先对着镜子多练几次，注意自己的表情、语速、姿态等，以便用最佳的表现赢得考官的赏识。

自我介绍的第一步主要介绍自己的个人履历和专业特长，包括姓名、年龄、籍贯等个人基本信息；教育背景以及与应聘职位密切相关的特长等。生动、形象、个性化地介绍自己的姓名，不仅能够引起面试官的注意，而且可以使面试的氛围变得轻松。

2. 我做过什么

在这一部分，主要介绍与应聘职位密切相关的实践经历，包括校内活动经历、相关的兼职和实习经历、社会实践等。要说清楚确切的时间、地点、担任的职务、工作内容等，这样会让面试官觉得比较真实、可信。特别需要注意的是，你的经历可能很多，自我介绍中不可能面面俱到，那些与应聘职位无关的内容使你引以为荣也要忍痛舍弃。

3. 我做成过什么

做成过什么，代表着你的能力和水平。在这部分，你主要介绍与应聘职位所需能力相关的个人业绩，包括校内活动成果和校外实践成果。介绍个人业绩，就是摆成绩，要把自己在不同阶段做成的有代表性的事情介绍清楚。

4. 我想做什么。

想做什么，代表着你的职业理想。在这个部分，你应该介绍自己对应聘职位、行业的看法和理想，包括你的职业生涯规划、对工作的兴趣与热情、未来的工作蓝图、对行业发展趋势的看法等。在介绍时，你还要针对应聘职位合理编排每部分的内容，与应聘职位关系越密切的内容，介绍的次序越靠前，介绍得越详细。

二、面试内容测评

面试是综合评估的过程。一般来讲，面试的考核内容主要分为知识水平、个人行为能力、语言能力、人际交往能力和职业心理。

（一）知识水平

知识水平涉及求职者的知识面和思维方式，包括管理技能、解决问题的能力、决策技能和有效地利用资源的能力等，这些都是无形的素质，无法量化。对于没有工作经验的大学生来说，面试官无法从求职者以前的工作习惯、项目经验来了解这些素质。因此，面试官会通过询问专业知识、实习实践、社会活动经验、测试综合分析能力等手段来择优录取求职者。

1. 专业知识

对专业知识的考察可以通过笔试来进行，也可以通过面试了解求职者所掌握的专业知识的深度和广度，并可以对其专业知识是否符合所要录用职位的要求作出有效的判断。因此，面试可以作为专业知识笔试的一种必要、有效的补充。在很多情况下，由于某种原因没有进行专业知识笔试，这时对专业知识方面的判断就会更多地依赖面试。而且，面试比笔试能更好地判断求职者专业知识的应用能力。例如，面试官会根据岗位工作中可能遇到的技术难题，或该项技术的应用发展方向，请求职者谈谈自己的看法。而对于一些跨专业选择工作的情况，面试官往往会围绕求职者所学的专业及应聘岗位之间的关联，挖掘求职者的学习能力，以及胜任岗位的潜在能力。

2. 实习实践、社会活动经验

面试官根据求职者个人简历上的实习实践经历提问，了解求职者知识的应用情况，同时还可以考察求职者工作活跃度、责任感、主动性和思维能力等。若一个人"两耳不闻窗外事，一心只读圣贤书"，如何能够说服用人单位自己可以学以致用呢？在平常的学习生活中，参加较多社会实践的学生往往动手能力强，眼界开阔，具有创新意识，有积极向上的人生观和处世态度。

3. 综合分析能力

所谓综合分析就是从整体上把握事物，把事物视为多层次、多方面、多阶段相互联系的统一体，对各部分和各要素进行周密的分析，把有内在联系的要素归结起来，从整体上真正认识客观事物。综合分析强调对客体本身内部规律的发现，无论事物、事件还是某种学说或思想，当它成为认识的对象时，它就被视为"有形"的客体，就可以被划分、被解释，这种解释是由外而内、逐渐深入的过程。

一般情况下，人们常把综合分析能力作为判断某人能力高低的主要标志。例如，一位领导刚到任，其下属往往会在私下议论、评价他的"水平"如何。当看到这位领导在很短的时间内便熟悉了情况，抓住了主要矛盾，准确有效地解决了一个个难题时，所属成员会赞扬新领导有"能力"。这个"能力"就包括领导的观察、思考和决策等方面的能力，从本质上看，这些也就是指他有较强的综合分析能力。

（二）个人行为能力

个人行为能力表现为外在的仪表、仪态，工作中反映出来的是自我控制能力和情绪的稳定性，以及应变能力和口头表达能力等。这些能力是否能与应聘岗位相匹配，也决定着适应工作的难易程度。

1. 仪表举止

仪表举止主要包括对求职者的外貌、体态、衣着、举止以及精神状态等。不同的职业对于仪表、仪态的要求是不同的，而对于某些职位如国家公务员、教师、公共关系人员、企业管理人员等，在仪表风度方面的要求较高。心理学家的研究表明，一个人外在的举止风度往往反映了一个人内在的品质。一个仪表端庄、衣着整洁、举止文明的人，一般做事有规律、注意自我约束，责任心较强。在面试中，无论应聘何种岗位，都要做到仪表端正、衣着整洁、举止文明有礼。

2. 情绪稳定性与自我控制能力

随着现代社会人们工作压力的增大，要求工作者具备一定的韧性和耐力。有些特定的岗位，如客服支持岗位、工作负荷较大的技术研发岗位等，情绪平稳、耐心、毅力是工作得以胜任的必备条件。无论人们从事何种工作，是否具有情绪稳定性和自我控制能力都是衡量工作者个人行为能力的一个非常重要的因素。在面试中，考官通过给求职者施加一定的压力或精神刺激，可以考察其情绪稳定性和自我控制能力。

3. 反应与应变能力

这主要考察求职者对突发问题反应的灵敏程度，对意外事件的处理是否得当，反应的迅速性和准确性，以及对于意外事件的处理是否得体、妥当等。这要求求职者不能停留于分析层面，而是在面对变化时能作出积极的反应并采取有效的措施来解决问题。面试中，考官通常会要求求职者说说以往面对困难时的表现。

（三）语言能力

面试是一种口头语言的交流过程，在面试当中可以最直接地反映出求职者的语言表达能力。语言表达能力主要考察的是求职者能否将自己的思想、观点、建议和意见等内容清晰而明确地用语言表达出来。考察的具体内容包括语言表达的流畅性、逻辑性、准确性和感染力等。

（四）人际交往能力

团队合作意识越来越受到现代企业的重视，因此在招聘中，团队协作能力的考察成为必须项。人际交往不仅包括与本单位人员的和谐共处，还包括与外界其他单位人员的沟通交流。在面试中，通过对求职者过去的人际交往经验的考察，可以了解求职者的人际交往倾向和与人相处的技巧，也可以给求职者提出一些假设的人际交往情境，尤其是一些较为尴尬的或两难的情境，考察求职者处理人际问题的技巧。

（五）职业心理

职业心理是人们在职业活动中表现出的认识、情感、意志等相对稳定的心理倾向或个性特征。不同个性心理特征的人适合不同的社会职业，不同的职业对人的个性心理特征也有不同的要求。职业心理包括进取心与成就动机、求职动机、业余兴趣与爱好、工作态度和待遇期望等。

1. 进取心与成就动机

一个人有较强进取心和成就动机，才能在事业上有所发展。进取心表现在努力将现有的工作做好，并且不安于现状，能够在工作中有创新。在面试中，通常要询问关于未来职业规划的问题，从中可以考察出求职者的进取心与成就动机。

2. 求职动机

面试官通过了解求职者为什么希望来本单位工作，对哪类工作感兴趣，在工作中追求什么等，从而判断本单位所提供的职位或工作条件等能否满足其工作要求和期望。

3. 业余兴趣与爱好

这主要是了解求职者在业余时间喜欢从事哪些运动，喜欢阅读哪些书籍，以及喜欢什么样的电视节目，有什么样的嗜好等。通过了解求职者的业余兴趣与爱好，可以在一定程度上了解其性格方面的特征。

4. 工作态度

这包括过去的学习态度、工作态度和对所应聘职位的态度。如果求职者在过去学习或工作中态度不认真，做什么、做好做坏都无所谓，或对所应聘的职位认识不到位，那么在新的工作岗位上也不大可能做到爱岗敬业、认真踏实。

5. 待遇期望

这主要是了解求职者对工资、福利等方面有哪些要求，与本单位的相关规定比较是相符，还是过高或过低。求职者应真诚地表达自己的内心想法，争取获得用人单位的认同和支持，不宜回避，切忌撒谎。从理论上说，面试可以测评求职者几乎所有的素质，但是在具体实施中，用人单位很少用面试去测评一个人的所有素质，而是有选择地用面试去测评它最能测评的内容。

第二节　面试的类型和应对策略

求职者在找工作的过程中需要经历各种形式的面试，了解面试的类型和方式是保证面试成功的重要一步。从不同的角度出发，面试可以分为以下几种基本类型：根据面试的标准化程度，可分为结构化面试、非结构化面试与半结构化面试；根据面试对象的多少，可分为单独面试与集体面试；根据面试的进程，可分为一次性面试与分阶段面试；根据面试题目的内容，可分为常规性面试与情景性面试；根据面试风格的不同，可分为压力性面试与非压力性面试。

一、面试的类型

（一）单独面试与集体面试

1. 单独面试

单独面试，指面试官与单个求职者面谈。这是最普遍、最基本的一种面试方式，优点是能够提供一个面对面的机会，让面试双方较深入地交流。单独面试又有两种类型，一是只有一个主考官负责整个面试过程，这种面试大多适合较小规模的单位录用较低职位的人员的情况；二是由多位主考官参加整个面试过程，但每次只与一位求职者交谈，比如公务员面试。

2. 集体面试

集体面试又称“小组面试”，指多位求职者同时面对面试官的情况。在集体面试中，通常要求求职者进行小组讨论，相互协作解决某一问题，或者让求职者轮流担任领导主持会议、发表演说等。这种面试方法主要用于考察求职者的人际沟通能力、洞察与把握环境的能力、领导能力等。一般集体面试主要有两种：一是求职者一人，面试官多人；二是求职者多人，面试官人数可多可少。

无领导小组讨论是最常见的一种集体面试法。在不指定主持人，面试官也不参与的情况下，求职者组成一个临时工作小组，自行排位、自行组织，讨论给定的问题，并作出决策。面试官不参与讨论，只是对每个求职者在讨论中的表现进行观察，对求职者的各个考察要素进行评分，从而对其能力、素质水平作出判断。无领导小组讨论面试的流程主要包括：规则说明阶段、自我介绍阶段、审题思考阶段、观点陈述阶段、自由讨论阶段、总结陈词阶段。求职者在面试过程中主要角色分工有领导者、时间控制者、建议者、记录员、总结者，各角色职责见表 8-1。

表8-1 无领导小组讨论面试主要角色职责

角色分工	职责描述
领导者	引领思路、团队协调等
时间控制者	时间划分和管理、推进讨论、协助领导者等
建议者	熟悉某个知识领域，提出自己的建议和见解
记录员	记录所有成员观点，整理给总结发言的组员
总结者	将讨论结果进行陈述和展示

下面介绍一下无领导小组面试的应对技巧。

（1）发言积极、主动。面试开始后，抢先亮出自己的观点，不仅可以给主考官员留下较深的印象，而且还有可能引导和左右其他求职者的思想和见解，将他们的注意力吸引到自己的思想观点上来，从而争取充当小组中的领导角色。自己的观点表述完以后，还应认真听取别人的意见和看法，以弥补自己发言的不足，从而使自己的应答内容更趋完善。

（2）奠定良好的人际关系基础。对方在考虑是否接受你的观点时，会首先考虑他与你的熟悉程度，彼此的关系越亲密，就越容易接受你的观点。若他认为彼此是敌对的关系，那么对你的观点的拒绝就是对他的自我保护。

（3）把握说服对方的机会。不要在对方情绪激动的时候力图使他改变观点。因为在情绪激动时，情感多于理智，过于逼迫反而可能使其更加坚持原有的观点，做出过火的行为，造成更难以改变的结果。

（4）言辞要真诚可信。能够设身处地地站在对方的立场考虑问题，理解对方的观点。在此基础上，找出彼此的共同点，引导对方接受自己的观点。整个过程中要态度诚恳，以对问题更深入的分析、更充分的证据来说服对方。

（5）要抓住问题的实质，言简意赅。语言的攻击力和威慑力，归根到底来自语言的准确性和鲜明性。反驳对方的观点时不要恶语相加，敌视的态度不能达到有效反驳的目的。从心理学角度看，敌视的态度会使人产生一种反抗心理，因而很难倾听别人的意见。

（6）论辩中要多摆事实，讲道理。不仅要立场鲜明，态度严肃，语气还要坚定，这样才可以使对方明确己方的观点，重视己方的意见。

（7）可以运用先肯定后转折的技巧，拒绝接受对方的提议。当对方提出一种观点，而你不赞成时，可先肯定对方的说法，再转折一下，最后予以否定。肯定是手段，转折后否定是目的。先予肯定，可使对方在轻松的心理感受中，继续接收信息。尽管最终是否定了，但这样柔和地叙述反对意见，对方较易接受。这样既可以使自己从难以反驳的困境中解脱出来，又使对方在较平和的心境中接受自己的观点。

（8）广泛吸收，以求取胜。这其实是“后发制人”的策略，在面试开始后，不急于表述自己的看法，而是仔细倾听别人的发言。从中捕捉某些对于自己有用的信息，通过取人之长来补己之短，待自己的应答思路及内容都成熟以后，再精心地予以阐述，最终令自己的回答比较全面和完善。

另外，针对不同的情境，还有一些用法上的技巧。

（1）如果自己处于被动的不利地位，就不要再纠缠于原来的话题。这时可以及时转移话题，或抓住对方的一个弱点，也可以从新的话题上向对方发起进攻，使自己变被动为主动。

（2）如果发现自己有明显的错误，最好趁对方发觉并指出之前，自己主动承认。这样既可以避免受到无可反驳的批评，又因为主动认错而显得有风度，还可以变被动为主动，消除对方的戒备心理。

（3）不要主观臆断。日常生活中往往易根据第一印象对某人的气质、性格作出判断，而在小组讨论中，不要以此判断一个人的学识、论辩能力、观点和态度。如果先入为主，很可能不利于自己在论辩中的地位和能力的发挥。

（4）不要太急于抢先。可以适当地保持沉默，仔细倾听其他人的意见，同时修正和完善自己的论点，充分吸收别人的优点。俗话说“旁观者清”，你了解各方的观点，又超脱其外，会让人觉得你有仲裁的权力，又因为你倾听的过程中不断修正了自己的观点，吸收了别人的长处，发言就容易被各方接受。

（二）结构化面试、非结构化面试与半结构化面试

1. 结构化面试

结构化面试，又称标准化面试，是根据特定职位的胜任特征要求，遵循固定的程序，采用专门的题库、评价标准和评价方法，通过面试官小组与求职者面对面的言语交流等方式，评价求职者是否符合招聘岗位要求的人才测评方法。所谓结构化，包括三个方面的含义：一是面试程序的结构化，即在面试的开始阶段、核心阶段和结尾阶段，主考官要做什么、注意什么、要达到什么目的，事先都会有精心安排；二是面试试题的结构化，即在面试过程中主考官要考察哪些方面的

要素，围绕这些要素主要提出哪些问题，在什么时候提，怎样提，在面试之前都已设计好；三是面试结果评定的结构化，即从哪些角度来评判求职者在面试中的表现，评定等级如何划分，甚至如何打分等，在面试前都会有相应的规定，并在主试者之间统一尺度。目前来说，结构化面试在公务员、事业单位、国企的面试中运用得比较多。

结构化面试一般包括自我介绍、回答问题、提问、结束面试四个阶段。

（1）自我介绍阶段。① 主动推荐自己：主动向对方介绍自己，给人“态度积极，求职心切，胸有成竹”的感觉。② 重点突出：主要是突出自己的能力和知识构成，突出自己的优势和闪光点。③ 真实全面：实事求是，客观全面，不能夸大或造假，要将个人基本情况、工作简历、学习成绩、业务特长及爱好综合展示，要给用人单位以系统全面的整体感觉。④ 有的放矢：针对用人单位的具体要求，强调自己的社会经验和专业所长，这样才能让用人单位相信你是理想的应聘者。比如：用人单位招文秘人员就要介绍自己的文学、历史知识及写作能力，招管理人员就要介绍自己的学生干部经历等。⑤ 新颖独特：自荐词、自我介绍要有个人风格，独特的风格能让你显得更加出类拔萃。⑥ 谦虚谨慎：初出茅庐的求职者，倘若妄自尊大、班门弄斧显然不能得到对方的好感。即使求职者有过人之处也要以谦恭的态度向对方展示，对某一问题有好的建议也应委婉地提出。⑦ 自信大方：具体来说就是要有洪亮的声音、洒脱的态度、从容的举止，这样才能表达出求职者的自信。

（2）回答问题阶段。这是核心阶段，是整个面试中最具实质性的阶段。面试者会根据你的回答，来观察你的知识水平、业务能力、人际交往能力等主要个人信息。这个阶段一般会占85%左右的面试时间，求职者需要做到谦虚谨慎、机智应变、扬长避短、显示潜能。

（3）提问阶段。主动向面试官提出问题，表明求职者对应聘公司的关心程度，可以利用这个机会展示自身相关的技能和工作经历。

（4）结束面试阶段。结束面试时求职者可以说：“非常感谢您给我的指点，希望有机会多多向您学习，也希望有机会为贵公司效力。如能被聘用我定会努力工作，请多考虑我的情况，希望得到好消息，再见。”

2. 非结构化面试

非结构化面试也称“随机面试”，是对与面试有关因素不作任何限定的面试，面试官所问问题不需遵循事先安排好的规则和框架。在非结构化的面试条件下，面试的组织非常“随意”，关于面试过程的把握、面试中要提出的问题、面试的评分角度与面试结果的处理办法等，面试考官事前都没有精心准备与系统设计。非结构化面试较类似于人们日常生活中非正式的交谈，除非面试考官的个人素质极高，否则很难保证非结构化面试的效果。目前，非结构化的面试越来越少。

3. 半结构化面试

半结构化面试是指介于结构化和非结构化之间的一种面试方式。相比较而言，结构化面试比非结构化面试能更加有效地考察一个求职者。相关研究表明，结构化面试的平均效度系数是非结构化面试的两倍。当然，结构化面试所付出的人力、物力和财力也比非结构化面试要大，而且一般要借助外部的专家力量来完成。因此，有的单位采取半结构化面试的方式，既降低了成本，又针对性地考察了求职者的素质。

（三）一次性面试与分阶段面试

1. 一次性面试

一次性面试，指用人单位对求职者的面试集中于一次进行。在一次性面试中，面试考官的阵容一般都比较“强大”，通常由用人单位人事部门负责人、业务部门负责人及人事测评专家组成。在一次性面试中，求职者是否能面试过关，甚至是否被最终录用，都取决于这一次面试表现。面对这类面试，求职者必须集中所长，认真准备，全力以赴。

2．分阶段面试

分阶段面试又可分为两种类型，即依序面试和逐步面试。

（1）依序面试一般分为初试、复试和综合评定三个阶段。初试的目的在于从众多求职者中筛选出较好的人选，主要考察求职者的仪表风度、工作态度、上进心、进取精神等，将明显不合格者予以淘汰；初试合格者则进入复试，复试以考察求职者的专业知识和业务技能为主，衡量求职者是否适合拟任工作岗位；复试结束后再由人事部门会同用人部门综合评定每位求职者的成绩，确定最终合格人选。

（2）逐步面试一般是由用人单位的主管领导以及一般工作人员组成面试小组，按照小组成员的层次、由低到高的顺序，依次对求职者进行面试。面试的内容依层次各有侧重，低层次一般以考察专业及业务知识为主，中层次以考查能力为主，高层次则需全面考察求职者的素质并最终把关。求职者要对各层次面试的要求做到心中有数，力争每个层次均给考官留下好印象。在低层次面试时不可轻视；在面对高层次面试时也不必拘谨。

（四）常规性面试与情景性面试

1．常规性面试

常规性面试，就是我们日常见到的最常用的面试官和求职者以面对面问答的形式为主的面试。在这种面试条件下，面试官处于积极主动的位置，求职者处于被动地位，求职者根据面试官的提问作出回答，展示自己的知识、能力、素质和经验。面试官根据求职者对问题的回答以及求职者的仪表仪态、肢体语言、在面试过程中的情绪反应等对求职者的综合素质状况作出评价。

2．情景性面试

情景性面试是面试形式发展的新趋势，突破了面试官和求职者一问一答的模式，引入了无领导小组讨论、公文处理、角色扮演、演讲、答辩、案例分析等情景模拟方法，面试的具体方法灵活多样，面试的情景性、逼真性强，求职者的才华能得到更充分、更全面的展现，面试官对求职者的素质也能作出更全面、更深入、更准确的评价。

在情景性面试中，给出的情景往往是你所应聘岗位工作中的一些实际情况，所以在面试前一定要对自己所应聘岗位的工作内容有所了解，面试中表现得落落大方，自然和谐地进入情景中。只有去除不安和焦灼的心理，才能发挥出自己的最佳状态。

（五）压力性面试与非压力性面试

1．压力性面试

压力性面试是指有意制造紧张，以了解求职者将如何面对工作压力的一种面试形式。事实上，压力面试不是单独存在的一类面试，往往是穿插在面试过程中的。面试官通过提出不礼貌、冒犯的问题，或者用怀疑、尖锐、挑衅的语气发问，使求职者感到不舒服，针对某一事项或问题进行一连串的发问，直到求职者无法忍受。其目的是考察求职者对压力的承受能力、应变能力和人际关系处理能力等。

压力面试的考察要点有心理承受能力、抗高压能力、应变能力、人际交往能力、沟通能力等。求职者在应对压力面试时，首先要能识别面试官在进行的是压力测试，其次必须保持情绪稳定，用敏捷的思维和良好的控制力来化解面试官的压力拷问。

2. 非压力性面试

非压力性面试是在没有压力的情景下考察求职者有关方面的素质。

二、面试应对技巧

俗话说“有备无患”。参加面试前进行一些必要的技巧准备,对面试的成功来说是必不可少的。

(一)面试语言表达技巧

语言是人与人之间沟通的桥梁,面试场上你的语言表达能力标志着你的成熟程度和综合素养。因此,对求职者来说,掌握语言表达的技巧至关重要。

1. 口齿清晰,语言流利,文雅大方

面试交谈时要注意发音准确,吐字清晰,还要注意控制说话速度,以免磕磕绊绊,影响语言的流畅性。同时,为增加语言的魅力,可适当使用一些修辞手法,忌用口头禅,更不能使用不文明的语言。

2. 语气平和,语调恰当,音量适中

面试时要注意语言、语调、语气的正确运用。打招呼时宜用上扬语调,加重语气并带拖音,以引起对方的注意。自我介绍时,宜用平缓的陈述语气,不宜使用感叹语气或祈使句。还要注意根据面试现场的情况确定音量的大小。声音过大令人厌烦,声音过小则难以听清。两人面谈且距离较近时声音不宜过大,群体面试而且场地开阔时声音不宜过小,主要以每个面试官都能听清你的讲话为原则。

3. 语言要含蓄、机智、幽默

面试时除了表达清晰以外,适当的时候可以使用一些幽默的语言,为谈话增加一些轻松愉快的气氛,也可以展示自己的较高素质和从容风度。尤其是当遇到难以回答的问题时,机智幽默的语言有助于化险为夷,并给人以良好的印象。

4. 注意听者的反应

求职面试不同于演讲,而是更接近于一般的交谈。交谈中,应随时注意听者的反应。比如,听者心不在焉,可能表示他对自己这段话没有兴趣,你得设法转移话题;对方侧耳倾听,可能说明由于自己音量过小使对方难以听清;皱眉、摆头可能表示自己言语有不当之处。根据对方的这些反应,就要适时地调整自己的语言、语调、语气,这样才能取得良好的面试效果。

[知识链接]

面试交谈原则

求职者与面试官交谈应该把握以下“四个度”的原则。

原则1:体现高度。求职者要在交谈中展示自己的水平,包括思想水平和专业水平,对问题的回答不能满足于“知其然”,还要答出“所以然”。

原则2:增强信度。求职者要在交谈中展示自己的真诚。首先,态度要诚恳,交谈不要心不在焉;其次,表达要准确,少用“可能”“也许”“大概”等模棱两可的词语;再者,内容要真实,尤其是对于自己的优缺点要一分为二,实事求是。

原则3:表现风度。求职者要在交谈中展示自己的气质。一方面要体现自身的外在形象,另一方面更要体现内在气质。言语是一个人内在气质、涵养的外在体现,要注意用自己的语言魅力展示自己。

原则4:保持热度。求职者要在交谈中展示自己的热情。这就需要做到主动问候,精神饱满,

悉心聆听。

（资料来源：根据网络资料整理）

（二）面试肢体语言技巧

人的动作、表情或体态是了解个人素质的外在依据，通过对人的动作、表情含义的辨识可以达到“知人、知面而知心”的目的。所谓肢体语言，即用动作表情或体态等来表情达意、传递信息的一种语言形式，它属于一种非语言传播或非言语交际，一般伴随口头语言而存在。肢体语言主要包括表情语、手势语和体态语。肢体语言可以帮助人们消除人际隔阂，从而达到改善人际关系的目的。求职者在面试过程中，若能正确运用肢体语言，有利于树立自身的良好形象，给人以富有教养、风度翩翩的印象，且有助于交谈的顺利进行。

1. 自信的神态

不管做什么事情，自信是最重要的先决条件。在面试中的自信是要让面试官充分感受到自己是这个职位最合适的人选。其实，求职最终是否成功只是一个结果，重要的是自己能否在面试的过程中充分地展现自我。面试官通常在面试结束后很长一段时间，不太会记得求职者说话的具体内容，而只记得这个求职者有没有给自己留下比较深的印象。所以，同等能力条件下的求职者，自信心是否充足是影响面试官最终作出决定的很重要的因素。

2. 眼神的交流

在面试中，求职者应全神贯注，目光始终聚焦在面试官身上，这在不言之中展现了自信及对对方的尊重。

注视对方时，目光要自然、柔和、亲切、真诚，不要死盯着对方的眼睛，否则会使对方极不自在；同时，也不要在某一局部区域内眼神飘忽不定，否则会使对方感到莫名其妙。不要东张西望、左顾右盼，否则会显得心不在焉；不要含胸埋头，否则会显得胆小羞怯或者对谈话不感兴趣；不要高高昂起头，两眼望天，否则会显得傲慢。这些行为都是失礼和缺乏教养的表现。正确的眼神交流方式应该是：礼貌地正视对方，注视的部位最好是鼻眼三角区（社交区）；目光平和而有神，专注而不呆板。如果有几个面试官在场，说话的时候要适当地用目光扫视一下其他人，以示尊重和平等。

注视对方时要注意眨眼的次数，我们知道每分钟眨眼 15 ~ 20 次为正常，眨眼次数过多，表示在怀疑对方所说内容的真实性，而眨眼时间超过一秒钟就成了闭眼，表示厌恶，不感兴趣。

若双方目光相遇，相对视，不应慌忙移开，应当顺其自然地对视 1 ~ 3 秒钟，然后才缓缓移开，这样显得心地坦荡，容易取得对方的信任。一遇到对方的目光就躲闪的人，容易引起对方的猜疑，或被认为是胆怯的表现。

3. 真诚的微笑

真诚的笑容会产生亲和力，增强对方的好感。没有一个面试官会有兴趣与一位表情呆板、思维迟钝的求职者作长时间的交流。面试过程中如果求职者毫无感情色彩地、机械地回答提问，那么，在这种沉闷和无趣的交流中，就无法激发面试官进一步了解求职者情况的欲望，面试也会在很短的时间内结束。

4. 手势动作

手势具有描绘事物、传递心声、表露感情、加强口头语言力度和组织指挥等功能，手势具有形象性、鲜明性、醒目性和动作大的特点。为此，我们在求职面试时，应当利用手势的特点最大限度地发挥手势在非语言表达中的重要作用。但面试中切忌手势太多，可适当配合一些手势讲解，不要频繁耸肩，不要使用不恰当的手势，更不能有抠指甲、挖鼻孔、仰头看天花板、想问题的时候歪着头、搓衣角等小动作。

（三）面试交谈技巧

交谈是通过语言完成人际沟通的方式，讲究交谈的艺术，对于交谈的融洽、高效、顺利具有重要作用。

1. 善于寻找话题

“万事开头难”，与面试官寒暄过后的第一句交谈最不容易，因此，常出现可怕的冷场现象。但开头又十分重要，“良好的开端等于成功的一半”，这句话用到求职交谈上再恰当不过。选择好的话题是深入交谈的基础，是纵情畅谈的开端。所谓好话题，就是双方感兴趣、能激发对方谈话欲望的话题。那么，怎样寻找话题呢？如果场合适宜，说几句“今天天气真好”之类的话当然可以，但若不论时间、地点、场合一味地谈论天气，未免滑稽。最好还是结合所处的环境，就地取材，引出话题。首先要弄清楚，面试官是不是把你的名字搞清楚了，有没有把你当成另外的求职者。此时，你可以婉转地问他，收到你的履历表或推荐材料没有。如果没有收到或材料没有在面试官身边，你可以立即补上一份。

一般来说，一个人感兴趣的东西，多是他知识储备的精华部分，可以有效地激发他的谈话欲望。有时求职者对面试官的情况不熟悉，受时间和环境限制又难以了解，遇到这种情况可以试试下述几个寻找话题的方法。

（1）中心开花式。面对多个面试官时，可选择大家都关心的热点事件，围绕人们的注意中心引发讨论。这些都是大家想谈、爱谈又能谈的，人人都有话，形成“中心开花”的局面。

（2）投石问路法。这是通过巧妙地借此时、此地的某些材料、事件引出话题，进行交谈，还可进一步了解对方的兴趣。

（3）循趣入题法。通过问明对方的兴趣，或了解对方最近正在从事的活动，顺利地引入话题。当然，话题的选择还要看对象。面对不同的对象所选择的话题和所使用的语气也应有所不同。

2. 善于控制话题

求职面谈，既不同于个人独处时的自言自语，也不同于当众演讲，而在于相互间的呼应。求职者为达到说服对方、推荐自己的目的，必须积极参与交谈，注意对话方式，适时调控面谈的进程。

这对我们回答问题时的方式也提出了要求，具体可以从以下几个方面加以把握。

（1）把握重点、言简意赅。一般情况下回答问题要结论在先，议论在后，先将自己的中心思想表达清晰，然后再作叙述和论证。不用冗词赘句，以免将主题冲淡或漏掉，让人不得要领。

（2）确认提问内容，切忌答非所问。面试中，如果对面试官提出的问题不着边际，以致不知从何答起或难以理解对方问题的含义时，可将问题复述一遍，先谈自己对这一问题的理解，再向对方确认内容。尤其是将不太明确的问题弄清楚，这样才会有的放矢，避免答非所问。

（3）独到见解，别具风格。卡耐基在谈及自我推销时说：“推销自己必须培养个人的风格。没有风格，你只是芸芸众生中的一个。”风格独特的应答是引起对方的兴趣和注意的捷径。

（4）要知之为知之，不知为不知。面试遇到自己不知、不懂、不会的问题时，默不作声、牵强附会、不懂装懂的做法均不足取。诚恳坦率地承认自己的不足之处，反倒会赢得面试官的信任和好感。

3. 善于转移话题

恰当地提出话题，主动地控制话题，是交谈成功的重要条件。但在某种情况下，也需要巧妙地转移话题。在两种情况下需要转移话题：一是所谈内容与自己求职无关，而对方却谈兴正浓；二是察觉到对方不愿听下去的暗示。

（1）注意倾听。绝大部分人认识到了谈话的重要性，在表达自己意愿方面很下功夫，在面谈时倾向于以自己的观点来影响对方，而忽视了听对方讲话。其实，并不是每个人都会听别人讲话。听，并非只是简单地用耳朵就行了，必须用心去理解，还要积极地作出反应。听与说同样都是自我推销的重要手段。据有关心理学家的研究，人们说话的速度是每分钟 120 ~ 180 个字，而思维的速度则是说话的 4 ~ 5 倍，所以对方还没说完，我们就已经知道他所要说的全部意思。这时思想就会开小差，同时会表现出心不在焉的下意识动作或神情，甚至对对方的谈话充耳不闻。因为这种原因而失掉工作的，不乏其人。可见，善于倾听，也是面谈成功的一个要诀。

（2）把握提问机会。面试考场上，面试官有时候会把提问的权力交给你，求职者不必谦让，大大方方接过来即可。同面试开始时的自我介绍一样，求职者在面试收尾时的提问也是求职者充分掌握主动权的一次机会，因此求职者不仅需要通过面试官对自己问题的回答来了解一些与申请职位以及面试相关的信息，也需要借这个机会，充分表现出自己的与众不同。那么提些什么问题呢？求职者可以就申请职位和本次面试提一些相关问题，在表示自己对这份工作的信心的同时，不妨流露出少许犹豫——你要让面试官知道他的回答可能会影响你最后的决定，因为你也有选择的权利。例如："我对贵单位领导的频繁变动感到很费解，您能告诉我是什么原因吗？""以前由您面试的求职者，现在他们的工作业绩如何呢？""如果贵单位最终录用我，而且我也接受，您认为在正式上岗前，我还需要做些什么？""是不是面试中表现出色的求职者会优先考虑录用呢？"

（四）面试结束时的技巧

求职过程必须善始善终。面试即将结束的时候，如果对方没有表示与你联系，可以问问对方什么时候作出最后的决定，好让自己有一个心理准备，或问一下可否在一段时间内来电询问，不要不敢问。

1. 适时告辞、礼貌再见

面试时间长短要视面试内容而定。不要在面试官结束谈话前表现出烦躁不安、急欲离开的样子，你应该知道在什么时候告辞。面试官认为该结束面试时，往往会说一些暗示的话语表示面谈的结束，有的会用这样的辞令结束谈话："我很感激你对我们公司这项工作的关注""谢谢你对我们招聘工作的关心，我们作出决定后就会立即通知你""你的情况我们已经了解了，你知道，在作出最后决定之前我们还要面试几位申请人"，以及"同你谈话我感到很愉快"或"感谢你前来面试"等。求职者听到此类暗示语之后，就应该主动告辞。这时应一面徐徐起立，一面以眼神正视对方，并作最后的表述，以显示自己的满腔热忱，如"谢谢您给我一个应聘的机会，如果能有幸进入贵单位服务，我必定全力以赴。"然后欠身行礼，说声"再见"，轻轻把门关上退出。

2. 面试后礼仪

许多大学生求职时只留意面试时的细节，而忽略了面试后的礼仪。从你进入面试单位起，你就可能已经进入了招聘方的视线，他们都在观察你的一举一动，看你是否符合他们的用人要求，所以在面试时的每一个环节都要注意自己的礼仪规范。面试结束后的注意事项如下。

（1）回顾总结。第一，面试一结束，应该对自己在面试时遇到的难题进行回顾。重新考虑一下，如果他们再一次向你提问时，该如何更好地回答这些问题。第二，尽量记下面试时与你交谈的人的名字和职位。第三，万一通知你落选了，你也应该虚心地向招聘者请教你有哪些欠缺，以便今后改进。这样，就可以知道自己到底为什么落选。一般来说，能得到这样的反馈不容易，你应该好好抓住时机。

（2）事后致谢。为了加深招聘者对你的印象，增大求职成功的可能性，面试后的两三天内，最好给主考官打个电话或写封信表示感谢。在信里应该感谢他为你所花费的精力和时间，感谢他为你提供的各种信息。

（3）询问结果。在一般情况下，面试官们每天面试结束后，都要进行讨论和投票，然后送人事部门汇总，最后确定录用人选，可能要等 3 ~ 5 天。求职者在这段时间一定要耐心等待消息，不要过早打听面试结果。面试官都会许诺一个通知时间，如果通知时间到了还没收到答复的话，那么就应该主动给招聘单位或面试官打个电话，询问一下结果。其中有两个礼仪细节必须注意：什么时候问和怎么问。如果在一个星期内，或者依据他们作决策所需的一段合理时间之内没有得到任何音信，你可以给招聘负责人打个电话，问他“是否已经做出决定了”。这个电话可以表示出你的兴趣和热情，还可以从他的口气中听出你是否有希望被录用。如果知道自己没有被录用，就要保持冷静，可以请教一下未被录用的原因，谦虚会赢得对方的尊重，有可能带来下一次面试机会。如果在电话中听出自己有希望被录用，但最后决定尚未做出，那么可以过段时间后再打一次电话问一下。每次打电话后，还应该给对方寄封信，信的内容包括：重申自己的优点；对应聘职位仍然十分感兴趣；能为公司的发展做出具体的贡献；希望能早日听到公司的回音。

三、面试禁忌

大学毕业生在求职时，不可避免地要接受用人单位的面试，此时特别要注意面试中的一些禁忌，以免给他人留下不好的印象而导致求职失败。

（1）忌心不在焉。面试交谈时四处张望，经常走神，注意力分散，问题听不清，说话听不懂，答非所问，心不在焉，这会使人怀疑你求职的诚意。

（2）忌过于固执。对话要简洁明了，同时，要将言下之意充分表达，无论多么重要的事，也不要反复向面试官提出。如与面试官意见相左，可保持沉默，决不可为争一时之胜，固执地坚持自己的观点。

（3）忌中途打岔。面试官一句话尚未说完，就中途打断；面试官语意未表达完整，就以下意识的动作使面试官中止讲话，这是非常不礼貌的行为。即使你认为有此必要，也应先征得对方同意，否则应加以避免。正确的做法是应该冷静地等待对方将话说完，然后再平静地说出自己的观点，尽量让面试官保持对你的好印象。

（4）忌喋喋不休。不管你口才多么好，如果不顾对方，打开话匣子后，就口若悬河，担心遗漏一点细节，生怕面试官不清楚，不注意面试官各种微妙反应和不满情绪，是十分不利于求职者的。

（5）忌阿谀奉承。虽然很多人都愿意听奉承话，但面试毕竟不是做生意是你的技能，一味对面试官阿谀奉承会让人生厌，甚至令对方鄙视你的品格除了礼貌上的客套话外，奉承话最好少说。

（6）忌互相讽刺。与面试官谈话，应完全避免以讽刺或嘲笑的口吻说话，也许你觉得用讽刺性的话语，可使谈话的气氛更加活跃，但讽刺性的言语，往往会带来相反效果，伤及对方感情，最终会对己不利。

（7）忌离题万里。问什么就答什么，与话题无关的话不说，与话题有关但不是非常重要的也要少说，决不可随心所欲，偏离主题，自说自话，使听者不知所云。

（8）忌自我吹嘘。求职者为了使自己能够录用，面试时往往喜欢自我吹嘘，说：“我有什么什么特长”“我到公司后立刻带来什么什么变化”“我保证怎么样”等，似乎自己是天才、奇才，单位没有了你就不行。如果面试官对这个领域比较了解，反而会贻笑大方，令人反感。

（9）忌装模作样。面试时，要将自己原原本本地呈现在面试官的面前，无须装模作样，一味模仿他人的行为和动作，反而使人感到厌恶。更不要故作高雅，时不时地说几句英文或时髦用语，让对方产生此人不踏实的感觉。

（10）忌拐弯抹角。回答问题应直截了当，不要铺垫过多，绕圈子过大，使面试官听了半天还不知所云；也不要吞吞吐吐，欲言又止，使面试官感到别扭，认为此人城府太深或过于谨小慎微。

（11）忌强行推销。对待面试官不可像与商人谈生意一样，只顾推销自己，过度夸奖自己来让对方留下良好的评价；更不要说些毫无根据，或威胁、命令的话，强迫对方认同自己。

（12）忌言辞不当。面试时，声音太小或太快，都会让人听不清楚；声音太大或太慢，也会使人感到精神紧张；说话带上"啊""噢""嘛""呢"等尾音，给人以"打官腔"的印象；更不能说话夹杂着不文明用语。另外，讲话最好使用普通话。

（13）忌用专业术语。大多数情况，招聘涉及的专业较多，面试官员并不一定是某一专业的专家。若面试时，与不懂财务的人谈很多会计术语；与不懂技术的人谈很多技术术语，这些都会让对方感到难堪。

（14）忌勃然大怒。即使遭受面试官的批评，也不要当场发作。有时这恰恰是面试官考核你的一项内容，可能他们有意说些不太中听的话，用讽刺的口吻刺激你，借以观察你，看你是否具备一个高级管理人员的修养。

（15）忌抽烟喝酒。有的求职者了为显示潇洒，面试前特意买上两包好烟，趁机给面试官和其他招聘人员，自己也抽上一支。如果面试官是不吸烟者，就会对此感到反感。另外，面试前切忌喝酒，如果酒气熏天，晕头晕脑，一则不利于面试，二则易被人误认成酒鬼，会产生不好的印象。

（16）忌以上压下。面试时最有发言权的是面试官，除非确有必要，一般不要利用关系，借面试官领导之口或某单位领导之言替自己说话，以免引起面试官反感。即使面试官自己提及，你也不要过分讨论，而应主要表现自己的才能。

（17）忌横向攀比。不可随意乱说某人如何好，哪个单位如何实惠，什么企业和部门如何有发展前途。这容易给人带来误解：别人如何好，言下之意就是面试官不行或我作为求职者比别人差；某单位、某企业如何如何好，似乎本单位不太行，既然如此，你何不去那个单位求职呢？

（18）忌要求过高。这是指对面试以外的问题别提太高的要求。盲目地要求工作单位收入高、待遇好、休假多，工作环境好和良好的住房条件，实际上是一种好逸恶劳、不切实际的空想，任何招聘单位都难以答应，反而给人留下好高骛远只知享受的印象。

（19）忌丧失自信。面试之前要对招聘的各种职位和工种作必要的了解，做到胸中有数，面试时要充满信心，回答面试官的问题要坚决果断，切不可怕这怕那，关键时刻犹豫不决，举棋不定。

（20）忌唯唯诺诺。面试时不要忘了自我，毫无主见，唯唯诺诺，一味盲从面试官，使人以为你无能怯懦，难以胜任此项工作。

（21）忌不拘小节。面试应严肃认真，不要做无用的小动作，如嚼口香糖、啃指甲、抓头发等；也不要和面试官耍贫嘴、开玩笑、套近乎。

（22）忌过于谦虚。面试既要避免自我吹嘘，也要避免谦虚过度，可以详细介绍自己的业务专长，尽量让面试官相信你是某某方面难得的人才。不要说自己这也不够，那也还要学习，使人听后认为你能力有限，难当大任，最重要的是实实在在地表现自己。

（23）忌与人争辩。考场非赛场，面试不是辩论赛。当面试官观点与自己相左时，不可当面站起来争辩、反对，要尊重面试官，尽量回避争论。

（24）忌惧担风险。风险与竞争同在，任何行业均是如此。招聘中面试官常常会提醒求职者，从事该职业有较大风险，请求职者认真考虑一下。此时求职者要充分估计风险的大小和个人的承受能力，如果惧怕风险，害怕竞争，最好一开始就不要前去应聘。

（25）忌泛泛而论。如果面试官要求你对某个问题、某项工作发表自己的见解，那么，切记不要照搬社会上流行的“大众观点”，而要有自己的独特见解，即使不太成熟，也会给人以耳目一新的印象。

（26）忌回答问题过于抽象。面试官总是希望了解求职者的具体情况，切不可以用一两句空洞、抽象的话来搪塞。如：问“你的英语水平如何？”回答“还可以”“一般”“不错”“马马虎虎”等就过于简单，应具体回答：“曾在某大学外语培训中心强化学习一年”“已通过大学英语四级考试”“已通过托福考试”等，一定要给对方一个直观的判断。

第三节　面试常见问题的回答技巧

一、面试程序

面试程序一般来说分为以下四个阶段：

（1）准备阶段。准备阶段主要是以一般性的社交话题进行交谈，例如，面试官会问类似“从学校到公司远吗”这样的问题，以使求职者自然进入面试情景，消除其紧张心理。在此阶段，求职者无须对所有问题进行详细的解答。

（2）引入阶段。社交性的话题结束后，待求职者情绪稳定下来，面试官一般会围绕求职者的履历情况提出问题，例如，“请作一个简单的自我介绍”“在大学期间所学的主要课程有哪些”等问题。在回答此类问题时，求职者应胸有成竹、自信应答。

（3）正题阶段。进入面谈的实质性正题，面试官会通过各类话题来了解求职者的工作能力、综合素质、性格特质等。在此阶段，提问的范围较广，并无统一套路，面试官为了获取求职者的评价信息，提问的方式各有不同。

（4）结束阶段。在问完所有问题后，面试官会问：“请问你有什么问题吗？”此时求职者可以提一些自己想问的问题，例如“如果被公司录用会安排相关培训吗？”等问题。

二、面试中的常见问题

（一）自我介绍

1. 自我介绍的注意事项

自我介绍是面试实战中的关键一步，2 ~ 3 分钟的自我介绍会在很大程度上决定求职者在面试官心中的形象。因此，要注意把握以下几个要点：

（1）突出个人优势。结合岗位职责，提炼自身优势，最好以事实、数据来证明自己能胜任这一岗位。

（2）内容要真实可信。为使个人形象鲜明，并且增加内容的可信度，求职者可适当引用他人的评价，如老师、朋友等的评论来支持自己的描述。例如，在父母眼里，我向来是一个懂事的孩子。在家里孝顺父母，经常帮忙做家务，从来都不用父母操心，在学校学习刻苦、成绩优异。

（3）注意逻辑层次。自我介绍时，求职者应层次分明、重点突出，使自己的优势一目了然。

2．自我介绍的答题思路

（1）专业知识。专业知识上的优势有两种：一是学习成绩优异；二是实操能力较强。对于应届毕业生来说，如果学习成绩优异，可在自我介绍中提及自己的在校成绩，以优异的在校成绩来证明自己专业知识扎实。如果学习成绩一般，则在介绍时要注意突出自己比较注重专业知识的实际运用，要强调自己热爱本专业的知识。对于非应届毕业生来说，可以强调毕业后自己从事的是与本专业相关的职业，在工作中学会如何将理论知识熟练运用于实际，积累了比较丰富的工作经验，提升了自身的工作能力。

（2）个人经历。这主要包括在校经历和工作经历。应届毕业生的在校经历包括学生工作经历、兼职经历、实习经历。学生工作经历主要是描述自己先后担任过哪些学生干部职务，组织过哪些重大或者有特色的活动，并且注明这些经历培养了自己良好的领导、管理、协作、沟通能力，使自己能够客观理智地面对问题，做到顾全大局；兼职经历可以强调自己的团队协作能力；实习经历要表明通过与专业相关的岗位实习，加深了对理论知识的理解，提升了实际操作能力。非应届毕业生可重点阐述自身的工作经历，还可以在描述岗位职业、取得业绩之后，强调团队协作，表达知遇之恩，感谢领导的耐心指导和同事的热心帮助，使得自己的业务能力得到了提升。

（3）性格特质。这要根据应聘岗位进行精心提炼，例如，应聘银行职员，"谦虚谨慎、沉着冷静、胆大心细、自律性强、敢于担责、顾全大局"等性格特质就与岗位很匹配。求职者要做到精准提炼，需要事先了解应聘岗位的工作部门、工作职责、具体业务等。求职者可通过咨询、网上查询等方式提前了解该岗位对求职者性格上的特殊要求。

（二）其他常规题目

1．优点缺点——"你有什么优点缺点？"

在介绍自身优点时，要充分具体，最好能够以事实、数据说明。介绍缺点时，不应与所应聘的岗位相对立，比如"粗心大意"与会计岗位是相对立的。不宜把明显的优点说成缺点，比如"追求完美"。此时可以说出一些大学生普遍存在的缺点，例如"缺乏工作经验"；抑或是一些表面上看是缺点，从工作的角度看却是优点的缺点，例如"做事情虽然也知道好事多磨的道理，但是自己总是有点急于求成，所以有时工作效率虽高，但也容易忽略细节"。

2．业余爱好——"你有什么业余爱好？"

业余爱好能在一定程度上反映求职者的性格、心态和观念。介绍时不宜过于单一，以免显得性格孤僻或生活单调；也不宜过于丰富，切忌谈及庸俗的、令人感觉不好的爱好，可以适当提及一些户外的业余爱好来强化自身形象，如果能够做到将爱好与岗位相统一，就最好了。

3．求职动机——"你为何应聘我们公司？"

面试官可以从该问题的回答中了解你求职的动机、职业愿望以及对此项工作的态度。回答该问题时，可以从行业、企业、岗位这三个角度逐一来回答。例如，"贵公司的行业发展前景良好，贵公司十分重视人才，我非常认同贵公司的企业文化，而且我的专业素质、实习经历、性格特质都与这个岗位相匹配，我相信我一定能够胜任这份工作"。也可以从求职需要、学以致用、锻炼自身、实现价值四个角度来回答。

4．离职原因——"您在前一家公司离职的原因是什么？"

回答此问题时，求职者应使招聘单位相信，在过往单位的"离职原因"在该招聘单位不存在。具体回答时，不宜将原因说得过于具体详细，也不宜掺杂太多的负面感受，例如，"人际关系复杂""公司不重视人才"等，可以委婉地说"想换换环境"，尽量使解释的理由为个人形象添彩。例如，

“我离职是因为这家公司倒闭了。我在公司工作了两年多，对公司有着深厚的感情。从去年开始，由于市场形势突变，公司的局面急转直下。对此我很遗憾，但还是要面对现实，重新寻找我能发挥所能的舞台。”

第四节　面试礼仪与注意事项

人无礼则不生，事无礼则不成，国家无礼则不宁。礼仪是做人的基本要求，也是一个民族、一个国家文化修养和道德修养的外在表现形式。面试礼仪是用人单位通过衣着、装扮、语言、手势、表情、笑容等方面来考察求职者综合素质的一项指标。

一、形象礼仪

形象礼仪是个体形象的外在表现形式之一，形象礼仪的好坏往往反映出一个人素质的高低。在人际交往中，其外在的形态、容貌、着装、举止等始终是一种信息，在不知不觉中已经传给了对方，这些信息无疑会对交际活动的全过程产生影响。心理学“首因效应”理论认为，别人形成对你的第一印象只是在初次见面的几秒钟的时间里。虽然第一印象并非总是正确的，但却是最鲜明、最牢固的，并且决定着以后双方交往的进程。

（一）仪容礼仪

仪容通常指人的外貌或容貌，主要包括头部和面部。仪容美有三层含义：一是仪容的自然美，与先天有关，如果天生拥有一副美好的仪容相貌，无疑令人赏心悦目；二是仪容的修饰美，与如何规范修饰有关，可以扬长避短，根据个人条件进行整体形象设计；三是仪容的内在美，与综合素养有关，这需要通过后天学习，不断提高个人的思想水平、道德水准和文化艺术素养，培养高雅的气质与美好的心灵，使自己秀外慧中，表里如一。

1．发饰设计

人的仪容包装要从“头”开始，发型设计可以使人活泼年轻，也可以让人变得端庄文雅。女性留刘海就会显得年轻，男性头发干净、整洁就会显得精神。在交往中，男性和女性的视觉差别主要是发型。因此，女性的发型在潜意识中最被重视。女性选择一个适合自己的发型是最好的仪容“包装”。

2．面部化妆

人的美丽是由眼、耳、口、鼻、眉精妙地组合搭配后，写在脸上的生动乐章。女生可适当地化妆，来弥补自己的先天不足。化妆一般包括皮肤、美发、修眉、画眼线、画唇线、呵护手部。毕业生面试时，女生不要化浓妆，因为学生的基本形象就是朴素大方，浓妆艳抹反而会给面试官一种不好的感觉；男生不能留胡子。

（二）仪表礼仪

莎士比亚曾说：“一个人的穿着打扮，就是他的教养、品位、地位的最真实的写照。”仪表礼仪是指一个人的仪表要与他的年龄、体形、职业和所在的场合吻合，这种和谐能给人以美感，增进互相的好感。一个人的仪表在社会交往过程中是构成第一印象的主要因素，会影响别人对你的专业能力和任职资格的判断。而服饰是仪表的重要组成部分，从服饰的颜色、式样、档次和搭配上均可以显示一个人的爱好、文化修养、生活和风俗习惯，并表现出一个人的气质和审美情趣。

1. 着装原则

良好的着装与仪容不仅是个人最佳形象的展示，也是对周围人群与环境的尊重，更是体现自身素养与独特品位最为直接的渠道。社会生活中服饰礼仪一般遵循“TPO”原则，即着装要考虑到时间“Time”、地点“Place”、目的“Object”。人们在选择服装、考虑其具体款式时，首先应当兼顾时间、地点、目的，并应力求使自己的着装及其具体款式与着装的时间、地点、目的较为协调一致。

（1）时间原则。不同时段的着装规则对女士尤其重要。男士一般有一套质地上乘的深色西装或中山装足矣，而女士的着装则要随时间而变换。白天工作时，女士应穿着正式套装，以体现专业性；晚上出席鸡尾酒会就须多加一些修饰，如换一双高跟鞋，戴上有光泽的佩饰，围一条漂亮的丝巾；服装的选择还要适合季节气候特点。

（2）地点原则。衣着要与场合相协调。与顾客会谈、参加正式会议等，衣着应庄重考究；听音乐会等，则应按惯例着正装；出席正式宴会时，则应穿中国的传统旗袍或西方的长裙晚礼服；而在朋友聚会、郊游等场合，着装应轻便舒适。

（3）目的原则。在自己家里接待客人，可以穿着舒适但整洁的休闲服；如果是去公司或单位，穿职业套装会显得专业；外出时要顾及当地的传统和风俗习惯，如去寺庙等场所，不能穿过露或过短的服装。

2. 男士着装

（1）男士着装“三个三”原则。

① 三色原则。在公务场合着正装，必须遵循“三色原则”，即全身服装的颜色不得超过三种颜色，很接近的色彩视为同一种。

② 三一定律。如果着正装必须使三个部位的颜色保持一致，在职场礼仪中叫作“三一定律”。具体要求是，职场男士身着西服正装时他的皮鞋、皮带、皮包应基本一色，这样穿着显得庄重大方得体。

③ 三大禁忌。一忌袖口的商标没有拆。西装商标不拆就好像衣服没穿，拆了商标以示衣服已经启用；二忌穿白色袜子和尼龙丝袜。在重要场合白色袜子与尼龙丝袜是不能够与西装搭配的，应该穿高档一些的棉袜子，以免产生异味；三忌穿夹克或短袖打领带。

（2）男士着装规范。

面试时，男士常规装束是西服套装、系领带、穿黑色皮鞋。西服的颜色可以选择藏青色或深蓝色，深色西服配浅色衬衫和鲜艳、中深色领带；中深色西服配浅色衬衫和深色领带；浅色西服配中深色衬衫和深色领带。西装款式可以选择单排扣西服，按照国际惯例，单排扣西服最下面的纽扣不扣。衬衣款式应为长袖，颜色以白色或者淡蓝色为主，白色可以搭配不同的外套和领带，而淡蓝色则可凸显优雅气质。

（3）男士西装十忌。

一忌西裤短，标准的西裤长度为裤管盖住皮鞋；二忌衬衫放在西裤外；三忌衬衫领子太大，领脖间存在空隙；四忌领带颜色刺目；五忌领带太短，标准领带长度应是领带尖盖住皮带扣；六忌不扣衬衫扣就佩戴领带；七忌西服上衣袖子过长，应比衬衫袖短 1 cm；八忌西服的上衣、裤子袋内鼓囊囊；九忌西服配运动鞋；十忌皮鞋和鞋带颜色不协调。

衬衫领口挺直，比外套领子高出 1.5 cm；颜色以纯色的为佳；袖口长出西装袖口一点；下摆塞进裤子；衬衫配领带，扣子全系上，不卷袖子；袖子上的商标（小布条）剪掉；把扣子系好，不宜敞开；西装外套上的口袋不装东西；注意领带的色彩；领带夹一般夹在衬衫的第三、第四粒扣子中间；穿马甲或毛衣，一定要把领带放在毛衣、马甲里面；裤脚接触脚背，达到皮鞋后帮的一半为佳；裤线要清晰、笔直；裤扣要扣好，拉链全部拉严；穿西装一定要配皮鞋；皮鞋颜色与西装相近；袜子色彩与皮鞋相近。

3. 女士着装

（1）女士着装规范。女士面试服装以整洁美观、稳重大方、协调高雅为总原则，服装的色彩、款式、大小应与自身的年龄、气质、肤色、体型、发型以及应聘的职位相协调，面试时选择典雅大方的套装比较合适，这也是最为得体的着装方式。

套装以西装、套裙为宜。西装不宜太紧、太露，衬衣和上衣领口不宜过低，领口稍低或者V字领可搭配一条与衣服颜色协调的丝巾。套裙的裙长很讲究，年龄稍大的求职者可以穿过膝裙子，较年轻的求职者可穿齐膝裙子。鞋子以简单大方包住脚趾的基本款为主，切忌穿露趾鞋和休闲鞋，鞋头不宜过尖，以圆头鞋子为宜。袜子以丝袜为主，颜色为肉色。面试前最好预备一双丝袜，以防脱丝等意外情况，方便及时更换。

（2）女士求职服装大忌。一是忌穿太紧、太透和太露的衣服。不要穿超短裙（裤），不要穿领口过低的衣服。夏天，内衣（裤）颜色应与外套协调一致，避免透出颜色和轮廓，否则，会让人感到不庄重、不雅致，也给人轻佻之感；二是在求职时，尽量避免穿牛仔裤、运动鞋，这样会给人太随意的感觉；三是避免带有卡通图案、碎花花纹、花边、荷叶边、蕾丝的衣服。

（三）仪态礼仪

仪态也叫仪姿、姿态，泛指人们身体所呈现出的各种姿态，它包括举止动作、神态表情和相对静止的体态。人们的面部表情，体态变化，行、走、站、立、举手投足都可以表达思想感情。仪态是表现个人涵养的一面镜子，也是构成一个人外在形象的主要因素。不同的仪态显示人们不同的精神状态和文化教养，传递不同的信息。

1. 端正地站：站如松

（1）站姿要领。① 重心放在两腿之间，挺胸、收腹、立腰、肩平、头正、两眼平视、嘴微张、笑容满面、双臂舒展并自然下垂；② 男站姿：肃立——双手置身体两侧，两脚呈V型；③ 女站姿：直立——双手腹前相搭轻握，两脚呈V型。

（2）站姿禁忌。在公共正式场合，站姿有以下几点禁忌：① 双手叉腰；② 双手抱于胸前；③ 手插入衣袋；④ 东倒西歪；⑤ 懒散地倚在墙或椅子上；⑥ 做小动作，如翻弄随身物品、抓头、抠鼻、拽发辫等；⑦ 与人勾肩搭背；⑧ 弯腰驼背。

2. 稳重地坐：坐如钟

（1）坐姿要领。坐姿包括入座、坐定和离座的姿势。入座时要轻而缓，不要发出任何嘈杂的声音。面试过程中，身体不要随意扭动，双手不应有多余的动作，双腿不可反复抖动，无论是椅子或是沙发都不宜坐满，只坐下一半或三分之二处为宜。男士应坐正，两脚略向前伸，双手分别自然放于双膝上。女士应两腿自然弯曲，也可脚腕自然交叉，两手相交放于双膝上。

入座时要轻柔和缓。走到座位前转身，右后脚向后退半步、轻松坐下，然后右脚与左脚并齐。女士如果穿裙子，用手把裙子向前拢一下后入座。

离座时要自然稳当，右脚向后退半步，两手在两膝上轻轻用力，而后站起。

（2）坐姿禁忌。① 两膝左右分开，两脚呈八字形，女士若这样坐有失雅观；② 脚尖朝内，脚跟朝外，内八字坐法，脚勾椅子腿，会显得行为俗气；③ 双手夹在大腿中间、放在大腿下、手心向上、歪歪斜斜，双手平放在椅子的扶手上，都显得心态不自然；④ 坐下后一会向东一会向西、半躺半坐、前仰后倾，这样会显得人情绪躁动不安;⑤ 不可猛坐猛起，弄得座椅乱响，显得冒失。

3. 优雅地走：行如风

步态是人行走的姿态，端庄的步态可以呈现出一种“动态美”。

（1）步态要领。① 抬头挺胸，步位稳重矫健，双眼平视前方；② 行走时两脚之间的距离大约是自己的脚长；③ 脚落地时放置的位置应是一条直线。

（2）步态禁忌。① 大步流星。行走时幅度过大或过急，显得不稳重。② 左摇右摆。身体行走时双臂摆动幅度过大，摇头晃肩，显得浪荡。③ 磨磨蹭蹭。行走像平时散步，显得无所事事，漫不经心。④ 匆匆忙忙。行走时步子小而急，显得心态浮躁。⑤ 八字步。脚步呈内八字或外八字，显得不雅观。

4. 专注的目光：尊重

目光是人在交往时，一种深情的、含蓄的无声语言，往往可以表达有声语言难以表现的意义和情感。“眼睛是心灵的窗口”，它在很大程度上能如实反映一个人的内心世界。一个良好的交际形象，目光应是坦然、亲切、和蔼、有神的。求职者应采用“正视”的目光，两眼平视向前，注视面试官两眼与嘴鼻的“倒三角区”，不能左顾右盼，也不能紧盯对方。

5. 真诚的微笑：亲切

微笑是唯一一种不分国籍的通用语言。它最能充分体现一个人的热情、修养和魅力。求职者面对面试官时，要注意保持得体的笑容，主动说“你们好”这样的招呼用语，面部表情自然，不要过于严肃或过于畏缩。

二、见面礼仪

（一）入场礼仪

（1）准时。准时是基本的礼仪，因为只有准时，求职者到达面试考场时才能够情绪稳定，从容镇定，一般应提前 5 ~ 10 分钟到达面试考场。但是，现代城市交通，堵车有时是避免不了的，一旦堵在路上，估计自己要迟到时，应马上打电话给约你面试的应聘负责人，告诉对方，你堵车了，可能迟到多长时间，并且致歉。这样，有时不但不会留下负面的印象，反而会让面试官对求职者果断的判断力留下深刻的印象，并给予正面的评价。

（2）待考。招聘单位如果没有面试等候室，求职者到达招聘单位后，可向接待人员作简短的自我介绍，然后，直接前往面试考场，切忌到处东张西望。如果被安排在面试考场外等候，当面试考场的门打开时，应有礼貌地说明自己是来面试的，绝不可贸然闯入。假如有工作人员告诉你具体的面试时间，应当表示感谢。在进入面试考场前，不论在走廊或在电梯里，如果遇到面试单位的职员，都应礼貌地问候，并注意自己的言行举止，切忌问东问西。

（3）敲门。假如面试时要敲门进入面试考场，敲门时要注意声音的大小、敲门的速度及敲门的次数，不可太用劲。正确的方法是用右手的中指关节轻轻敲三下，问一声：可以进来吗？待听到允许后才宜轻轻地推门进去，随后再用手将门轻轻合上。如果房间的门是虚掩着的，也要注意先敲门，千万不可冒冒失失地推门就进，不然会给人一种鲁莽、无礼的感觉。

（二）握手礼仪

握手是一种无声的人体语言，是人际交往中必不可少的礼节。两人相向，握手为礼，是当今世界最为流行的礼节之一。握手常常伴随寒暄、致意，如您好、欢迎、多谢、保重、再见等。握手礼含义很多，视情况而定，分别表示相识、相见、告别、友好、祝贺、感谢、鼓励、支持、慰问等不同意义。

1. 握手次序

根据礼仪规范，握手时应注意双方伸手的先后次序，一般应当遵守“尊者先伸手”的原则，尊者如长辈、上级；男女之间，应由女士先伸手；宾主之间，作为主人，为表示对客人的欢迎，无论男女长幼均应先伸手。一人需与多人握手时，要遵循由尊而卑的顺序。社交、休闲场合，握手次序主要考虑年纪、性别等因素，年长者、女士为先；而公务场合，则更看重身份、职务，高者为先。同时，与人握手，要注意与对方互动。伸手过早，有时可能会陷于被动；过迟，则显得高傲无礼。

与面试官初次见面，握手是建立第一印象的开始。一般情况下，应在面试官先伸出手后，求职者才伸出手，绝不可贸然抢先伸手，不然就是违反礼仪的举动。

2. 握手方法

与人握手，双方应相向而立，距离约 60 cm。过远，会显得生疏；过近，则会感到拥挤。握手时，上身微微前倾，头微低，右手伸出时，四指并拢，拇指上仰，手掌与地面垂直，目视对方，神情专注，面带笑容，向对方致意。掌心向上，表谦恭；掌心向下，有轻慢之嫌。与亲密朋友握手，虎口契合，可适当用力，上下抖动（非左右摆动）。如果伸手无力，手指僵硬，不握对方手掌，只触及对方手指，则是轻慢对方。男女相握，只握四指，不可契合太紧，力量要小些。

双手与人相握，常见于至亲之间或有要事拜托对方。双手相握时，除右手外，再用左手盖住对方右手。握手时，用左手扶对方右手腕，或对方右肩膀，表示关心、信赖；握手与拥抱或贴面礼连续进行，其含义更加深沉、热烈。握手时应脱帽，但因天冷不能脱帽时，可用左手将帽檐往上轻轻一抬。握手时间一般掌握在 3 ~ 5 秒钟，久别重逢的人，可适当延长一些时间。

3. 握手禁忌

（1）不要用左手与他人握手；

（2）不要在握手时争先恐后；

（3）不要在握手时戴着手套；

（4）不要在握手时将另外一只手插在衣袋里；

（5）不要在握手时面无表情，不置一词；

（6）不要在握手时长篇大论；

（7）不要在握手时仅仅握住对方的手指尖；

（8）不要在与人握手后，立即揩拭自己的手掌。

（三）距离礼仪

1. 交际距离

人与人之间有着看不见但实际存在的界限，这就是个人领域的意识。根据人们交往关系的不同程度，可以把交际中空间距离分为亲密距离、私人距离、社交距离和公共距离四种。

（1）亲密距离。亲密距离在 45 cm 以内，属于私下情境，多用于情侣或夫妻间，也可以用于父母与子女之间或知心朋友间。两位成年男子间一般不采用此距离，但两位女性知己间往往喜欢以这种距离交往。亲密距离属于很敏感的领域，交往时要特别注意，不要轻易地采用亲密距离。

（2）私人距离。私人距离一般在 45 ~ 120 cm，表现为伸手可以握到对方的手，但不易接触到对方的身体，这一距离对讨论个人问题是很合适的，一般的朋友交谈多采用这一距离。

（3）社交距离。社交距离大约在 120 ~ 360 cm，属于礼节上较正式的交往关系。办公室里的工作人员多采用这种距离交谈。在小型招待会上，与没有过多交往的人打招呼也可采用此距离。

（4）公共距离。公共距离指大于 360 cm 的空间距离，一般适用于演讲者与听众之间，以及一些公开而陌生的场合。在公关活动中，根据公关活动的对象和目的，选择和保持合适的距离是极为重要的。

2. 面试距离

在求职面试中，人作为一个整体形象，双方传递的信息，不仅包括语言，还包括身体语言，如手部动作、表情变化等。美学原理告诉我们，距离能产生美。说明距离在交谈中还是能起到一定作用的。面试时选择一个最佳位置和最佳距离，有利于求职者更好地展现自己。从礼仪角度来讲，一般与面试官保持一两个人的距离最为适宜。这样做，既让对方感到亲切，又能保持一定的“社交距离”。

三、道别礼仪

当紧张的面试谈话流程走完时，千万不要以为面试已经结束，此时面试考场上的退场礼仪考试才刚刚开始，面试官会在大脑中构建一个对你的总结性印象。如果你能在此时演绎一个巧妙而得体的“再见”场景，也许会让你在面试官心中留下更深的印象，进而让那句“再见”成为现实，并最终让你赢得工作机会！通常道别礼仪要从以下几个方面做起：

（1）物品归位。首先，查看桌子上的东西是否被你弄乱了。有时候面试官可能会把应聘单位的宣传材料拿给你看，或者是你的应聘资料摊在桌子上了。面试结束退场前一定要迅速地把桌子上凌乱的东西收拾好再离开。其次，如果是坐着进行面试的，起身时要把自己坐过的椅子轻轻地归为原位。再次，如果女生是带包入场的，要很快地把从包中拿出的材料和其他东西装入包内。

（2）垃圾带走。如果面试时你用一次性水杯喝了水，那么在离开的时候把你的水杯顺手带走扔到垃圾桶里。如果在面试结束时发现桌子上或地上有纸团或其他凌乱的东西，要把它们清理好，带走并扔到垃圾桶里，因为这很有可能也是一道考题。

（3）礼貌道别。面试结束退场前，可站起身来与面试官握手，注意握手的力度要适中，同时可鞠躬致谢，说一句“谢谢您花时间来让我面试”。同时，退场时如经过走廊或前台，对面试现场的服务人员说一声“谢谢”，礼仪规范要善始善终。

（4）轻缓关门。面试结束退出考场门的时候，要转过身来将门轻轻地带上。要背对着门，关门的力度要轻，整个关门动作要慢、要缓。

拓展阅读

礼貌用语七字诀

与人相见说“您好”，问人姓氏说“贵姓”，问人住址说“府上”。
仰慕已久说“久仰”，长期未见说“久违”，求人帮忙说“劳驾”。
向人询问说“请问”，请人协助说“费心”，请人解答说“请教”。
求人办事说“拜托”，麻烦别人说“打扰”，求人方便说“借光”。
请改文章说“斧正”，接受好意说“领情”，求人指点说“赐教”。
得人帮助说“谢谢”，祝人健康说“保重”，向人祝贺说“恭喜”。
老人年龄说“高寿”，身体不适说“欠安”，看望别人说“拜访”。
请人接受说“笑纳”，送人照片说“惠存”，欢迎购买说“惠顾”。

知识拓展

求职面试时常被问到的65个问题与技巧性回答

希望照顾说"关照"，赞人见解说"高见"，归还物品说"奉还"。
请人赴约说"赏光"，对方来信说"惠书"，自已住家说"寒舍"。
需要考虑说"斟酌"，无法满足说"抱歉"，请人谅解说"包涵"。
言行不妥"对不起"，慰问他人说"辛苦"，迎接客人说"欢迎"。
宾客来到说"光临"，等候别人说"恭候"，没能迎接说"失迎"。
客人入座说"请坐"，陪伴朋友说"奉陪"，临分别时说"再见"。
中途先走说"失陪"，请人勿送说"留步"，送人远行说"平安"。

教学案例

案例一：

某电视台招聘记者，小郑前去应聘。面试中，面试考官指出："你说你爱好写作，可是我看了你填的报考表，在'自我评价'栏中居然出现了三处语法错误，现在既没有多余的表格，也不准涂改，你怎么办？"小郑听罢吃了一惊，心想填表时自己是字斟句酌的，怎么会有三处错误呢？但时间不允许他多想。他当机立断，回答说："为了弥补失误，我可以在表后附一张更正说明，上面写上：'某某地方出现了三处语法错误，实属填表人的粗心，特此更正，并向各位致歉。'不过……"他停顿一下说："在发出这份更正说明之前，我想知道是哪些错误，因为不能无的放矢，错误地发出一份更正说明，我不愿意再犯这种错误。"

（资料来源：根据网络资料整理）

【案例点评】

他的机智应对令面试考官们笑了。其实他的报考表并没有错误，这不过是面试考官设的一个圈套，用以考察他的自信心和反应能力。从表达角度看，他的得分主要在于后半部的补充说明。这一段内容的表达十分完满，滴水不漏，印证了他机敏全面，认真仔细，一丝不苟的品格，赢得了好评。

案例二：

小孔是前来应聘的50多人中唯一的胜利者。那天，由于应聘者众多，大家都在楼道中等候面试，他不像其他人那样使劲往里挤询问何时面试，而是耐心地排队等候。面试室是一个双扇门的房间，在等待过程中，只听得应聘者进进出出的开门声不断。轮到小孔进取面试，他站起身，轻轻地推开面试室的门，进门后又轻轻地关上，摘下帽子坐在了应聘者的座位上，考官看着他衣着整洁，发型有个性，甚至连指甲也洗得干干净净……必要的开场白之后，便敏捷地开始回答考官的问话。临走的时候，他发现地上有一张被其他人踩脏了的纸，于是他捡了起来，看了看没有内容，便将它带出面试室，放到了门外的垃圾箱内。正是小孔得体的举止使他获得一个理想的职业。

（资料来源：根据网络资料整理）

【案例点评】

很多面试官都特别注重面试者的细节表现，一个人的修养、学识、礼仪在这些细节中无疑会表现出来。

案例三：

小蓝第一次去应聘某专业技术岗位，面试前，她做了充分的准备。小蓝觉得凭借自己刻苦学习所掌握的专业知识和一年多的实习经验，相信一定会在面试中有较好的表现。

令小蓝始料不及的是，面试时，面试官并没有问她所精心准备的专业知识，而是问了一大堆好像与应聘职位无关的事情。这使小蓝感到很茫然，有些无所适从。面试官问道："你在工作的一年中有没有遇到非常难忘的事，或者是让你觉得完成起来非常困难的事？""你喜欢怎么安排业余时间？"……面试出来，小蓝心里一点底儿都没有了。

（资料来源：根据网络资料整理）

【案例点评】

许多单位在面试时，不仅要考查一个人的专业能力素质，还要根据职位的需要，考察应聘者的个性及其他方面的能力。比如沟通能力、交往能力、责任心、自信心等。这种问题实际是帮助面试官对应聘者进行测评的方法。目前一些单位为了取得面试的真实和有效性，都会采用一些职业心理测评技术，许多问题都是醉翁之意不在酒。因此，要保证面试的成功，应聘者一定要多方面的准备。

案例四：

小勇参加了多次面试，但都没有成功。他回到学校向职业教师咨询。他对老师说："每次面试，我都觉得面试官的心思真难把握，有的面试官与众不同，问的问题很特别，都不知道从何答起。上次那个考官说我的专业根本不能达到他们这个职位的要求，我一下子就急了，心说那你们把我叫来参加面试干吗，但是还强打起精神说自己通过学习是可以做好的，考官又说没有时间让我来熟悉工作，我觉得继续面试也没希望录取，所以很快就结束了。"

（资料来源：根据网络资料整理）

【案例点评】

听了小勇的陈述，职业指导教师告诉他，其实这是主考人在试探你，想考察你解决问题的能力和应变能力。实际上像那样的大公司，录取新员工后都会有系统培训。小勇听到老师的指点，很是后悔。

课后练习

1. 求职面试前应做好哪些准备工作？

2. 常见的面试类型有哪些？

3. 简述面试中常见的问题及回答技巧。

第九章 就业与创业

第一节 就　业

一、高职毕业生就业的主管部门和就业流程

毕业生就业时，如果对就业具有决定作用的部门和就业程序缺乏了解，或者了解不多而处于一种似是而非的状态时，就会出现求职择业无所适从或者对用人单位及职业岗位的盲目选择。因此，在学校期间，就应该弄清楚毕业生就业的主管部门及其职能，熟悉毕业生就业必须经过的具体步骤，达到事半功倍的效果。

（一）毕业生就业的主管部门和单位

决定毕业生就业的部门和单位一般包括：人事、教委、用人单位和学校。

人事部门根据国家政策，结合行业、地位的实际，制订应届毕业生就业办法，协助供需双方做好应届毕业生的就业工作，具体办理毕业生的就业有关手续；教委主要管理师范教育类毕业生的就业工作，同时，省级教委的毕业生就业主管部门可办理跨地区就业的毕业生派遣手续；用人单位依法具有对毕业生的选择使用权，在政策范围内招聘录用毕业生，用人单位的表态至关重要；学校在毕业生与用人单位之间具有中介作用，学校由于对毕业生比较了解，因而向用人单位直接推荐毕业生的建议具有重要的参考价值，同时，学校还要编制毕业生就业方案，办理毕业生的就业手续阶段，应届毕业生要谋求理想工作不仅要尊重学校，更重要的是自己要主动出击，联系落实用人单位；跨地区就业的，还有必要取得当地人事部门（或就业主管部门）的支持。

（二）就业程序

1. 毕业生就业工作中学校相关工作的一般程序

（1）统计、编报应届毕业生资源情况。毕业生就业工作一般从最后一学年开始。十月学校按毕业生的专业设置、招生计划性质、类别、生源地区等内容进行统计，编制出毕业生资源统计表；将毕业生资源情况报告给上级就业管理部门，并向有关人事、教委、党政机关、企事业单位通报；随同寄发毕业生供需联系函。

（2）联系衔接就业计划，收集需求信息。这项工作一般安排在次年四月前完成。学校通过信函、电话广告、网络或派出专人衔接就业计划。联系用人单位，收集需求信息，企事业单位归口上报或向学校报送毕业生需求计划。

（3）开展学校推荐、供需见面、双向选择、自主择业工作。一至五月，有的提前到上年十一、十二月，举行“学校推荐、供需见面、双向选择、自主择业”活动，让毕业生与用人单位直接见面洽谈，达成招聘接收协议。

（4）签订毕业生招聘接收协议，办理毕业生接收函。毕业生与用人单位“双向选择”成功后，

应签办毕业生接收或聘用协议，或者由用人单位出具毕业生接收函，经学校或有关主管部门确认后生效。

（5）制定毕业生就业方案。五月开始，学校根据毕业生接收协议和接收函，制定出毕业生就业的建议方案。经过协调、核实、平衡、调整，形成正式就业方案。

（6）办理毕业就业手续。六月底、七月初，开始办理毕业生就业手续，例如，进行毕业鉴定、清还资产等。进入就业派遣时，说明与用人单位就业协议书签订完毕或者回户籍所在地另外寻找工作，这时，毕业生的就业行动暂时告一段落，每年七月学校根据毕业生的就业协议，到录用单位或者户籍所在地的人才交流中心报到。

2. 毕业生个人就业基本程序

（1）填写《毕业生就业推荐表》，准备就业材料。《毕业生就业推荐表》的主要内容有：毕业生的基本情况、主要课程及成绩、专业能力与特长、就业意愿、班主任评语、学校有关部门意见等，是毕业生求职择业的“小档案”或“名片”；毕业生相关就业材料主要包括求职自荐信或推荐信、作品、技能等级证书、荣誉证书的复印件等。为了参加春节前后各地举办的应届毕业生“双向选择”活动，充分利用寒假进行求职择业，上述材料一般在十二月左右形成。

（2）收集人才需求信息，确定求职择业意向。毕业生在最后一学年中，应广泛搜集人才需求信息，分析就业形势，根据自己的专业特点、适应范围、个人能力与特长，结合社会需要，确定自己的就业意向。

（3）联系工作单位。毕业生联系工作一般在一至五月进行，甚至可以在上一年度进行。这期间，毕业生应弄清有关地方的毕业生就业的具体规定，积极联系用人单位，主动与用人单位接触面谈，大胆应试。毕业生联系工作不得耽误学业，以免影响正常毕业。

（4）办理毕业生就业手续。毕业生接收手续是用人单位同意接收毕业生的证明文件或者是双方签订的劳动合同，也是毕业生就业、学校编制毕业生就业方案的依据。它有两种形式：一是毕业生（经学校）与用人单位签订的接收协议；二是用人单位出具毕业生接收函件。毕业生联系工作成功后，必须及时办理毕业生接收手续，并经有关人事部门或学校确认其效力。

（5）办理毕业生离校证、党团关系等手续。

（6）毕业离校，到工作单位或者户籍所在地人才交流中心报到。

各地方、各学校因具体就业办法和实际情况的差别，上述程序中的具体时间乃至具体做法亦会略有变化。

二、就业协议

《全国普通高等学校毕业生就业协议书》，简称“就业协议书”或者“三方协议”，是普通高等学校毕业生和用人单位在正式确立劳动人事关系前，经双向选择，在规定期限内确立就业关系、明确双方权利和义务而达成的书面协议，是用人单位确认毕业生相关信息真实可靠以及接收毕业生的重要凭据，也是高校进行毕业生就业管理、编制就业方案以及毕业生办理就业落户手续等有关事项的重要依据。协议在毕业生到单位报到、用人单位正式接收后自行终止。每位毕业生拥有唯一编号的协议书，协议书实行编号管理，其复印件是无效的。2018 年之前，就业协议书都是由各省、市、自治区就业主管部门统一制表。

（一）主要条款

（1）高校毕业生基本情况包括：姓名、性别、身份证号、专业、学制、毕业时间、学历、联系方式等。

（2）用人单位基本情况包括：单位名称、组织机构代码、单位性质、联系人及联系方式、档案接收地等。

（3）高校毕业生和用人单位约定的有关内容可包括：工作地点及工作岗位、户口迁入地、违约责任、协议自动失效条款、协议终止条款、双方约定的其他事宜。

（4）各方应严格履行协议，任何一方若违反协议，应承担违约责任。

（5）其他补充协议。

（二）签订原则

双方在订立就业协议时应当遵循以下两个基本准则：

（1）主体合法原则。签订就业协议的当事人必须具备合法的主体资格，对毕业生而言，就是必须取得毕业资格，如果学生在派遣时未取得毕业资格，用人单位可以不予接收并无须承担法律责任；对用人单位而言，用人单位必须具有从事各项经营或管理活动的能力，单位应有录用毕业生计划和录用自主权，否则毕业生可解除协议并无须承担违约责任。

（2）平等协商原则。就业协议的双方在签订时的法律地位是平等的，一方不得将自己的意志强加给另一方。学校也不得采用行政手段要求毕业生到指定单位就业（不包括有特殊情况的毕业生），用人单位也不应在签订就业协议时要求毕业生交纳风险金、保证金。双方当事人的权利义务应是一致的。除协议书规定内容外，双方如有其他约定事项可在协议书“备注”栏加以补充确定。

（三）签约意义

就业协议作为用人单位、毕业生之间双方的一份意向性协议，不仅能为毕业生解决工作问题，保障毕业生在寻找工作阶段的权利与义务，同时也保障了用人单位能够从不同学校找到合适、优秀的毕业生。

及时签约可保障毕业生在寻找工作阶段的权利与义务，约束签订劳动合同的时间，劳动合同的内容等。当发现所要签订的劳动合同与就业协议不一致时，特别是出现对维护毕业生权益不利的情况时，毕业生应该要求用人单位按照已经签订生效的就业协议，制订新的劳动合同，使其内容符合就业协议。此外，有利于用人单位直接从学校方面调出该毕业生的真实的档案、资料，让用人单位了解毕业生的真实情况。

（四）注意事项

根据调研往届毕业生的就业心态的相关问卷显示，只有近50%的学生认为签订就业协议是为了维护自身的合法权益，近30%的学生认为是学校要求签才签的，10%的学生是随大流，还有少量学生对签不签约完全无所谓。由此可见，有相当一部分学生对签订就业协议的重要性认识是不足的。

而根据《普通高等学校毕业生就业工作暂行规定》的相关条款规定：“经供需见面和双向选择后，毕业生、用人单位和高等学校应当签订毕业生就业协议书，作为制定就业计划和派遣的依据。”严格说来，就业协议书是高校毕业生与用人单位订立的确立劳动关系的协议，实质上是劳动合同的一种特殊表现形式。求职最终签署的劳动合同具有法律效力，因此签约一定要慎重，但就业协议书的填写也不可忽视。

三方协议一旦签署，就意味着毕业生第一份工作就基本确定，因此，应届毕业生要特别注意签约事项，签三方协议前，一定要认真查看用人单位的隶属关系，国家机关、事业单位、国有企业一般都有直接人事接收权。民营企业、外资企业则需要经过人社局或人才交流中心的审批才能招收职工，协议书上要签署他们的意见，才能调档到单位所在地。应届毕业生还要对不同地方人事主管部门的特殊规定有所了解。

学生毕业离校后，学校会自然脱离“三方关系”，就业协议也将随之中止，毕业生和用人单位将确立新的劳动关系。由此可见，就业协议并不是学校要求签才签订的，也不应当是看别人签了自己跟着盲目签约的，而是在学校的保护下，维护自身合法权益的一种有效措施。学校作为三方协议中的“第三方”，如发现用人单位与毕业生签订了不符合有关规定的就业协议，有权不予同意，而未经学校同意的就业协议不会发生法律效力，不能作为编制就业计划的依据。

（五）协议解除

为了维护《就业协议书》的严肃性和学校的声誉，毕业生与用人单位签订了《就业协议书》后，毕业生和用人单位都应认真履行协议。倘若毕业生因特殊原因而违约，应承担违约责任，并须办理解约手续。

解约手续具体步骤如下：① 到原签协议书的单位办理书面同意的解约函（盖单位公章）。② 向学校毕业生就业工作部门提出书面申请（阐明解约理由），并附上单位及上级人事主管部门审核同意的解约函，交招生就业办。③ 学校毕业生就业工作部门根据有关规定审批换发新的《就业协议书》。

就业协议的解除分为单方解除和二方解除。单方解除，包括单方擅自解除和单方依法或依协议解除。单方擅自解除协议，属违约行为，解约方应对另一方承担违约责任。单方依法或依协议解除，是指一方解除就业协议有法律上的或协议上的依据，如学生未取得毕业资格，用人单位有权单方解除就业协议，此类单方解除，解除方无须对另一方承担法律责任。二方解除是指毕业生和用人单位双方经协商一致，取消原订立的协议，使协议不发生法律效力。此类解除因是双方当事人真实意思表示一致的体现，双方均不承担法律责任，二方解除应在就业计划上报主管部门之前进行，如就业派遣计划下达后双方解除，还须经主管部门批准办理调整改派。

三、就业协议与劳动合同的区别

（一）签署的时间不同

一般来说，就业协议签订在前，主要用于保障毕业生顺利到岗就业；劳动合同订立在后，一般都会在毕业生顺利毕业后签订，主要用于保障毕业生工作过程中的各项合法权益。不过，如果毕业生与用人单位就工资待遇、住房等有事先约定，也可在就业协议书的备注栏中予以注明，日后订立的劳动合同对此内容应予认可。

（二）内容不同

就业协议的内容主要是毕业生和用人单位关于将来就业意向的初步约定——对于双方的基本条件以及即将签订劳动合同的部分基本内容大体认可，毕业生如实介绍自身情况，并表示愿意到用人单位就业，用人单位表示愿意接收毕业生，经用人单位的上级主管部门和高校就业部门同意和见证，一经毕业生、用人单位、高校主管部门签字盖章，即具有一定的法律效力，成为编制高校毕业生就业计划和将来可能发生违约情况时的判断依据，内容并不涉及毕业生到用人单位报到后所享有的权利和义务。劳动合同的内容主要涉及劳动报酬、劳动保护、工作内容、劳动纪律等方方面面，劳动权利义务更为明确。

（三）法律依据不同

处理就业协议引发的争议，一般引用《中华人民共和国民法典》，国家有关毕业生就业分配的法律法规和其他相关政策规定，这个协议一经签订，各方应严格履行，任何一方要变动这个协议，需征得另外两方的同意，否则按违约处理。处理劳动合同引发的争议主要用《中华人民共和国劳动合同法》《中华人民共和国劳动争议调解仲裁法》等法律规范来处理。

（四）适用人员不同

劳动合同可以适用于各类人员，凡是中华人民共和国公民，只要有劳动能力并符合法律规定的条件，经过供需见面、双向选择，一经录用都可以与用人单位签订劳动合同。就业协议只适用于高校毕业生。

（五）纠纷解决方式不同

毕业生如因就业协议发生纠纷，任何一方均可以向人民法院提起诉讼，不能提请劳动争议仲裁。如果是因为劳动合同发生纠纷，任何一方可向当地的劳动争议仲裁委员会申请仲裁，当事人对仲裁裁决不服的，可以向当地人民法院提起诉讼。这里要注意，仲裁是诉讼的前置程序，如果当事人就劳动争议直接向人民法院起诉，人民法院是不予受理的。

[知识链接]

就业协议属于一般民事合同，受《中华人民共和国民法典》的规制，即协议当事人可以约定协议生效、变更、终止或解除的条件和期限，可以约定违约金，所以现实中有很多企业要求毕业生支付违约金的事例。

但是劳动合同属于特殊民事关系，受《中华人民共和国劳动合同法》和相关劳动法律规制。权利义务主要涉及工作场所、工作内容、工资、休假、社保等内容，且劳动合同的终止条件是法定的，当事人之间不能约定终止条件。劳动合同解除的时候，多数情况下企业是需要支付经济补偿金的。

四、就业违约

毕业生即将毕业，还没找到工作时，容易为自己的前途命运担忧，所以迫切需要一个毕业落脚的地方。因此有些同学一旦找到一个同意接收自己的单位，就立马签了三方协议，但后期又可能遇到一个更合适的岗位。此时就面临办理违约的事宜。

（一）违约后果

就业协议书一经毕业生、用人单位签署即具有法律效力，任何一方不得擅自解除，否则违约方应向权利受损方支付协议条款中所规定的违约金，从实际情况来看，就业违约多为毕业生违约。

（二）违约结果

毕业生违约，除本人应承担违约责任，支付违约金外，还会造成其他不良的后果，主要表现在：

（1）就用人单位而言，用人单位往往为录用毕业生做了大量的工作，有的甚至对毕业生将要从事的具体工作也有所安排。同时毕业生就业工作时间相对比较集中，一旦毕业生因某种原因违约，势必使用人单位的录用工作付诸东流，用人单位若“另起炉灶”，选择其他毕业生，在时间上也不允许，从而令用人单位的工作十分被动。

（2）就学校而言，用人单位往往将毕业生的违约行为认为是学校的行为，从而影响学校和用人单位的长期合作关系。用人单位由于毕业生存在违约现象，而对学校的推荐工作表示怀疑。从历年情况来看，一旦毕业生违约，该用人单位在几年之内都不愿到学校来挑选毕业生。面对激烈的就业竞争，用人单位招聘需求就是毕业生择业成功的前提，如此下去，必定影响今后学校的毕业生就业工作。同时影响学校就业计划方案的制订和上报，并影响学校的正常派遣工作。

（3）就其他毕业生而言，用人单位到校挑选毕业生，一旦与某毕业生签订就业协议，就不可能再录用其他毕业生。若日后该毕业生违约，有些当初希望到该用人单位工作的毕业生由于录用时间等原因，也无法补缺。这样就会造成就业信息的浪费，甚至影响其他毕业生就业。因此，毕业生就业应慎重选择，认真履约。

第二节　创　业

一、创业与创业精神

（一）创业观的概念和内涵

“创业”最早出现在《孟子·梁惠王下》：“君子创业垂统，可为继也。”《辞海》中对创业的解释是“创业，开创基业。”诸葛亮的《出师表》中曰：“先帝创业未半而中道崩殂。”杰弗里·蒂蒙斯的《创业学》中将创业定义为：“创业是一种思考、推理并结合运气的行为方式，这种行为方式是机会驱动的、方法导向的，并与领导力相平衡。创业导致价值的产生、增加、实现和更新。”科尔把创业定义为：“创立、维持和发展以利润为导向的企业的有目的的行为。”德鲁克认为：“任何敢于面对决策的人，都可能通过学习成为创业者并具有创业精神。创业是一种行为，而不是个人性格。”

目前，国内对创业有两种观点：狭义创业和广义创业。狭义的创业是指创办新的企业。创业是规划、建立和经营企业的过程。创业者有能力并愿意计划、组织和管理既有风险又有利益的企业。从广义上讲，创业是指开创一项新的事业。除了强调创业行为外，还强调了创业行为所体现的创业精神对创业行为的重要性。与狭义创业相比，广义创业拓展了其范围和深度。创业是一个寻找机会、开发产品、利用资源、制订和实施计划的持续实验和循环。这一定义不仅意味着创办新企业、筹集资金和提供就业机会，还意味着培育人类创新精神和改善人类生活。

无论是狭义的创业还是广义的创业，它都包含以下核心内涵：第一，创业的主体是具有创新意志和创新思维的人。在历史发展的过程中，我们可以看到，无论是哪种岗位，无论他们在企业经营实践中取得了怎样突出的成绩，还是为人类社会的进步和发展作出了怎样突出的贡献，他们的主体都是具有创新意志和创新思维的人；第二，创业是一种创造性的行为或活动。这种创造性活动可以在工作、学习、生活、企业经营、社会发展过程中实现。这种行为和活动是创业的主要内容；第三，创业的结果是创造社会价值。综上所述，这两种创业形式的最终结果都是创造新的社会价值，甚至引起社会变革。

基于国内外学者的观点，我们将创业定义为：创业是企业家优化和整合自身资源或能够拥有的资源，以创造更大的经济价值或社会服务的过程。

（二）创业精神

创业精神是指创业者在主观世界中的创业思想、创业理念、创业个性、创业意志、创业风格和创业品质等。创业精神有三个层次的内涵：哲学层面的创业思想和创业理念都是人对创业的看法和理解；心理层面上的创业个性和创业意愿是人们创业的心理基础；行为层面的主要内容是创新力、执行力、必胜信心、价值创造和冒险精神。

一般来说，创业精神是以人为本的内心世界态度，以创业内容为对象，以人的行为作为创业过程中的外在表现。创业精神是多种精神的综合体现，具体体现在强烈的创业意识、丰富的创业激情、鲜明的创业个性、顽强的意志力、良好的适应性，以及较强的领导力、亲和力、批判精神、合作精神和诚信等。

（三）创业精神的本质

创业精神的本质是创业的理念和信念。它包括创业的需要和动机，以及创业的思想和方法，具有高度的综合性、鲜明的时代性和超越历史的先进性。

（1）高度的综合性。创业精神是多种精神特征的结合，包括创新精神、战斗精神、进取精神和合作精神。

（2）鲜明的时代性。创业随着时代的不同而变化，不同时代的人面临不同的社会环境，因此，不同时代的创业精神也有不同的内涵和表现。

（3）超越历史的先进性。创业的发展前无古人，创业精神在创业中发挥着重要的作用，它最终将带来职业生涯的创造力。这可以从超越历史，甚至创造前所未有的事业中看到。

创业本质上是一种有效的服务。找到服务对象，匹配需求，优化组合，不断优化自身提供服务的能力，从而实现企业发展。创业不仅是为了生存，也是为了展示才能和提升自身价值。对于创业者来说，选择这条路最重要的是不怕失败和执着追求的精神。

（四）创业建议

1. 提高综合能力

（1）提高发现机会的能力。关注技术市场和政策的变化，提高对环境变化的敏感性和警觉性；积极建立自己的社交网络，丰富创业信息来源；明确创业目标，提高创业的能力，塑造创造性人格，增强机会识别的潜力。

（2）提高决策能力。在创业过程中会遇到需要处理的大小问题，需要做出各种决策。创业者不仅要审时度势，还要做出决策，快速准确地分析问题，找到解决方案，提高决策能力。

（3）培养发展创新能力。积累知识，增长才干，培养想象力和发散思维能力。创新能力的提高不可能一蹴而就，这种能力需要不断积累和尝试，不断总结和挑战。

（4）提高领导力。尽最大努力成为一名领导者，训练自己在面对任何事情时都要冷静和从容不迫，用爱对待所有人，学会体贴他人、帮助他人和感激他人。

2. 持续学习

（1）了解行业市场。创业者通过书籍、在线课程学习商业知识，特别是技术型创业者，他们往往轻视商业知识，错误地认为书本理论不实际，认为实践才是最好的学习方式，但在实际创业过程中，理论知识可以很好地指导实践。

（2）向业内知名企业家学习。不难发现，成功的创业家和管理者往往善于学习理论，他们目光敏锐，能够找到有效的方法和工具，用科学理论指导自己的创业实践。

（3）与业内人士交朋友。通过行业活动、俱乐部、沙龙等方式接触业内人士，向他们学习。他们经常关注各种创业平台或创业论坛，要抓住机会向他们直接取经，推动自己的创业。

3. 勇于实践

高职学生应积极参与校内校外各类社会实践，走出校园，了解国情、社情、民情，积极参与学校组织的创新创业培训，认真学习创新创业课程，参与大学生创新创业计划培训项目。亲身经历是获取创业知识和经验的唯一途径，积极参加大学生创新创业大赛，例如“挑战杯”全国大学生课外学术科技作品竞赛、“创青春”全国大学生创业大赛和“互联网＋”全国大学生创新创业大赛等，通过参加这些比赛，大学生可以拓宽视野并吸取经验，完善自己的创业项目，为下一步的融资做好准备。

二、创业素质、创业团队与创业实践

（一）创业素质

创业素质是个体创业活动的内在特征。因为创业是一个实践过程，在这个过程中，个体通过自己的主动性和创造性扩大新的职业活动范围，创立新的事业，创造新的成就。这项活动是在对社会发展和后天成长过程中的自我职业生涯规划有一定了解的基础上开展的。因此，创业素质的形成和发展更多地基于后天学习和实践习得。它不仅可以指个体素质中有待开发的创业基本素质潜力，还可以指社会发展成果沉淀并内化于个体身心结构所形成的能力。

创业素质的构成是指创业素质由哪些要素构成。人的素质实际上是一个多层面、多层次的质量结构体系，它的各个组成部分不是孤立存在的，而是相互依存、相互渗透、相互制约、相互促进的，它们形成一个有机的整体。创业者应具备一定的创业素质要素，这些要素也是创业者应具备的基本条件和能力。

高职学生创业不仅需要热情和知识，还需要具备以下作为创业者的基本素质，才能实现创业成功：

（1）身体素质。这是创业成功的前提，健康的身体是创业成功的第一步。

（2）道德素质。如果创业者过于关注自己的利益，而不注意维护创业团队成员或员工的利益，创业者就会失去支持者。成功创业者的道德品质是创业团队的利益所在。道德高尚的创业者在创业过程中会使一方和他人受益；当他们失败时，他们可以继续努力。雄心壮志将使团队从危机转向安全，并使团队拥有更多的核心凝聚力。

（3）心理素质。是指在创业过程中始终保持积极、冷静、自信、独立、坚强、果断的态度。

（4）思想素质。包括志向远大、脚踏实地、果敢应变、风险防范意识。

（5）知识素质。包括正确理解国家政策法规，了解科学的管理知识和方法，提高管理水平，掌握行业内外相关科技知识，依靠科技提升竞争力，掌握经济知识有利于创业者的整个创业活动。

（6）经验素质。是指以前的创业经验或经营公司的经验，这是大多数高职学生相对缺乏的，大多数高职学生都是第一次创业，具有一定的创业经验是创业项目生存的重要基础支撑。

（7）协调素质。是指妥善处理与公众（政府部门、新闻媒体、客户等）之间关系的能力，以及协调下属部门成员之间关系的能力。创业者应妥善处理与外界的关系，特别是争取政府部门、工商和税务部门的支持和理解。在团队外部，创业者应通过各种方式向外界传递信息，促进经营管理活动的顺利进行，为项目的生存和发展作出贡献，创造良好的发展环境；在团队内部，要善于运用各种手段激励团队成员，从而让他们产生主动性和创造性。

（二）创业团队

创业团队是指由两个或两个以上具有一定利益的人组成的团队，共同承担创建新项目的责任。创业团队的成员不是一个人，而是一群志同道合的人；创业团队成员只有拥有共同的目标，才能相互补充并愿意承担责任；创业团队成员是相互依存、相互补充的，应发挥一加一大于二的作用。因此，创业团队是创业活动的主体，也是创业者应该高度关注和重点建设的内容。

在创业初期，我们必须选择一个好的创始人团队。高职学生创业团队中的成员更多的是兼职成员，但团队创始人应该是一群志同道合的人，而不是随随便便就能加入的人。

创业团队中的任何成员都必须慎重考虑，这些成员需要具备较强的综合管理能力，以及较强的学习能力，然后才是独当一面的专业技能型人才。创业团队早期任何成员的错误选择都会对后续团队的发展造成很大的障碍。创业团队的核心竞争力在于管理团队思维的合理性和互补性，同时创业团队没有纯粹的管理者，需要营销、技术产品、财务等各方面的专业技术人才。

创业团队的层级结构包括成员薪酬的层级结构。这不仅涉及薪酬和分红，还涉及团队管理、股权结构和公司治理，这将直接影响后续团队的可持续发展。因此，创业团队的确定必须经过充分的思考。

（三）创业实践

1．培养团队精神

（1）要统一思路。如果你做成了某件事，你就可以建立一种企业思维模式，一旦企业或团队有了统一的思维模式，做任何事都会事半功倍，创业的成功指日可待。

（2）要形成自发的工作态度。态度决定一切，所谓没有态度就无法创业，这源于创业团队每个人对待创业一丝不苟的态度。创业是一个从无到有的过程，所有成员应避免等待他人为自己安排工作，他们不应该总是服从分配，被动工作，而应该不断主动地迎接挑战，也就是说，管理者应该在创业初期利用这一目标来评估成员并精简人员。

（3）创业是一项艰巨的实践。创业者要培养艰苦奋斗的精神和坚忍不拔的毅力，只有运筹帷幄、发愤图强，才能在激烈的市场中占有一席之地。创业团队需要共同的方向和群体意识。团队领导可以轮流，但不能终身，团队精神体现在“对理想不放弃、对伙伴不抛弃”上。

2．团队管理方法

（1）精简团队成员，留住精英。每个创业团队的成员均应该充分利用自己的才能，与时俱进。如果成员太多，就会存在吃“大锅饭”的情形，好逸恶劳的氛围就会悄然滋长，骄傲自满就会成为常态，使团队忘记最初的创业目标，使创业过程更加艰难。特别是高科技企业非常注重技术创新，所以人力资源最重要的是留住高素质的人才，对于核心项目技术人员来说，要舍得高薪聘请最优秀的专业人才。

（2）制定合理的发展目标。创业团队应制定发展目标，并根据现状进行分解，使每个团队成员都能了解自己的发展方向。创业目标要明确，思路要统一，未来即使在运营中出现问题，团队成员也可以共同解决。

（3）提高团队的发展能力。所谓创业，就是以“创造”这个词为主，所以团队的创新和创造力是团队发展的关键，这就要求团队成员提高发现问题和解决问题的能力，同时也要有针对性和实用性地加强团队的专业技能，这样成员可以快速进入角色，团队建设才能取得成功。如果团队的问题比较严重，还需要调动外部资源并聘请专业顾问来帮助解决。

3．掌握解决矛盾的方法

第一，要建立良好的沟通机制。作为一名团队管理者，我们应该从不同成员的立场出发来思考，不能忽略处于执行位置员工的处境。未来学家约翰·奈斯比特曾指出：“未来的竞争是管理层的竞争，竞争的焦点在于每个社会组织内部成员与外部组织之间的有效沟通。”管理者和被管理者之间的有效沟通是任何管理艺术的精髓。要建立良好的沟通机制，可通过正式的沟通渠道，如周会、月会和座谈会，同时通过非正式的沟通渠道，如电子邮件、周末晚餐、短途旅行等，旨在建立和谐的关系和稳定的友谊，即通过情感沟通达到良好的目的。

第二，要随时协调关系，提高效率。如果团队运行机制不灵活，就无法继续激发团队成员的斗志。当其发展到一定阶段时，效率问题就会突出，团队成员的主观能动性就会降低。没有了创业的激情，就无法实现创业的雄心壮志。因此，应该关注个人价值和团队价值的最大化，要关注个人和团队之间的关系，形成一致的方向，相互促进，相互发展。

第三，要保持团队管理者与团队成员或团队之间的微妙平衡。管理者不能逃避团队绩效的最终责任，授权并不意味着放弃控制。团队成员的自主权和自由度越高，遵守共同目标就越重要。好的团队是灵活的，他们可以用最合适的团队解决方案来平衡管理者的决策。事实上，在一个功能完备的团队中，成员之间有着高度的信任感，管理者在做出某些决策时不必讨论或解释。相反，效率低下的团队缺乏信任。即使管理者做了最清楚的事情或不重要的建议，团队成员也会不断提问。

团队成长的过程也是一个文化磨合和道德认同的过程。通过精神建设创新团队管理方式，合理解决团队内部矛盾。在这个过程中，团队建设和企业规模才能日新月异，使团队最终立于不败之地。

三、创业资源、创业项目与创业建议

（一）创业资源

创业资源和创业者之间的关系就像食材和厨师之间的关系，正所谓巧妇难为无米之炊。没有创业资源，创业者只能初步设计创业项目，却不能最终使项目落地生根。资源是主体在向社会提供产品或服务的过程中拥有或能够控制的、能够实现自身目标的各种要素和要素组合。创业资源是指创业者在创业的过程中能够获得和利用的各种要素和要素的组合。它不仅是项目建立和经营的必要条件，也是项目竞争力的主要来源，包括有形资产和无形资产，主要形式有创业人才、创业资本、创业技术和创业管理。

创业资源就像机体的血液、骨骼和肌肉。创业成功需要整合多种资源，创业者要善于整合资源，实现从 0 到 1 的转化。创业资源在于整合而不是所有权，创业者需要的只是加以利用而不是拥有这些资源。

杰弗里·蒂蒙斯将资源、机会和团队列为创业的三大要素，他认为，成功的创业者可以在有限资源的前提下创办项目，让项目成长。在创业实践中，不同的创业活动具有不同的创业资源需求。创业者应根据创业活动的需要，了解不同类型创业活动的资源需求，合理开发利用自身资源，满足团队的具体需要。

（二）创业项目

1. 选择你最擅长的创业项目

中国有句古话：“骏马能驰远，耕田不如牛。坚车能负重，渡河不如舟。”每个人的才能是不同的，很少有人能通过选择自己的弱势而成功，因此，创业者应该选择与自己的专业和专长相关的项目，并充分发挥自己的优势。创业者最擅长的，就是他们最有可能做好的事情。他们在做这些事的时候才能在与他人竞争时发挥出更多优势。因此，创业者只有在创业之前加强自己，仔细分析自己的特点，才能找出自己的长处，才会有更强的自信和勇气，成功率更高。

2. 选择你最喜欢的创业项目

选择你最喜欢的创业项目可以提高创业成功率。只有做最喜欢做的事，你才有可能坚持下去，避免在起伏和困难面前半途而废。俗话说："知之者不如好之者，好之者不如乐之者。"只有当你做自己最喜欢的事情时，才会废寝忘食、不知疲倦。这种享受的感觉会让人快乐。创业需要创业者坚持不懈的热情和毅力。

3．选择你最熟悉的创业项目

各行各业都有自己的规则，只有在这个行业拥有丰富的经验，你才能在机会来临时第一个看到它。当行业发展不利时，你也会首先意识到这一点。这些直觉通常依赖于经验的积累。在你最熟悉的领域，你能够轻松地做任何事情，这就是常说的"不熟不做"的道理。

4．选择拥有最多资源的创业项目

俗话说，没有人的成功是能离开别人帮助的。卡耐基说："成功取决于15%的专业知识和85%的人际关系。"另外，人们在最喜欢、最擅长、最熟悉的行业会有更多的朋友，共同的爱好和兴趣会让创业者在创业初期快速找到志趣相投的新朋友，从而建立有利于创业的人际关系，整合有利于创业的资源，形成优势互补的团队。

5．选择最具市场潜力的创业项目

如果创业项目属于市场需求越来越少或即将衰退的行业，那么，创业者就不应该去做这类项目，与时俱进、顺应潮流才是最明智的选择。创业者要知道哪些项目在未来有潜在的市场，就需要做详细的研究和论证，分析国家发展的宏观规划，做好市场调研。

6．选择最能满足客户需求的创业项目

在确定创业项目时，创业者必须明确：创业成功的项目不能是"你想做什么"，而必须是"你能做什么"；不是"你喜欢什么"，而是"客户喜欢和需要什么"。因为如果你的产品或服务不能满足客户的特定需求，就没有客户会购买它。最能满足客户需求的项目通常是特色项目，市场上没有的、先于他人发现的、不同于他人的、比他人更强的项目，可归类为特色项目，这类项目可以避免与同行和竞争对手发生冲突，并拥有更高的价值空间。创业的大学生应对市场动态保持敏锐感知，了解市场需求变化的方向，从而找到市场缺口，设计出最能满足客户需求的独特创业项目。

7．选择有优惠政策的创业项目

国家在鼓励部分产业发展的同时，会在税收、土地使用、资金等方面出台各种相关优惠政策，这也表明该行业具有良好的市场发展前景和政策发展环境。因此，创业者要多了解相关优惠政策，找到创业的"立足点"，开创自己的事业。高职学生可根据自身实际情况，在可享受融资、注册、税收、创业培训、创业指导等优惠政策的项目中寻找合适的创业项目。创业者应充分利用国家优惠政策，这不仅可以减少一些手续，提高效率，而且还可以解决创业初期存在的资金不足、管理不善等问题。

8．选择资金投入少、资金周转期短的创业项目

对于普通高职学生创业者来说，他们能够利用的创业融资渠道很少，能够获得的创业资本非常有限，大多数创业者利用父母、亲戚朋友的资助或自己的一些储蓄作为创业的起始资本。因此，高职学生在校创业或毕业之初创业，应尽量选择投资少、资金周转期短的项目投资。只有这样，才能确保有足够的资金用于项目后期追加投资，并有足够的现金流来维持项目的正常运营。同时，高职学生也应该尽量避免选择需要大量库存的项目，更多的库存将减少营运资金，而大量的库存将增加库存管理成本和库存风险。当市场处于不稳定状况时，必然会导致创业资金周转不良，甚至陷入破产的困境。

9．选择雇用较少人力的创业项目

创业初期应该以开拓市场为主导，如果经常被人事工作拖累，就不可能有很多精力去完成其

他重要的工作。因此，没有管理经验的创业者可以选择先成立一家初期只有少数人的小企业来积累管理经验，随着企业的不断成长，创业者自然有能力管理更多的员工。此外，员工过多也会增加企业的薪酬负担，如何减少人员，充分发挥人力资源的最大效益，是一个需要认真考虑的问题。因此，高职学生创业者应该尽量选择员工较少的创业项目。

10．避免技术要求过高的创业项目

高职学生创业之初应尽量避免进入高科技产业，因为高科技产业需要投入大量的研发成本，这对缺乏资金的大学生来说是一个沉重的负担。因此，高职学生可以选择一些比较容易实现的小微型项目，在积累一定的资金和经验之后，再考虑转向高科技、高技术类的项目。

创业需要一定的社会资源、一定的资金支持和一定的社会关系。高职学生虽然具有一定的专业知识，但却缺乏社会实践经验，对社会现实认识不深。因此，在选择创业项目时，应遵循一定的原则，弥补自身的不足，充分发挥高职学生的专业优势。适合创业的商机具有以下特点：一是市场需求明确及时；二是市场前景广阔，创业初期能够平稳快速增长；三是具有强大而持久的竞争优势；四是回报率高到足以使项目可持续发展。

（三）创业建议

1．项目搜寻阶段

许多好的创业项目不是突然出现的，而是对于“有准备的头脑”的“回报”。在项目搜寻阶段，创业者需要想尽办法找出潜在并合适的项目。

2．项目识别阶段

项目的识别来自创意的产生，创意是创业和创新的来源。在创意之前，项目的存在意义不大。具有价值潜力的创意通常具有以下基本特征：独特、新颖且难以模仿。该过程包括两个步骤：第一步是通过对整体市场环境和一般行业的分析，判断该项目是否为广义上有利可图的商业项目；第二步是检查项目是否对特定的企业家和投资者有价值，即个性化的项目识别。

3．项目评价阶段

主要评估创业项目的市场和效益。要仔细分析该项目的市场定位、市场结构、市场份额、产品成本结构、毛利率、资本回报率等诸多因素，并在此基础上对项目进行综合评价。另外，需要考虑将创业项目转化为创业行为的成本，当项目成本大于项目带来的价值时，该项目就不是有价值的创业项目。某些创业项目可能有很大的价值，但由于各种主观和客观原因而不能实现时，这个项目就不是一个可行的创业项目。当一个创业项目诞生时，很多人几乎同时发现了这个项目，但只有少数人能成功地抓住这个项目，其主要原因是成功者拥有抢占创业项目的优势资源。分析一个创业项目是否适合创业者，创业者是否有能力把握，是非常必要的。

课后练习

1．你迄今为止是否做过兼职？如有，你是从什么渠道获悉这份兼职信息的？

____

____

____

____

2. 这份兼职是否签订了兼职协议，你和用人单位是如何达成工作协议的？

3. 应该如何选择创业项目？

4. 创业需要具备哪些素质？

第十章 职场角色与职业素养

第一节　职场角色转换

职场角色转换指的就是个体因社会任务和职业生涯的变迁，从一个角色进入另一个角色的过程，其根本的变化是社会权利和义务的变化。

职场指一切可以就职、谋生的场所，包括所有机关、企事业单位。同时，职场也是学习成长、发挥才能的地方。职业人是参与社会分工，具备较强的专业知识、技能和素质，并能够通过为社会创造物质财富和精神财富来获得其合理报酬，在满足自我精神需求和物质需求的同时，实现自我价值最大化的一类群体。

学生从学校步入职场，其身份也就从学生转变为职业人，这两个角色的区别见表10-1。

表10-1　学生与职业人的区别

项　目	学　生	职　业　人
角色	被服务，接受学校教育，受保护对象	为职场服务，按章办事，自我保护
环境	时间比较有弹性，有足够的休息时间，生活有规律，有寒暑假，按照既定的学习模式完成学业等	工作时间固定，节假休息日减少，为企业带来效益，生活规律可能被打乱，需要规划工作等
心态	浮躁	逐步理性化
上级	耐心教导，公平对待	注重执行力和结果导向
主要职责	学习各种专业知识，掌握各种生存技能，发展智力，求学成才	在自己的岗位上发挥专业知识和能力，为社会服务并同时获取自我的物质和精神价值，承担社会责任
经济能力	以学习为主，生活重心局限于校园环境，经济上主要靠家庭支持	经济独立，不再依赖于家庭
人际交往	无须过多顾虑和防备，可以自由畅所欲言，不带任何伪装表达自我感情	复杂，讲究人际交往的艺术

学生在角色转换中容易出现的问题如下：

（1）怀旧和依赖心理。毕业生在刚刚走上工作岗位的时候，会遇到很多困难和挫折，在角色转换中极易出现怀旧情绪，怀念在校期间的安逸生活，怀念在家时父母、长辈的呵护，在校期间老师的关爱。同时，作为学生做任何事情都是有人安排好的，即使犯了错误也会得到宽容。但是，这些情况在职场中是不可能出现的。

（2）自傲和浮躁心理。一些毕业生认为自己在学校学习了几年，接受了正规教育，已经学到了很多技术，就是人才了，自身优越感较强，但是在走上职场后，更要明白学无止境的道理。

（3）自卑心理。相比自傲和浮躁心理，也有一部分毕业生过于自卑。在刚刚步入社会后，面对新的环境、人际关系，自卑的毕业生显得格格不入。对于上级布置的工作无从下手，“前怕狼后怕虎”，怕竞争、怕淘汰、怕承担责任、怕造成不良的第一印象，因而毕业生在工作中畏畏缩缩、缺乏应有的自信和热情。

一、角色转换的途径与方法

（一）毕业前的准备

1. 自我认知

根据职业生涯规划课程学习到的知识，从兴趣、能力、性格、价值观等方面深度剖析自己，发现自己的优势，为步入职场奠定基础，建立自信。

2. 自我定位

在对自己进行深度剖析后，毕业生要结合职场环境的需求更加客观和全面地选择，避免好高骛远、高不成低不就的局面。

3. 适时做好自我调节

择业的，毕业生会面临各种各样的问题，这个过程中要学会适时地自我调节，及时调整自己的心态。当择业不顺时，不要悲观，要及时分析自己的不足，积累经验，积极对待，当断则断，力求心胸开阔，不要钻牛角尖。

（二）把握试用期

毕业生在步入工作初期，都会经历 3 ~ 6 个月的试用期，这段时间是毕业生角色转换的第一步，很大程度上决定着未来的职业生涯是否顺利。试用期本身就是一个学习和熟悉的阶段，看中的是职场学习能力，要把从学校学到的基础知识和技能应用到平时的工作中去，更好地学习做好本职工作所需的实际知识。

除此以外，职场礼仪和公务能力也必不可少。职场礼仪包括的内容很广泛，毕业生应该掌握一些最基础的职场礼仪，如言行举止应该注意哪些，如何搭配职业装等，在工作中要学会尊重和谦让。另外，工作中还应掌握一些最基础的公务能力，如使用复印机和传真机等。

（三）初入职场应该注意的几个问题

1. 增强心理适应能力和抗压能力

职场和学校相比，生活环境、工作条件、人际关系都会有很大变化，这难免使那些心存幻想、踌躇满志的毕业生产生心理反差和强烈的情绪。此时，毕业生必须要具备良好的承受能力。从职场的角度来说，职场对人的判断有两个要求：一个叫作“潜力”，看你未来成长的空间；一个叫作“贡献”，看你的加入对这个团队能产生什么样的影响。要抱着谦虚好学的态度，从基础做起，逐步获得领导和同事的认可，这才是成功的开始。

除此以外，增强抗压能力也很重要，现在的生活、学习、工作压力都很大，没有好的抗压能力就难以完成上级交办的任务。当遇到压力和挫折的时候，不能就此放弃，要用冷静的态度，客观分析失败的原因，进行正确的受挫归因。学会笑对压力和挫折，挫折虽然能够给人带来心情的不愉快，但同时也可以锻炼人的意志。

2. 了解、适应公司的文化氛围

每个公司都有自己的文化氛围：有的崇尚张扬，有的崇尚沉稳踏实，有的要求员工按部就班，有的需要员工活跃等。大学生要先去了解这个企业的“生存法则”，了解公司内部具体的规章制度。新人应尽量及早融入新的环境，多听、多看，用谦虚诚恳的态度向同事们学习，主动与同事接触，多参加一些公司的业余活动。

3. 调整自己的期望值

毕业生在踏上工作岗位后，要根据现实环境调整自己的期望值和目标，尽量把期望值定得低一些、现实一些。毕业生明确自己的职业目标以及在职场中自己扮演的角色，自然就能得到较好的发展。

4. 从小事做起，少点阔论

刚开始工作时，不要急于求成。不要认为大学生的学历与“小儿科”的事情不匹配，要抱着多学一点，多做一点的心态，力求做好每一件小事。如办公文档做得更加完美、学会一项新技能、完成一份报告，少谈一些好高骛远的事情，这些小事会让你逐渐得到领导、同事的信任和肯定，才会有“做大事”的希望。

二、职业认同

职业认同是一个心理学概念，指个人对所从事的职业主观建构的、与职业特征联系在一起的认知和感受，常常包括职业角色的意义感和价值感、职业是否有乐趣和吸引力等。职业认同分为过程性职业认同和状态性职业认同。其中，过程性职业认同是指个体从自己经历中逐渐发展出的认同自己职业角色的过程；状态性职业认同是指个体当前对自己所从事的职业的认同程度。

（一）组织认同

组织认同一般是指组织成员在行为与观念诸多方面与其所加入的组织具有一致性，觉得自己在组织中既有理性的契约和责任感，也有非理性的归属和依赖感，以及在这种心理基础上表现出的对组织活动尽心尽力的状态。

（二）组织认同等级

（1）A-1 级。该等级的人对于企业的价值观和企业文化认同度低，无法获得内心的共鸣；只关注自己的得失，并不在意企业未来的发展；使命感不强烈。

（2）A-0 级。该等级的人较认同企业的价值观和企业文化，能获得共鸣；工作中有较好的自主性，有主人翁意识，对企业的未来有信心；能够较好地融入团队；有较强的使命感。

（3）A+1 级。该等级的人对企业的价值观和企业文化有高度认同感，为自己身为企业的一员感到骄傲；对待组织和工作有主人翁精神；对企业的未来充满信心；能迅速融入团队之中，并能快速地展开工作；组织荣誉感强，积极地参加企业的活动，争得荣誉；有非常强烈的使命感。

（4）A+2 级。该等级的人有非常强烈的归属感与使命感；对组织有着强烈的感情，团队间配合默契。

[知识链接]

四大心态提高职场适应力

职场新人进入陌生的办公室，在努力提高自己工作技能的同时，也要学会改变自己的心态，提高职场的适应能力，保持积极的心态，明确努力的目标，工作积极主动，才能造就职业的辉煌。

一、谦虚和妥协的心态

在职场中需要尽快学会与人合作、沟通，也不宜太张扬，引起大家反感。同时，职场新人应尊重领导，多向同事学习。不管你认为领导和同事有多少缺点，对于刚到企业工作的职场新人来说，不如谦虚一点，不要急功近利，多了解企业的文化和管理风格，多观察和学习，少说多干，虚心请教领导和同事，提高自己的能力，以谋求更好的发展。

二、练就乐观的心态

同一件事用悲观、乐观的心态去看待，会有截然相反的看法。职场新人一般从事基层工作，属于“蓝领”阶层，与他们想当“灰领”，甚至“白领”的期望和理想有很大的落差。他们认为自己整天都在打杂，碌碌无为，而且谁都可以指使他们，觉得在公司受到了不公平待遇。其实，如果大家都愿意派活给新人，他们就有很多学习和锻炼自己的机会，同时，也有了更多的表现自己才华和能力的机会。职场人应谨记，当领导不再派给你很多工作时，你的担子越来越轻的时候，这是一个危险的信号，因为“忙”是好事情，当你不忙的时候，公司或部门裁员时首先想到的可能就是你。

三、平凡工作中的激情，压力下的崛起

谈到压力，世界500强企业富士康公司总裁郭台铭曾提出一个人感到有压力的时候，说明这个人的能力还不够。对待压力最好的办法就是尽快熟悉业务，在工作中摸索窍门，积累经验，积极为职位提升和下一份工作做准备。在平凡、枯燥的工作中，寻找乐趣，努力创新，练就应该具备的职业技能、核心竞争力，不断学习、提升自我。如果职场中人在日常工作中激情不减，表现突出；在压力下不屈不挠，努力工作，必将披荆斩棘，勇往直前。

四、理性面对工作初期的枯燥、乏味

有一位同学毕业后，来到一家企业工作。不久，他就觉得与自己理想中的企业相差太远。比如，每天下班前要将当天的工作小结输入电脑，每天早上会开一个早会来布置工作等。他觉得约束太多，规矩太多。一时难以适应。于是，他常发牢骚，工作积极性也不高，还没等到他对企业真正有所认识，就被“炒了鱿鱼”。可是，当他再次在求职大军中奔波，没找到更好的工作时，他心中开始感到有些后悔。

很多新人在进入公司后，用学生的眼光看待企业，对企业现状不满，接受不了企业的“规矩”，没有耐心去适应企业。其实，上文提到的早会和每天小结的制度，对职场新人学习知识和技能，尽快适应企业具有非常重要的作用。同时．每个企业都有优势和劣势，最重要的是学会适应新的环境，快速融入企业，在和企业相互深入了解后，找到自己合适的位置。

（资料来源：根据网络资料整理）

第二节　职业素养

职业素养是人类在社会活动中需要遵守的行为规范。个体行为的总和构成了自身的职业素养，职业素养是内涵，个体行为是外在表象。

一、职业素养的四大内涵

（一）职业道德

职业道德是指人们在职业生活中应遵循的基本道德，即一般社会道德在职业生活中的具体体现，是职业品德、职业纪律、专业胜任能力及职业责任等的总称，属于自律范围，它通过公约、守则等对职业生活中的某些方面加以规范。

在职业素养中，基本的要求就是需要工作人员有职业道德。职业道德是在个人基本的道德要求基础上，对从事岗位的工作人员的进一步要求。这要求工作人员恪守职业道德，在工作期间，不能做出任何危害公司名声的事。

职业道德主要应包括以下几方面的内容：忠于职守，乐于奉献；实事求是，不弄虚作假；依法行事，严守秘密；公正透明，服务社会。

（二）职业理想

职业理想是人们对职业活动和职业成就的超前反映，与人的价值观、职业期待、职业目标密切相关，与世界观、人生观密切相关。在当前激烈的职场竞争中，很多人都希望能够表现得更优秀一些，而有些人则更希望在平时的工作中提高自己的专业技能。每个人都有自己的职业规划，每个人对于自己的职业都有一定的了解。职业理想直接引导着人们努力的方向，为职场的工作人员制订目标打下基础。

（三）职业行为习惯

职业行为习惯就是职业能力。职业能力的提升，让职场人能从更高的一个层面认识职业兴趣，发掘职业兴趣。没有职业能力，职业兴趣就只剩下空想；没有职业兴趣，职业能力就不能充分发挥，而且这样的职业生涯必然很乏味。其具体表现在：① 掌握公司的各种行为规范与办公流程；② 及时主动反馈工作当中遇到的瓶颈与问题；③ 做定期的工作计划、工作笔录与工作总结；④ 仔细倾听上级的工作布置与安排；⑤ 服从工作布置与安排，勇于承担责任与风险；⑥ 就自己的工作定期向上级作汇报；⑦ 及时回复上级命令或指示，不能等上级来过问。

（四）职业技能

职业技能指学生将来就业所需的技术和能力。学生是否具备良好的职业技能是能否顺利就业的前提。在职场中工作的人，除了要适应公司的环境之外，也要利用自己的职业技能来充分地发挥自己的价值，为企业创造更多的财富。职业技能包括智力技能、技术和功能技能、个人技能、人际和沟通技能、组织和管理技能等。

二、职业素养的构成

职业素养分显性因素和隐性因素。

（1）显性因素：① 知识：主要是指从学校获取的知识和技能；② 技巧：为人处世的技巧，包括沟通技巧、语言表达技巧等；③ 理解能力：对事件的理解程度和速度；④ 分析判断能力：对事件的判断和评价；⑤ 经验：工作中积累的经验和技能。

（2）隐性因素：① 职业道德：诚实守信、忠诚敬业、遵章守纪、严守机密、顾全大局；② 职业态度：服从分配、积极主动、勤奋踏实、尽职尽责、学无止境。

[知识链接]

职场新人须知

员工必备的十大职业素养：

（1）敬业

不怕起点低，就怕境界低；

只有小雇员，没有小角色；

培养工作中使命感；

处处以专业标准要求自己；

将简单的事情做到最好。

（2）主动

你是雇员，但你更是主人；

不是上级，但能影响上级；

老总不在，要干得更好；

先走一步，海阔天空；

先让你的付出超越报酬，然后你的报酬会超过你的付出。

（3）责任

拿得起责任，放得下架子；

优秀者，就是优秀的责任承担者；

扩大了“承担圈”，便放大了“成功圈”；

工作是给别人做的，更是给自己做的。

（4）执行

不是做事，而是做成事；

“烧开一壶水”的道理；

从考虑点，到考虑系统。

（5）品格

成为值得依赖的人；

坚守原则，即使天塌下来；

经得住考验，才是真品格。

（6）绩效

“穷忙”“瞎忙”是职场大罪；

“老黄牛”也要插上绩效的翅膀；

强化工作的结果导向；

优化你的工作方式。

（7）协作

没有人能独自成功；

团队不是缩小了自我，而是放大了自我；

最佳团队精神，需要牺牲精神；

没有完美的个人，只有完美的团队。

（8）智慧

做智慧型员工；

总有解决的办法；

总有更多的办法；

总有更好的办法。

（9）形象

不要往自己喝水的井里吐痰；

单位提前，自我退后；

你就是单位的“金字招牌”。

（10）发展

个人发展要跟上公司发展的主旋律；

不是选择钱，而是选择路；
别太在乎自己，地球不会因你而不转动。

三、最受欢迎的十种职场新人

（1）诚信。企业普遍认为，诚信是一名新人走进职场最被注重的品质。

（2）沟通。从单位角度出发，肯定欢迎乐于主动交流和沟通的新人。当然，这并不意味着新人可以很张狂，在主动融入团队的过程中要把握好分寸。

（3）合作。作为新人，有合作的意识较受企业欢迎。

（4）谦虚。作为新手，处在一个新的环境中，不管你多有能力，有多大的抱负，也要本着学习的态度，“多做实事少说废话”不失为一个好办法，忌自作主张。

（5）务实。做人要低姿态一点，这是自我保护的好方法，急于求成反而会引起他人的反感。

（6）勤快。作为一名职场新人，勤快点总没错，最忌讳的是眼高手低和懒惰。

（7）注重细节。“菜鸟”一定要尽量严格要求自己，早到晚走，绝不轻易为自己的私事请假离岗，多注意察言观色，尽量使自己少犯错误，少出纰漏。

（8）有责任心。做每一件事情，都是向领导或同事展示自己学识和能力的机会，尽管单位开始不会对新人委以重任，往往让他们做一些比较琐碎的杂事、小事。但只有做好每一件事，才能取得领导和同事的好感与信任。

（9）谨言慎行。新人初来乍到，什么都没做，宜谨言慎行。

（10）大智若愚。在职场里大智若愚是保护自己的最佳法宝。

四、最不受欢迎的十种职场新人

最不受欢迎的十种职场新人包括：极不合群；太爱表现；推卸责任；行为怪异；自作主张；敷衍了事；不拘小节；眼高手低；缺乏主动；过于稚气。

教学案例

案例一：

转换角色，适应职场

大学毕业生小松刚走上工作岗位。在最初的几个月里，他对周围的一切都很不适应。小松说：“工作单位与学校有太多的不同。除了休息日，他每天必须按时上班，不敢有丝毫马虎。”一到单位就有很多工作等着他去做，加之他业务还不熟练，经常会遇到麻烦和难处。一旦出了差错，领导和老职员就会批评他，工作充满压力。另外，他人际关系上也很不适应，上学时接触的基本是同龄人，说话行事都很随便，开开玩笑也无所谓。在工作单位，周围的同事都是中年人，说话办事都很严肃认真，就是和他岁数差不多的也是一本正经的样子。小松认为，尽量少说为妙，以免说错得罪人。

（资料来源：根据网络资料整理）

【案例点评】案例中的小松，刚走上工作岗位、其职场适应不良的关键原因之一是他还没有顺利完成角色的转换。大学生离开学校，走向工作岗位，这是生涯角色的一大转折。同学们走向社会，首先要学会适应社会，实现从学校到社会、从理论到实践的转变。

案例二：

三个卖报人与职场三种人

你可能听说过三个年轻人卖报纸的故事。

第一个卖报人，总是站在丁字路口，他永远是一副愁眉苦脸的样子。当乘车人招手索要报纸时，他缓慢地走过去，当顾客刚看清他那招牌式的苦瓜脸时，他已经生硬地将报纸塞进了车窗。如果赶上雨天，则很难觅到他的踪影。一般情况下，雨天买不到他的报纸。

第二个卖报人，站在十字路口，红绿灯带给他不少便利。一旦乘车的人被红灯所阻，他就前前后后地在停下的车队旁奔跑着，大声叫喊着他所卖报纸的名字，他总是忙于奔跑，很难锁定他的位置。

第三个卖报人，则总是固定地站在繁华街道的中央。双腿略微分开，以保持他的站姿。他的手中拿着几份报纸放在胸前，以使司机和乘客从他身边驶过的时候，能够瞥一眼大字标题。他从来不随着车辆走动，总是等着他的顾客驶向他的身边。他用使人愉快的"早上好"问候每一个从他身边过去的人，当有人慢下来打算购买报纸时，他的脸上绽放出灿烂的笑容。买报纸的人驾车离开时，他在后面大声说道："谢谢你！祝你有快乐的一天！明天见！"他总是设法在卖出报纸的几秒钟内，把这些话语说得清清楚楚，又悦耳动听。

三个卖报人对应职场的三种人：

第一种人，被动地工作，消极地做事，不是我要做而是要我做，工作对他来说是痛苦而非快乐。

第二种人，总是工作缠身，做不完的工作但最后都是穷忙，因为他根本无法从工作中认识和提高自己，他不知道自己有哪些不足，工作有哪些地方可以改进。他东张西望，在不同的工作岗位跳来跳去，他有上进心但不安分守己。他这样跳来跳去有三种结果：落在高处，落在原地或落到深渊。只埋头走路不抬头看路的人在生活中注定漂泊不定。

第三种人，他时常携了一张微笑的名片，他摆正了自己的心态和位置，并且了解他的工作，他把工作的每个细节做到最好，他时常提醒自己的不足之处，他在工作中锻炼自己，在生活中磨砺自己，他时常做好准备走在工作的前面，走在生活的前面，然后坐在生活的前排。

职场三种人，不知你是第几种人？

（资料来源：根据网络资料整理）

课后练习

1. 简述学生与职业人的区别？

2. 职场新人必备的十大职业素养是什么？

第十一章 维护就业权益

第一节 大学生就业权益

一、大学生就业的基本权益

作为一个特殊群体，大学毕业生在就业过程中除了享有普通劳动者的劳动报酬权、休息休假权、劳动保护权等一般权利外，还享有下列权利：

（一）就业信息知情权

就业信息知情权是指大学毕业生拥有及时、全面地获取应该公开的各种就业信息的权利。它包括三方面的含义：① 信息公开，即任何团体、组织和个人都不得隐瞒、截留就业信息，要全部向毕业生公布；② 信息及时，即应当将就业信息及时向毕业生公布，否则就业信息就会过时，失去利用价值；③ 信息全面，即向毕业生公布的就业信息应当是全面完整的，部分的、残缺不全的信息将影响毕业生对用人单位情况的了解和判断，从而影响其对职业的选择。

（二）接受就业指导权

就业指导工作对毕业生来说意义重大，它会直接影响毕业生的职业生涯规划、就业意识、就业方向及求职择业。

学校在毕业生就业指导中占据重要位置。为做好毕业生就业指导工作，学校应当设立专门机构、开设专门课程、安排专门人员对毕业生提供全方位的就业指导服务，包括向毕业生宣传国家关于大学生就业的方针、政策，帮助毕业生做好职业规划，为毕业生提供求职技巧方面的指导，引导毕业生准确定位、合理择业等。除了学校，毕业生还可以从各级政府设立的就业指导机构获得帮助。

（三）接受就业推荐权

向用人单位推荐毕业生是学校就业指导中心的一项重要职责，学校的推荐对用人单位选择毕业生起着重要作用。毕业生享有被学校及时、公正、如实推荐给用人单位的权利。

学校推荐毕业生时应做到以下几个方面：①如实推荐，对毕业生的在校表现不夸大、不贬低，做到实事求是；②择优推荐，在公开、公正的基础上择优推荐毕业生，力求人尽其才，并激发广大学生学习和工作的积极性；③公正推荐，根据毕业生的在校表现及能力，公平、公开、公正地推荐每一位毕业生，使所有毕业生都能享受到被推荐的权利。

（四）平等就业权

毕业生在就业过程中享有平等的就业权利，有平等的机会去竞争工作岗位。毕业生应当平等地接受学校推荐，平等地参加用人单位的公开招聘，同时有权要求用人单位在录用人才时做到公平、公正、一视同仁。毕业生在遭遇各种歧视时，应该勇敢地拿起法律武器维护自己的合法权益。

（五）就业选择自主权

根据规定，毕业生在国家就业方针、政策的指导下“双向选择，自主择业”，即毕业生可以按照自己的意愿就业，有权决定自己是否就业、何时就业、何地就业、从事何种职业等，学校、其他单位和个人均不得干涉。任何强行干预毕业生就业的行为都是侵犯毕业生就业选择自主权的行为。

（六）择业知情权

毕业生在与用人单位签订就业协议书及劳动合同之前，有权了解用人单位的主体资格、劳动岗位、劳动条件、劳动报酬及规章制度等情况，用人单位应当如实说明和介绍，不能回避或故意隐瞒某些职业危害，也不能夸大单位规模和职工待遇。

（七）违约求偿权

用人单位、毕业生、学校的三方协议一经签订，任何一方不得违约。如果用人单位无故解除协议或不履行协议内容，毕业生有权要求用人单位承担违约责任，包括支付违约金。有些用人单位出于单位改制、经营情况不好等原因，主动向毕业生提出解除协议，甚至个别用人单位在招聘时提供了虚假信息，在毕业生到单位就业后不能履行对毕业生的承诺，对于这些情况毕业生有权向用人单位提出赔偿要求。

（八）户口档案保存权

毕业生自毕业之日起，在择业期内如果没有找到合适的用人单位，没有和用人单位签订就业协议书，也没有因回生源地自主择业、出国等情况而办理人事代理手续，则有权将档案和户口保存在学校，学校应当对毕业生的学籍档案和户口关系进行妥善保管，且不能向毕业生收取费用。择业期满后，学校则不再承担此义务。

二、大学生就业之后的权益

大学生就业之后的权益主要是指大学生在从业过程中所具有的权益，主要包括以下几点：

（一）人身安全方面的权益

大学生在从业过程中或劳动过程中，人身安全应该得到保障。例如，《中华人民共和国劳动合同法》（以下简称《劳动合同法》）规定，劳动者拒绝用人单位管理人员违章指挥、强令冒险作业的，不视为违反劳动合同；用人单位未按照劳动合同约定提供劳动保护或者劳动条件的；用人单位以暴力、威胁或者非法限制人身自由的手段强迫大学生劳动的，大学生可以立即解除劳动合同，不需事先告知用人单位。另外，劳动者拥有休息和休假的权利，这对于其恢复劳动能力、维护身心健康是必要的保证。

（二）劳动收益方面的权益

劳动者有权要求获得合法的、正当的劳动收益，包括工资收益和福利待遇等。劳动者如果遇到这方面的侵害，可以采取相应的自我保护措施和要求补偿的措施。《劳动合同法》对于劳动报酬、同工同酬、节假日加班报酬、试用期报酬等都作出了相关规定，以帮助劳动者维护自己的合法权益。《劳动合同法》还规定，用人单位未能及时足额支付劳动报酬的，没有按照法律规定为劳动者缴纳社会保险的，劳动者可以解除劳动合同，用人单位应当向劳动者支付经济补偿。

（三）职业安全方面的权益

劳动者职业安全方面的权益是指劳动者合法的、正当的、正常的职业活动应当具有连续性和稳定性，不受到外力的干扰而中断。通俗地说就是，劳动者不应当无故被停止自己的从业过程或劳动过程，不应无故地被终止就业。如《劳动合同法》规定，女职工在孕期、产期、哺乳期的，职工在本单位连续工作满15年,且距法定退休年龄不足5年的,用人单位不能解除劳动合同。另外，《劳动合同法》对试用期的规定，对用人单位解除劳动合同的规定，在很大程度上也是为了保护劳动者的职业安全不受到侵害。

（四）其他权益

我国还以多种形式对公民的众多就业基本权益实行了保护，其中很大一部分与就业有关，有些发生在就业之前，有些发生在就业之后，更多的则发生在就业过程中。其中主要的规章制度有：养老保险制度，解决了劳动者退休之后的基本生活保障问题；医疗保险制度，为劳动者的疾病医疗和健康恢复提供了重要的保障；失业保险制度，为劳动者失业后的基本生活提供了保障；工伤保险制度，如劳动者因工伤病，可以得到医疗和救助的保障；生育保险制度；最低生活保障制度，为居民提供最基本的生活保障；住房公积金制度；其他的社会福利制度，如优抚安置制度，主要针对退役军人群体；灾害救助制度，主要针对发生灾害的地区的群众。

三、劳动权益

大学毕业生被用人单位录用后，就享有劳动权益。劳动权益是不分阶段的，试用期也应享有同等的权益，主要权益有如下几个方面：

（一）要求用人单位履行就业协议的权利

就业协议是国家专用于毕业生就业的正式文本，具有法律效力。用人单位与学生一旦签约，就有义务严格履行协议，不得无故进行更改。因此，用人单位必须依照就业协议接收毕业生，并妥善安排毕业生的工作岗位，提供相应的工作和生活条件，以保证毕业生正常工作。

（二）签订正式劳动合同的权利

建立劳动关系应当订立劳动合同。用人单位聘用劳动者后不签订劳动合同是违反法律的。此外，用人单位故意拖延不签订劳动合同，对劳动者造成损害的，也应当向劳动者赔偿损失。

（三）享有各种劳动保障的权利

《劳动法》第三条规定：劳动者享有平等就业和选择职业的权利、取得劳动报酬的权利、休息休假的权利、获得劳动安全卫生保护的权利、接受职业技能培训的权利、享受社会保险和福利的权利、提请劳动争议处理的权利以及法律规定的其他劳动权利。

具体说来，包括以下三点：

（1）获得劳动报酬的权利。无论是否在试用期内，劳动者都有获得劳动报酬的权利，可以因技能水平、工作熟练程度等方面的差距有所差异，但不能无故拖欠或找借口不予支付。

（2）享有社会保险的权利。劳动者在试用期间，与其他劳动合同制员工一样，用人单位都应当依法为其办理社会保险手续，为其缴纳社会保险费。社会上俗称的“五险一金”中的“五险”是养老保险、医疗保险、失业保险、工伤保险和生育保险，“一金”为住房公积金。

（3）享有劳动保护的权利。用人单位应当为其劳动者提供必要的劳动防护用品和劳动保护设施，防止事故，减少危害。

（四）解除劳动合同的权利

在试用期间，劳动者可以随时通知用人单位解除劳动合同，不需要任何附加条件。用人单位不得要求劳动者支付职业技能培训费用，还应按劳动者的实际工作天数为劳动者支付工资。用人单位需要与试用期的劳动者解除劳动合同时，必须有证据证明劳动者不符合录用条件时，才能辞退。而员工只要“通知”单位就可以解除劳动合同，无须提供任何理由。劳动合同签订后，用人单位便不能随意解除。

（五）追究用人单位违约责任的权利

毕业生与用人单位签订就业协议，是双方遵循平等自愿、协商一致原则而达成的协议，双方均有遵守的义务。如果用人单位一方不能按照协议的内容履行，或者打折扣，毕业生有追究用人单位违约责任的权利。

四、大学毕业生的就业义务与自我保护

大学毕业生既是普通的就业者，又是特殊的就业群体。大学毕业生有知识有文化，具有较高的知识水平和道德素质，本应是就业市场的受欢迎群体，但是，由于大学毕业生刚步入社会，没有任何经验可以借鉴，就业权益很容易受到侵犯。因此，大学毕业生就业权益的保护不同于一般就业者就业权益保护，相对而言，大学毕业生就业权益保护的范围更广。比如，有大学毕业生所在高校的保护措施以及大学毕业生就业主管部门的保护等，有别于其他就业者就业权益保护。作为国家建设的中坚力量和优秀人才，国家也制定了相关大学毕业生就业权益保护的政策和法律、法规，对大学毕业生就业权益进行特殊保护。

这就需要应届大学毕业生在进入大学学习期间，就着手自己的职业生涯规划，并为之有方向性地努力，就业前夕，还应当认真学习、正确理解并执行国家就业方针、政策，根据需要为国家服务；主动接受所在高校的毕业教育和就业指导；服从高校就业工作的安排和管理，完成高校布置的与就业实习工作有关的任务或事项；能如实向用人单位反映情况，做到遵守择业道德和院、系就业工作纪律；如已达成协议，应当履行就业协议，并及时如实向高校通报自身就业实习的落实情况；按照院、系的统一要求，按时办理离校手续，做到文明离校。

尽到自己的就业义务是对自身最大的保护，具体体现在以下几点：

（1）毕业生应了解目前国家和省、市关于毕业生就业的有关方针、政策和规则，熟悉毕业生在就业过程中的权利和义务，这是毕业生权益自我保护的前提。

（2）毕业生应自觉遵循有关就业规则，接受其制约，保证自己的就业行为不违反就业规则，不侵犯其他毕业生和用人单位的合法权益。

（3）毕业生应学会运用法律手段维护自身的合法权益。针对侵犯自身就业权益的行为，可首先与有关用人单位协商解决。协商不成的，可向签订协议所在地的毕业生就业工作主管部门申请调解，也可依法向有关部门申请仲裁或直接向人民法院提起诉讼。

第二节　常见就业陷阱及规避方法

就业陷阱是指在就业过程中，用人单位以发布虚假、夸大或模糊的招聘信息为手段，以牟利或者其他不法意图为目的，出现违反求职者个人意愿使其额外支付财物，诱骗求职者进行违背法律道德的行为的情况。

一、就业陷阱的特征

随着高校毕业生的增多，就业市场日趋饱和，高校毕业生就业压力不断增大，在供需矛盾的

影响下，各种就业陷阱也出现在就业市场上。很多大学生对就业陷阱的认识不够清楚，在就业过程中常常会误入其中，使自己不能成功就业，甚至损害自身利益。因此，指导大学生警惕并防范就业陷阱，提高大学生就业的成功率，提高就业质量，成为高校就业工作的一项重要任务。我们需要认识就业陷阱的五大特征。

（一）欺骗虚伪性

欺骗虚伪性主要表现在用人单位以虚假宣传、不实承诺来取得求职大学生的信任，以此欺骗大学生，隐藏各种不法目的。

（二）诱惑性

诱惑性主要表现在不法单位用高工资、高待遇来吸引求职大学生的注意力。例如，某单位承诺待遇很高，求职者入职后却告诉他工资里是包括“五险一金”、食宿费等各种费用的。

（三）违法悖德性

违法悖德性主要表现为违反我国《劳动合同法》，有的甚至违反了《中华人民共和国刑法》。例如，用人单位为了留住人才，而在招聘时采用扣押学生的身份证、毕业证书等证件的方式阻止其换工作。这就违反了《劳动合同法》第九条的规定：“用人单位招用劳动者，不得扣押劳动者的居民身份证和其他证件，不得要求劳动者提供担保或者以其他名义向劳动者收取财物。”就业陷阱的悖德性，主要表现在利用社会对学生的认同和信任，诱骗学生进行推销劣质产品等有悖社会公德的活动，甚至让学生走上违法犯罪道路。

（四）模糊性

模糊性主要指用人单位或个人在招聘信息中用词多含歧义，让求职大学生误以为是有利于自己的，但用人单位解释时又会给出完全不一样的说法。

（五）多面性

多面性主要指公司发布的就业信息称自己“业务范围广”，表现为用同样的地址和电话注册多个公司，或一个公司业务涉及多个领域。如某公司的招聘信息中称公司业务涉及航空、建筑、医疗、保险等多个行业。如果毕业生看到这样的招聘信息，就需要谨慎对待了。

二、几种常见的就业陷阱类型

（一）试用期陷阱

“试用期”是每个劳动者都要经历的过程，而少数公司会利用试用期损害劳动者的利益，如频繁地招聘求职者，又频繁地解聘；有的公司随意延长试用期，求职者工作了大半年都无法转正；有些公司在试用期内还向求职者收取培训费；有的公司在试用期不与员工签订劳动合同，不办理社会保险，还会在“试用期”将满之时找借口把员工辞退。对于这些情况，求职者应学会拿起法律武器，避免掉入“试用期陷阱”，在试用期内保护自己的合法权益。

试用期是用人单位和劳动者进行双向选择的有效途径。根据我国法律规定，试用期的期限最长不得超过 6 个月；试用期应包括在劳动期限内；试用期内解除劳动关系相对自由。这个相对自由主要是指在试用期内，劳动者和用人单位在解除劳动关系方面均享有比正式劳动关系中更大的自主权：对劳动者而言，可以随时通知用人单位解除劳动关系而无须承担任何责任；对用人单位而言，只要证明劳动者不符合录用条件，就可以解除劳动关系而无须支付经济补偿金。

也正因为如此，有的用人单位只“试”不“用”，要么私自延长试用期，迟迟不与劳动者签订劳动合同、建立正式的劳动关系；要么在试用期结束前随意辞退劳动者。这种行为不仅严重侵害了劳动者的合法权益，也扰乱了我国劳动力市场的秩序。为了防止用人单位滥用试用期，也为了保护劳动者的合法权利，《劳动法》规定了用人单位在试用期内解除劳动关系的限制条件，即用人单位如果没有证据证明劳动者不符合录用条件，则不得随意解除劳动关系，否则应承担相应的法律后果。法院将视劳动者的请求，判决撤销用人单位不当的处理决定，或者判决用人单位向劳动者支付经济补偿金。

“先干活再签合同”是很常见的一种陷阱。根据《劳动合同法》的规定，试用期是合同期的一部分，一旦双方建立劳动关系，就应当订立书面劳动合同；已建立劳动关系，未同时订立书面劳动合同的，应当自用工之日起 1 个月内订立书面劳动合同。合同中可以约定试用期、培训、保守秘密、补充保险和福利待遇。

同时，根据我国《劳动法》及其相关法规规定，员工在试用期内出现工伤，同样享受国家规定的各种工伤保险待遇，因工伤丧失部分或全部劳动能力者，同样可以享受伤残补助待遇。即使有的老板不愿意与试用人员签订劳动合同，事实劳动关系也同样受法律保护。这一点，走技能路线的高职高专的工科毕业生尤其应该重视起来。经调查发现，“试用期陷阱”在多类求职陷阱中最为突出，如口头承诺试用期、借故延长试用期，甚至试用期内随意辞退员工等。试用期原本是用人单位与劳动者建立劳动关系后，双方为了相互了解而协商约定的考察期限。只因劳动力市场供大于求，整体就业形势趋紧，极少数企业会把试用期设置成坑害劳动者的陷阱。劳动者只有掌握相关法律法规，才不会被恶意的用人单位蒙骗。

【知识链接】

实习期和试用期

刚刚跟社会接触，生活可能并非同想象中的一样。毕业生找工作时最常听到的就是这两个名词：实习期和试用期。很多人会把这两个词混淆，用人单位在对你进行面试时通常也会说得非常含糊，以至于最后你晕晕乎乎地就签订了实习协议。事实上“实习期”和“试用期”绝对不能混为一谈，如果不搞清楚它们之间的巨大区别，是会吃大亏的！

（1）概念不同。实习期是指在校学生充分结合自己的理论知识，参加社会实践工作，从而提高自身综合素质和工作适应能力的一段时期。它有助于学生将来找到一份适合自己的职业；或是提前熟悉即将就职单位的基本情况，给本人和聘用单位相互熟悉、了解的机会。原劳动部《关于贯彻执行〈中华人民共和国劳动法〉若干问题的意见》第 12 条规定：“在校生利用业余时间勤工助学，不视为就业，未建立劳动关系，可以不签订劳动合同。”试用期是指包括在劳动合同期限内，用人单位对劳动者是否合格进行判断，劳动者对用人单位是否符合自己要求也进行判断的期限，这是一种双方双向选择的表现。

（2）身份不同。处于实习期的自然人一方是在校学生；处于试用期中的自然人一方只能是劳动者。

（3）目的不同。实习期，对于实习学生所在的单位来讲，学生的实习活动和劳动者的生产经营活动有相同或相似之处，但在目的上有本质的不同，学生实习活动主要体现的是学校与学生的共同目的，即主要是帮助提高实习学生的自身素质；试用期主要体现用人单位目的，即用人单位为了自身发展考察拟增加的人力资源。

（4）关系不同。实习期一般不需要签订劳动合同。而用人单位与劳动者，包括在试用期的权利义务关系由《劳动法》等相关法律法规进行规范。同一用人单位与同一劳动者只能约定一次试用期。为遏制用人单位短期用工现象，不是所有劳动合同都可约定试用期。

（5）合同期限。劳动合同的试用期超过规定期限的，劳动者可以要求变更相应的劳动合同期限，或者要求用人单位对超过的期限，按照非试用期工资标准支付工资。而在实习期间，学生与所在的实习单位劳动关系成立，因此受《劳动法》调整。

（6）权利义务。试用期的当事人双方存在着劳动关系，用人单位对劳动者承担无过错责任，与劳动者共同履行缴纳社会保险费用的义务，劳动者在试用期的工资不得低于本单位同岗位最低档工资或者劳动合同约定工资的50%，并重申试用期工资不得低于用人单位所在地的最低工资标准。用人单位向劳动者支付的工资报酬不得低于当地最低工资标准，而学生实习所在的单位对实习学生不承担无过错责任，无须执行最低工资标准。学生在实习期间发生伤害事故，不属于工伤，不能享受工伤保险待遇，但可以以雇佣关系向用人单位主张权利，或由学校基于与单位之间的实习合同的相关约定主张权利。实习期只适用于在校学生。一些用人单位为了逃避保险或最低工资的限制，故意与符合劳动者资格的非在校学生签订实习协议，这是违法的也是无效的。实际上即便签订实习协议，用人单位和非在校学生也存在事实劳动关系。实习期间，每日工作时间不得超过8小时，如确因特殊情况超过8小时的，实习单位应参照加班工资的计算方式向实习生支付报酬。可约定实习期内实习单位每月向实习生支付合理的实习报酬，拖欠实习报酬的违约责任。从实习生权益保护角度出发，可与实习单位约定发生伤亡事故时，由实习单位比照工伤保险待遇的标准支付伤亡待遇，以避免法律依据缺失导致实习生权益受损。如果涉及实习期的知识产权归属，应当另行约定。涉及纠纷，双方可约定友好协商及诉讼的处理方式。当然，从实习单位的角度出发，实习单位与实习生签订一份实习协议也是很重要的，在协议中明确实习报酬的标准、实习纪律的约定、实习生过错造成单位经济损失的处理、实习生人身意外保险的约定、学校在实习过程中的职责要求及学校的法律责任等。有了一份完善的实习协议，双方可以在发生纠纷时有约可依，更好地处理。

（二）岗位名称陷阱

网上存在一些“挂羊头卖狗肉”的企业，比如招聘时说招聘编辑、记者，实则是招广告业务员；招聘财务总监、工程师，而实际上却是做一些一般性的工作。这类招聘广告所要招聘的，其实是各种业务员、促销员。招聘广告上承诺提供的薪水往往都比较高，许多求职者容易为之所动，招聘单位则常常通过挑出求职者的种种“不足”，并以此为理由来压低薪水。因为找文职类工作的人实在太多，而业务类却无人问津，这种企业只能先把求职者骗过来，然后骗到一个算一个。

这些粉饰性的招聘岗位使得求职者就职后往往大失所望。有些求职者由于种种原因，可能更倾向安于现状，便继续做这份工作，从而对自己的职业生涯产生了很大的负面影响。

[知识链接]

火眼金睛，不被耀眼名衔冲昏头脑

求职的时候要弄清楚职位的具体内容，仔细分析，询问工作细节。某些用人单位提供的虚而不实的职位，常常冠以好听的头衔，但是却强调无需经验，这种类型的招聘一般都有问题。一般可以从以下几点进行判断。

（1）看岗位名称或要求。首先要选择正规的招聘渠道，核实招聘单位资质，保护好个人信息。进入正规招聘网站后，搜索“人事行政”，你会发现有些公司不仅写岗位，后面还有括号，说底薪××××元，缴纳五险一金、双休等。还有将岗位要求写得非常大众化，没有岗位内容，但提到奖金/绩效/提成。这种多数都是“挂羊头卖狗肉”的企业。

（2）看企业名称。“挂羊头卖狗肉”的企业一般都是“空手套白狼”的企业，没有实体经济。比如保险公司、贵金属公司、中介、投资公司、咨询公司等。所以看到这些企业时，求职者不要饥不择食，即便他们真招行政人事，一般也是内部招聘居多，给那些销售员工一些希望，不大会直接从外面招。这也是他们跟你强调“轮岗”的原因。

（3）看面试邀请的内容。没有电话邀约只是短信邮件的面试邀约最好不去。即使电话邀约，你也可以通过交谈来试探真假。有的人事主管会跟你说我们这有人事、行政、销售岗位，但一般来说，主要缺的还是销售岗位，前面两个岗位只是陪衬。或者你可以追问岗位要求或内容，如果对方含糊其词，求职者就需谨慎行事。

（4）看自己的简历。认真看看自己的简历，如果你没有人事行政经验，或者还只是一个应届大学毕业生，兼职经验不足，而正好一家保险金融、投资咨询、中介公司给你打电话邀请你应聘人事行政岗位，那很大可能性就是为了招销售而骗你过去的。

（三）合同陷阱

合同是维护自己权利的武器，失去了这个武器，也就失去了保障自己合法权益的依据。签合同时，求职者一定要睁大眼睛。常见的合同陷阱有以下几种：

1. 口头合同

一些用人单位与求职者就责、权、利只达成了口头约定，并不签订书面正式文本。一些涉世未深的大学毕业生极易相信那些冠冕堂皇的许诺，以为对方许诺的东西就是真能得到的东西，宁可相信“君子一言，驷马难追”，也不愿怀疑对方的诚意。可是，口头合同并不具有任何法律效力，一旦双方有争议出现，求职者就会陷入十分被动的局面。

2. 格式合同

一些用人单位会在国家有关法律和劳动部门制定的合同示范文本的基础上来制作本单位的聘用合同，表面看起来，这种合同似乎无可挑剔，可是具体条款却表述含糊，甚至可以有几种解释。一旦发生纠纷，用人单位总会振振有词地拿出这种所谓规范式的合同来为自己辩护，最后吃亏的还是求职者。

3. 单方合同

一些企业利用求职者求职心切的心理，只约定求职者有哪些义务，例如，遵守企业的各项规章制度，若有违反要承担怎样的责任；毁约要交纳违约金等，而合同上关于求职者的权利几乎一字不提。这是最典型的不平等合同。如果合同中处处是“由甲方决定”“按照甲方相关规定执行”等条款，劳动者应当谨慎签约。

为了防止人员频繁流动和保护公司商业机密，一些用人单位在劳动合同中明确提出类似“3 年内不得跳槽到同行业公司工作”这样的条款。注意，根据有关规定，非公司核心技术人员，不涉及商业秘密的劳动者是不受这类合同制约的。

4. 生死合同

一些危险系数较高的行业的用人单位为逃避责任，通常在签订合同时，要求求职者接受合同中的“生死协议”，即一旦发生意外事故，企业不承担任何责任。有的求职者为了得到工作，违心地签了合同，却不知这样做的结果也许是用人单位更加无视劳动者的安全，如果真的发生了意外，也许连讨个说法的机会也没有。

一些工厂或者建筑工地等风险性大的用人单位容易出现了这类“性命合同”。在与劳动者签订合同的时候，不按法律有关规定提供劳动保护，还拟定了“工伤自己负责”等条款。如果遇到这类合同千万不要签，不要拿自己的生命当儿戏。

5.“两张皮”合同

有些用人单位慑于劳动主管部门的监督，有时会与求职者签订两份合同。一份合同用来应付劳动部门的检查，合同内容完全按照有关部门的要求签订，但并未按其执行，另一份合同才是真正和劳动者签订执行的合同。用来应付检查的合同常常是用人单位一手炮制的，连签名也是假冒的，求职者不但见不到这份合同，甚至不知道有这份合同的存在。而双方真正履行的那份合同，是不能暴露在阳光下的，因为那份真合同一定是只利于用人单位的不平等合同。

当两份劳动合同不一样时，应当以盖有劳动合同骑缝章的那份合同为准或者以双方最后签订的一份为准。根据《劳动合同法》第十六条规定：“劳动合同由用人单位与劳动者协商一致，并经用人单位与劳动者在劳动合同文本上签字或者盖章生效。劳动合同文本由用人单位和劳动者各执一份。”劳动者一定要将自己亲笔签订的合同副本收藏好，如果出现问题，是可以作为打官司的重要依据的。在两份合同都是有效合同的大前提下，所签时间又是一样的，只是内容不同，比如工资待遇不同，那么，一般情况下，劳动仲裁委员会会采信劳动者手里的劳动合同，以有利于维护职工的权益。

6. 收费陷阱

在应聘时遇到收取报名费、面试费、培训费等额外费用的企业，最好都不要相信。一些“皮包”公司就是看重毕业生求职心切，以入职培训费、员工管理费等名目收费，这些都是应该警惕的。一些不法单位在招聘时往往会以优于市场的报酬来吸引涉世不深的大学生，让求职者先交一定的保证金或者押金，这是典型的求职陷阱。社会上还存在一些中介机构，名义上为大学生提供兼职机会，但实际上是骗中介费的，还会出现大学生做完一定的工作量或完成规定的任务后迟迟得不到报酬的情况。

7. 高薪陷阱

在大学生求职招聘中，一些单位声称工资高，但却以不给职工缴纳社会保险为条件，让实习员工签署《员工自愿放弃不交社保协议书》。通常这些单位愿意多发几百元钱，让员工自己参加保险。有些大学生听了特别开心，认为不交社保省钱，本来工资就不多，扣完社保就更少了，不交社保到手还能多发点工资。殊不知，社保费可不是员工一个人交的，是单位和员工共同承担的，而且单位交的比例比员工自己交的要多。虽然中国各个地区所交比例不一样，但一般说来，单位交的是员工自己交的 2 ~ 3 倍。

8. 广告陷阱

不少求职者都遇到过这样的情况：看到一条非常满意的招聘信息，精心准备后赶往面试现场。结果，招聘方只是随意询问了几句，收下简历，再告知一句“回家等通知吧”，从此就杳无音信了。其实，这样的公司多数都不缺人，也不急于招聘，他们只是通过这样的方式广收信息，积累所谓的“人力资源储备”，以备不时之需。

“前两天，我在网上看到几个待遇不错的职位空缺，于是投了简历，可是不久后却得到了早已招满的回复。”求职者小陈说，开始他还奇怪为何公司人已招满还要继续在网上发布招人信息，后来一位去年就在这个公司吃过亏的师兄告诉他，这些公司其实是假借招聘之名，进行一些广告炒作。通过长期发布招聘信息，增加公司的“曝光率”，同时也利用可观的招聘数量，制造一种公司求才若渴的假象，为公司免费塑造形象。

因此，我们建议应届毕业生，不要等到毕业季的时候，再匆匆登录相关招聘网站，注册投递简历。可早一点行动起来，不时地点击相关求职网站，看一看哪些企业属于常年招聘一样的岗位，这样的企业和岗位，要么是广告炒作，要么是人员流动性太大，应有针对性地避开这些无效的广告信息。

9. 传销陷阱

目前传销组织形式有两种：一种实施暴力和集体拘禁；另一种则不限制传销人员的通信工具和人身自由，通常通过串门的方式对被害人进行一对一洗脑，通过“国家项目”“感情共鸣”等谎言包装，引诱被害人自愿加入传销活动。传销组织的发展过程往往是“杀熟”，因为传销组织最重要的维系方式就是“拉人头”。这种方式骗陌生人成功率不高，多数传销组织成员都会找熟悉的人下手。等大学生把亲戚朋友都带进来后，即使他们醒悟过来，却已进退两难。

由于传销组织长期作案，十分善于隐蔽自己，同时对大学毕业生的心理拿捏得非常到位。特别是网络招聘，很难从几百字的招聘信息中预知这些企业发布招聘信息的企图。而且，按照目前法律法规及招聘平台的规则，只要招聘企业能够提供正规的营业执照和企业代码，就可以在有关媒体上发布招聘信息。这给信息筛选进一步带来了难度。大学毕业生可以从以下几个方面避开传销陷阱：

（1）尽量避免从不规范的网站、App 寻找工作。毕业生应当擦亮眼睛，注意甄别招聘信息的真伪，对每个企业保留一份戒心，仔细核验相关信息，特别是对招聘企业的具体地址、电话号码、经营性质、资质信用等情况要仔细核实，确认其合法性和真实性后再作决定也不迟。如果发现招聘信息是虚假的，应在第一时间举报，让非法传销组织无机可乘、无处遁形。一般正规的企业不可能只招聘一年，需要逐年补充人才。可在网上搜索一下企业的信息，查验一下联系的人员及电话号码，或者邮箱是否准确。再看看与往年网络发布招聘信息的相关内容是否一致。

（2）不要抱有“一夜暴富”的心态。当你听到这份工作能在短时间内有很大一笔收入的时候，你就要小心是不是传销了。一些在人才市场、网络平台、微信、微博上发布的虚假招聘信息，看似手法高明、手段隐蔽，其实不然，无外乎抓住大学生求职心切的心理，利诱上当。比如，聘用职位不限学历、不限专业、不限经验，但月薪却很高。大学生对于这种“天上掉馅饼”的事，一定要远离。

（3）对亲戚朋友、老乡同学提供的不合常理的用工信息，也要多加分析，谨防掉进非法传销的陷阱。

（4）不要直接奔赴招聘企业提供的偏僻场所参加面试。在接到面试通知的时候，一定要提前了解面试地点周边的环境是否安全，一旦发现异常，应当直接拒绝对方的邀请，或者是让他们换面试的地点。如果换地点的要求被拒绝，那么直接拒绝这样的面试邀请是最明智的决定。任何一家正规的公司都不会选择在临时租借来的宾馆或者居民楼里面进行招聘的。非常规的地点给人以不安全的感觉，如果是正规企业，在招募人才的时候不可能不注意到自身的“第一形象”。一般网络招聘，除非是高端岗位，会有外地面试的可能。一般基层岗位，倾向于本地化用工，以降低用工成本。因此，若确实需要到外地参加面试、工作，在对单位没有详细了解的情况下，要特别小心谨慎，不要贸然行动。

（5）留意应聘方式。若招聘单位只留一个联系人手机时，应有所警惕。一般正规企业会使用办公电话联系求职者参加第一次面试。若接到安排在晚上的面试通知，请找理由改到白天上班时间。

（6）面试前告诉家人或朋友自己面试的地点等信息。无论哪种形式的面试，在出门前，一定要给家人或亲朋好友留下要去的招聘单位的详细地址和联系电话（包括固定电话），以防万一，以备查用。

第三节 劳动合同

劳动合同是指劳动者与用人单位确立劳动关系、明确双方权利和义务的协议。其条款包括劳动合同期限、工作内容、劳动保护和劳动条件、劳动报酬、劳动纪律、劳动合同终止的条件、违反劳动合同的责任等。订立和变更劳动合同，应当遵循平等自愿、协商一致的原则，不得违反法律、法规。

一、劳动合同的订立

（一）订立原则

用人单位与劳动者订立（含续订）劳动合同，应遵循平等自愿、协商一致和符合法律三项原则。凡依据三项原则订立的劳动合同，均具有法律的约束力，双方当事人必须履行该合同所规定的，义务。

（二）订立程序

用人单位与劳动者是两个平等的社会主体，订立劳动合同一般需要经过如下程序：

（1）双方协商要约定的事项，也就是合同的条款。

（2）达成一致后双方签字或盖章。用人单位盖法人的章，必要时可书面委托所属的有关部门代为盖章，或由法定代表人签字或受委托人代为签字；劳动者应自己签字或盖章，遇到极特殊的情况，如本人因故出远门而合同又须及时订立，也可书面委托他人代签。

（3）为保证合同的有效性，可以送劳动保障行政部门进行审核、鉴证。

（4）劳动合同一般应一式两份，用人单位与劳动者各持一份，若合同鉴证部门需要，也可一式三份。

（三）劳动合同的有效性

（1）应掌握判断书面协议是否属于劳动合同的方法。根据《劳动部办公厅关于调入合同有关问题的复函》（劳办发〔1995〕223号）的规定，“只要是劳动者与用人单位为确立劳动关系而订立的以劳动权利与义务为主体内容的书面协议，均应视为劳动合同”。也就是说不论该书面协议叫什么名称，只要其主体内容是劳动权利和义务，就是劳动合同。

（2）判断劳动合同有效性的依据是《劳动法》第十八条的规定和《劳动部办公厅对〈关于如何理解无效劳动合同有关问题的请示〉的复函》（劳办发〔1995〕268号）。据此规定，凡是违反法律规定和采取欺诈、威胁等手段订立的劳动合同，均为无效合同。无效合同分为全部无效和部分无效两种。部分无效合同，如果不影响合同其余部分的效力，其余部分仍然有效。无效合同从订立之时起就没有法律约束力。劳动合同有效性的确认权，由劳动争议仲裁委员会和人民法院来行使。

二、劳动合同的内容

劳动合同的内容可分为两方面，一方面是必备条款的内容，另一方面是协商约定的内容。

（一）必备条款

《劳动法》第十九条规定了劳动合同的法定形式是书面形式，其必备条款有7项。

1. 劳动合同期限

法律规定合同期限分为三种：① 固定期限，如1年期限、3年期限等均属于这一种。② 无固定期限，合同期限没有具体时间约定，只约定终止合同的条件，无特殊情况，这种期限的合同应存续到劳动者到达退休年龄。③以完成一定的工作为期限，例如，劳务公司外派一名员工去另外一个公司工作，两个公司签订了劳务合同，劳务公司与外派员工签订的劳动合同期限是以劳务合同的解除或终止而终止，这种合同期限就属于以完成一定工作为期限的种类。用人单位与劳动者在协商选择合同期限时，应根据双方的实际情况和需要来约定。

2. 工作内容

在这一必备条款中，双方可以约定工作数量、质量，劳动者的工作岗位等内容。在约定工作岗位时可以约定较宽泛的岗位概念，也可以另外签一个短期的岗位协议作为劳动合同的附件，还可以约定在何种条件下可以变更岗位条款，等等。掌握这种订立劳动合同的技巧，可以避免工作岗位约定过死，因变更岗位条款协商不一致而发生的争议。

3. 劳动保护和劳动条件

在这方面可以约定工作时间和休息休假的规定，各项劳动安全与卫生的措施，对女工和未成年人的劳动保护措施与制度，以及用人单位为不同岗位劳动者提供的劳动、工作的必要条件，等等。

4. 劳动报酬

此必备条款可以约定劳动者的标准工资、加班加点工资、奖金、津贴、补贴的数额及支付时间、支付方式，等等。

5. 劳动纪律

此条款应当将用人单位制定的规章制度约定进来，可采取将内部规章制度印制成册，作为合同附件的形式加以简要约定。

6. 劳动合同终止的条件

这一必备条款一般是在无固定期限的劳动合同中约定，因这类合同没有终止的时限。但其他期限种类的合同也可以约定。须注意的是，双方当事人不得将法律规定的可以解除合同的条件约定为终止合同的条件，以避免出现用人单位应当在解除合同时支付经济补偿金而改为终止合同不予支付经济补偿金的情况。

7. 违反劳动合同的责任

一般可约定两种形式的违约责任，一是由一方违约给对方造成经济损失，约定赔偿损失的方式；二是约定违约金，采用这种方式应当注意根据职工一方承受能力来约定具体金额，不要出现显失公平的情形。另外，这里讲的违约，或者称违反劳动合同，不是指一般性的违约，而是指违约程度比较严重，达到致使劳动合同无法继续履行的程度，如职工违约离职，单位违法解除劳动者合同，等等。

（二）约定条款

按照法律规定，用人单位与劳动者订立的劳动合同除上述七项必须具备的条款内容外，还可以协商约定其他内容，一般简称为协商条款或约定条款，其实称为随机条款似乎更准确，因为必备条款的内容也是需要双方当事人协商、约定的。

这类约定条款的内容，是当国家法律规定不明确，或者国家尚无法律规定的情况下，用人单位与劳动者根据双方的实际情况协商约定的一些随机性的条款。劳动行政部门印制的劳动合同样本，一般都将必备条款写得很具体，同时留出一定的空白地由双方随机约定一些内容。例如，可以约定试用期、保守用人单位商业秘密的事项、用人单位内部的一些福利待遇、房屋分配或购置等内容。

随着劳动合同制的实施，人们的法律意识、合同观念会越来越强，劳动合同中的约定条款的内容会越来越多。这是改变劳动合同千篇一律状况，提高合同质量的一个重要体现。

（三）商业秘密事项的约定

商业秘密是指不能从公开渠道直接获取的，能为权利人带来经济利益、具有实用性，并须权利人采取保密措施的信息。作为用人单位应特别注意对自己认为属于商业秘密的信息和资料采取切实可行的保密措施。例如，用内部规章制度对保密的范围、内容、岗位、人员、措施等加以明确，也就是制定保密制度；用协议书的形式与有关单位和职工约定保守秘密的权利与义务。只有如此，才能在发生争议之后，依法保护自己的合法利益。

一般可在劳动合同中约定商业秘密的内容。按照规定，可以约定在劳动合同终止前或该职工提出解除劳动合同后的一定时间内（不超过 6 个月），调整其工作岗位，变更劳动合同的相关内容；也可以约定用人单位对掌握商业秘密的职工规定在终止或解除劳动合同后的一定期限内（不超过 3 年），不得到生产同类产品或经营同类业务且有竞争关系的其他用人单位任职，也不得自己生产与原单位有竞争关系的同类产品或经营同类业务，但用人单位应当给予该职工一定数额的经济补偿。

（四）试用期的约定

根据《劳动部关于实行劳动合同制度若干问题的通知》（劳部发〔1996〕354 号）第三条规定，如果约定试用期，则试用期应包括在劳动合同期中，也就是说在试用期间用人单位应当为劳动者缴纳社会保险费用；试用期满，合同期未满而用人单位依据《劳动法》第二十四条、二十七条的规定解除劳动合同计发经济补偿金时，应将试用期计算在工作时间内。约定试用期的长短应根据合同期限的长短而定，劳动合同期限在 6 个月以下的，试用期不得超过 15 天；劳动合同期限在 6 个月以上一年以下的，试用期不得超过 30 天；劳动合同期限在一年以上两年以下的，试用期不得超过 60 天；劳动合同期限在两年以上的，试用期不得超过 6 个月。

试用期是用人单位与劳动者建立劳动关系后为相互了解、选择而约定的考察期，一般情况下适用于初次就业或再次就业时改变劳动岗位或工种的劳动者。因此，在试用期内劳动者若被证明不符合录用条件，用人单位可随时解除合同，而劳动者在试用期内认为用人单位的工作不适合自己，也可随时解除合同。

三、解除劳动合同

解除劳动合同是指双方当事人提前终止劳动合同的履行，结束双方的劳动权利和义务关系。对于企业劳动合同的解除，多数国家都有自己的立法规定，并有各自严格的限制条件和程序。

（一）解除劳动合同的条件

1. 用人单位解除合同的条件

（1）当劳动者符合下列情形之一的，用人单位可以直接解除劳动合同，不需向劳动者预告：① 试用不合格，即在试用期间被证明不符合录用条件的；② 严重违纪，即严重违反劳动纪律或企业规章制度；③ 给企业造成损害，即严重失职，营私舞弊，对企业利益造成重大损害的；④ 承担刑事责任，即被依法追究刑事责任的。

（2）当劳动者符合下列情形之一的，用人单位也可以解除劳动合同，但要提前 30 天以书面形式预告劳动者本人：① 劳动者患病或因公负伤。医疗期满后，不能从事原工作也不能从事由用人单位另行安排工作的；② 劳动者不能胜任工作，经过培训或调整岗位，仍不能胜任工作的；③ 企业劳动合同订立时所依据的客观情况发生重大变化。致使原合同无法履行，经当事人双方协商不能就变更合同达成此协议的。

（3）用人单位还可以通过裁员的形式解除企业劳动合同，但必须符合以下的条件：①企业濒临破产进行法定整顿期间，确需裁员；②企业生产经营状况发生严重困难，确需裁员。但用人单位应当提前 30 天向工会或者全体职工说明情况，听取工会或者职工的意见，并向劳动行政部门报告。

2. 劳动者解除合同的条件

（1）一般情况下，劳动者解除劳动合同，应当提前 30 天以书面形式预告用人单位。

（2）有下列情形之一的，劳动者可以随时通知用人单位解除劳动合同：① 在试用期内的；② 用人单位以暴力、威胁或者非法限制人身自由的手段强迫劳动的；③用人单位未按照劳动合同约定支付劳动报酬或者提供劳动条件的。

（二）解除劳动合同的程序

1. 合同解除的前置环节

很多国家的劳动立法规定，用人单位在向劳动者发出解除合同关系以前，要经过一些必要的环节：

（1）对劳动者进行批评教育、纪律处分或解除警告等；

（2）征求工会或有关职工的意见；

（3）向主管部门或行政当局报告并经批准。

2. 签订合同解除的协议或发出合同解除的通知

合同的解除一般要由双方当事人就解除的日期和法律后果等依法签订书面协议；一方决定的解除也要由决定方向对方发出书面通知。

3. 合同解除的后置环节

合同当事人就合同解除签订协议或发出通知后，依法还要经过以下的特定环节：① 工会出面。工会有权对有关合同的解除发表自己的意见，合同解除方尤其是企业管理者应当认真研究和对待工会的意见。② 争议处理。若因合同解决出现争议，还需经过调节、仲裁、诉讼或其他的办法来加以处理。③ 备案。合同的基础还要由企业报主管部门或行政当局备案。

（三）解除劳动合同的经济补偿

给予劳动者补偿的情形大体有以下几种情况：

（1）由于用人单位自身原因导致的经济补偿。这种情形可分为两个方面：一是用人单位在履行劳动合同过程中，故意克扣和无故拖欠劳动者工资，拒不支付劳动者延长工作时间的工资报酬，或低于当地最低工资标准支付劳动者的工资，在落实劳动保障行政部门责令其足额支付劳动者应得的工资报酬时，用人单位还应对劳动者给予一定的经济补偿。二是用人单位无故解除劳动者劳动合同，或因经济性裁员而解除劳动者劳动合同，或是主动提出解除劳动合同并经与劳动者协商一致解除劳动合同等，用人单位要向劳动者支付经济补偿金。若解除劳动合同的主观原因完全在劳动者一方，并且属于劳动者故意的主观行为，如劳动者严重违反劳动纪律，营私舞弊，对用人单位利益造成重大损害，被依法追究刑事责任等被用人单位解除劳动合同的，无须给予经济补偿。

（2）由于劳动者自身非主观原因导致的经济补偿。如劳动者患病或非因公负伤，医疗期满后，不能从事原工作，也不能从事用人单位另行安排的工作，经过培训或调整工作岗位仍不能胜任工作的，用人单位可以解除劳动者的劳动合同。尽管这类原因不属于劳动者的主观原因导致的，用人单位也应当给予经济补偿和医疗补助。

（3）由于客观原因导致的经济补偿。即《劳动法》第二十六条第（三）款规定："劳动合同订立时所依据的客观条件发生重大变化，致使劳动合同无法履行，经当事人协商不能就变更劳动合同达成协议的。"用人单位可以解除劳动合同。虽然是客观原因造成的，由于劳动者是弱者，用人单位也要给予劳动者经济补偿。

（4）劳动合同期满时的经济补偿。凡属国有企业职工和与国家机关、事业组织、社会团体建立劳动关系的职工以及全民所有制企业招用的农民合同制工人，用人单位应落实支付其经济补偿金的规定。除此之外，以劳动合同约定为准，若劳动合同无约定，劳动者不能获得经济补偿。对于那些一会是国企，一会是合资性质的企业，应在企业改制时按规定及时给予劳动者身份、经济上补偿。

（四）劳动者解除劳动合同的程序及法律后果

按照《劳动法》第三十一条的规定："劳动者解除劳动合同，应当提前三十日以书面形式通知用人单位。"劳动者提前30日以书面形式通知用人单位，既是解除劳动合同的程序，也是解除劳动合同的条件。劳动者提前30以书面形式通知用人单位，解除劳动合同，无须征得用人单位的同意。超过30日，劳动者向用人单位提出办理解除劳动合同的手续，用人单位应予以办理。但由于劳动者违反劳动合同有关约定而给用人单位造成经济损失的，应依据有关法律、法规、规章的规定和劳动合同的约定，由劳动者承担赔偿责任。劳动者违反提前30日以书面形式通知用人单位的规定，而要求解除劳动合同，用人单位可以不予办理。

四、终止劳动合同

终止劳动合同是指企业劳动合同法律效力的终止，也就是双方当事人之间劳动关系的终结，彼此之间原有的权利和义务关系不复存在。

（一）终止劳动合同的条件

（1）合同期限已满。定期的劳动合同在合同约定的期限届满后，除非双方是依法续订或依法延期，否则合同即行终止。

（2）合同目的已经实现。以完成一定的工作为期的劳动合同在其约定工作完成以后，或其他类型的劳动合同在其约定的条款全部履行完毕以后，合同因目的的实现而自然终止。

（3）合同约定的终止条件出现。企业劳动合同或集体合同对企业劳动合同约定的终止条件出现以后，企业劳动合同就此终止。

（4）当事人死亡。劳动者一方死亡，合同即行终止；雇主一方死亡，合同可以终止，也可以因继承人的继承或转让第三方而使合同继续存在，这要依实际情况而定。

（5）劳动者退休。劳动者因达到退休年龄或丧失劳动能力而办理退休手续后，合同即行终止。

（6）企业不复存在。企业因依法宣告破产、解散、关闭或兼并后，原有企业不复存在，其合同也告终止。

（二）终止劳动合同需要重视或正确处理的问题

（1）用人单位或劳动者一方在合同期限届满时，强迫对方续订合同。企业劳动合同期满即行终止，不存在任何附带条件。确定是因生产或工作的需要，可以续订合同，但必须征得双方当事人的同意；任何一方无权强迫另一方续订合同。否则，所续订的合同是无效的，续订行为本身也是违法的。

（2）合同到期后，双方当事人既不办理续订合同手续，也不终止合同，继续保持事实上的劳动关系。这种情况的出现，往往是源于双方当事人或一方当事人的法律意识淡薄。保持事实上的劳动关系，往往会给双方当事人的权益带来损害，因为事实上的劳动关系得不到法律的保护。

（3）双方当事人在办理续订手续时不合法或不完备。比如，合同期限届满后，用人单位不与劳动者协商，不经劳动者签字，而是由他人代为办理。通过这种方式续订的合同不具有法律效力，对企业会祸害无穷。劳动者一方一旦不承认续订合同的有效性，或采取不辞而别的行为，企业的损失无从追究。

教学案例

案例一：

让人头疼的中介费

小张在别人的介绍下，来到了一家职业中介所 。工作人员当即给小张联系了一家单位，条件是需交100元押金，成功了则再加交50元算是中介费，失败了则只需交5元服务费，100元押金退回。小张去了那家单位进行了面试，结果发现工作环境太差而且待遇很低，就没有签约。等回到了职业中介所要押金时，工作人员却说单位已经给你找好了，是你自己不愿意去，就等于介绍成功了，执意不肯退押金。

（资料来源：根据网络资料整理）

某些职业中介机构鱼龙混杂，不仅很多机构不正规，而且收费项目繁多。一般而言，即使一些正规中介承诺在未被录取或试用时不收介绍费，但也都会收取一定数量的押金，虽然承诺在一定条件下可以全额或扣除一定服务费后退回，但最终能完全兑现承诺的却并不多。毕业生应该通过更多正规的渠道获取就业信息，而不是寄希望于求职中介。

案例二：

再见，漫长无报酬的实习期

小周是一名22岁在校大学生。这段时间班里几乎有一半的同学已经落实好单位了，他就越发着急，整天批量生产简历四处散发。后来，一家颇有规模的大公司让他去面试，去了后什么也没说就让先实习，等过了实习期再决定去留。当然实习期里是没有任何报酬的。

小周在财务部每天对着堆得像山一样的表单开始勤勤恳恳地干了一周，后来忽然意识到自己连公司的领导都没见过，就这样莫名其妙地被拖来当免费劳动力，于是找到了经理，开门见山问实习期之后留用的机会是多少。结果经理一副不紧不慢的样子说现在年轻人都太浮躁了，才实习没几天就要提条件。小周在后续谈话中没有听到任何继续留用的可能，于是决定不再浪费时间在这种没有诚意的公司里。后来小周从公司另一个实习生处得知，他已经在这里无偿地干了三个月，还有一个毕业生没有报酬地实习了半年才正式进入公司。

（资料来源：根据网络资料整理）

案例三：

打 114 查底细

丹丹得到了一家公司面试的面试机会。当时工作无着落的她想也没想就直奔过去了，但一到那家公司大楼下，就觉得有些不对劲，整栋大楼刚刚修建好，里面只有这家公司，几台计算机十来个年轻人在那里忙碌着。面试的主管很随便地和丹丹聊了几句，甚至连专业都没问，就直接让她第二天来上班担任市场营销一职，开出的月薪是底薪 5000 元，其余按销售额提成。

这个薪水在应届毕业生中还是很有诱惑力的，晚上丹丹把这事在寝室里一说，大家建议她应该去做两天实际考察再决定。第二天丹丹去上班时主管就让她签一份合同，然后再付 200 元作为培训费，三个月试用期满后这钱公司会给予报销。当时她就警觉起来了，溜到没有人的消防通道，打 114 查询这家公司的电话号码，结果发现这个号码根本不是该公司的号码，而是私人的电话号码。丹丹找了个理由当场离开了该大楼，庆幸自己没有受骗上当。

（资料来源：根据网络资料整理）

案例四：

不被“年薪 ×× 万”迷惑

时下，求职者常被一些公司打出的“年薪 ×× 万”的招牌所迷惑，殊不知这样的承诺背后往往藏有不可告人的猫腻，一不小心很容易中招。

小沙大学毕业那年曾到一家民营公司干过一段时间，招聘时老板承诺年薪至少 8 万。然而他进这家单位后，公司给定的工资低得让人咋舌，维持温饱都困难。对此，公司解释：三个月试用期满，考核转正后，工资即翻番上涨。可等小沙好不容易熬完试用期，公司却下发一纸通知，称其考核不过关，让他卷铺盖走人。由此小沙明白了，年薪制关键在于一个“年”字，“年薪 ×× 万”是个具体的数字，然而你能否干一个整年却是个未知数。一些公司惯用的伎俩就是年终前一二个月，巧立名目突击裁人，让你有苦难言，无处申冤。

为了维护自己的合法权益，小沙以后每次参加应聘，总要问清楚每月能否固定准时发放足额工资，同时通过各种途径了解该公司内部职工工资的发放情况，以免被骗被坑，充当“义务”工。另外，务必问清试用期工资多少，期限多长。如果觉得试用期太长或工资太低，难以维持正常生活，就不要抱有幻想，趁早离开，因为很可能你不可能有转正的那一天。

（资料来源：根据网络资料整理）

课后练习

1. 大学生就业权益有哪些？应履行的就业义务有哪些？

2. 就业协议书签订的程序有哪些？大学生在签订就业协议时应注意什么问题？

3. 劳动合同订立的原则是什么？劳动合同必备的合同条款有哪些？

4. 就业协议书与劳动合同的相同之处和区别是什么？

5. 什么是劳动争议？解决劳动争议的途径有哪些？